SMALL GIANTS
작은거인들

대한민국 자동차부품사 CEO 13인의 성공 스토리
SMALL GIANTS
작은 거인들

최진석 지음

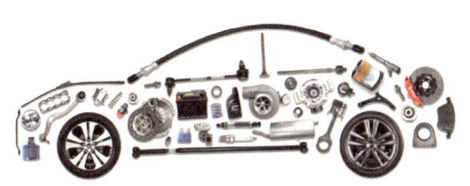

비즈하우스

프롤로그

한국 자동차 산업에 뿌리내린 작은 거인들의 발자국

자동차 산업은 우리나라 경제를 지탱하는 가장 큰 대들보 중 하나다. 국내 전체 제조업 가운데 자동차 산업이 차지하는 생산액과 부가가치액 비중(2014년 기준)은 각각 12.7%, 12%에 달한다. 단일 산업으로는 최대 규모다. 2016년 422만 대의 자동차가 국내에서 생산됐다. 이 중 262만 대를 해외로 수출했다. 전 세계 어느 곳을 가도 어렵지 않게 한국산 자동차를 목격할 수 있는 배경이다. 현대자동차그룹을 정점으로 한 국내 자동차 산업의 생태계에 종사하는 인구는 180만 명에 달한다. 총고용의 7.3%를 차지한다.

　많은 사람이 간과하는 부분이 있다. 자동차 한 대는 2만 개의 크고 작은 부품으로 구성되어 있다는 것이다. 현대 · 기아차, 한국GM, 르노삼성, 쌍용차의 생산라인에서 완성된 자동차는 해당 브랜드의 엠블럼이 붙는다. 하지만 단순하게 '이 차는 현대차', '저 차는 기아차'라고 부르는 것으로 그 차를 완전히 설명할 수 없다.

　완성차 업체들도 이 사실을 잘 알고 있다. 신차를 출시할 때 완성차 업체들이 세계적인 부품사의 제품을 장착했다는 것을 적극적으로 홍보하는 장면을 쉽게 볼 수 있다. 그만큼 경쟁력 있는 부품사가 만든 제품은 완성차의 가치를 높이는 데 큰 역할을 한다. 비록 밖으로 드러나지 않지만 많은 부품은 완성차 업체의 브랜드 가치를 받쳐주고 있다. 단 하나의 부품에서 문제가 발생해도 완성차에 대한 시장의 신뢰는 추락한다. 부품을 하나하나 뜯어볼 때 비로소 자동차를 정확하게 설명할 수 있는 것이다.

국내 완성차 업체는 총 5개다. 상용차를 생산하는 대우버스와 타타대우를 합치면 7개다. 한국자동차산업협동조합에 따르면 이들 업체에 부품을 공급하는 국내 부품사는 2016년 말 기준으로 858개다. 이는 완성차 업체에 부품을 직접 공급하는 1차 협력업체 수다. 1차 협력업체에 납품하는 2차 협력업체 3,000여 개, 2차 협력업체에 3차 협력업체 5,000~6,000여 개까지 더하면 업체 수는 1만 개에 달한다. 한국 자동차 산업이 성장할 수 있었던 근저에는 풀뿌리처럼 뻗어 있는 부품사들이 자리잡고 있다.

한국 자동차 부품산업의 역사는 완성차 역사보다 길다. 완성차 업체가 등장하기 이전부터 부품을 만들던 공장들이 있었다. 고(故) 정주영 현대그룹 회장이 설립한 현대자동차의 역사를 거슬러 올라가도 부품사가 등장한다. 부품을 조달해와서 자동차를 수리하는 아도서비스(Art Service)가 현대차의 모태다. 정몽구 현대자동차그룹 회장은 1974년 현대자동차서비스 부품과장으로 입사했다.

완성차 업체가 발전하면 부품사들도 함께 성장할 수 있다. 다른 관점에서 보면 경쟁력 있는 부품사들이 있어야 경쟁력 있는 자동차를 만들 수 있다는 말도 성립된다. 개별 부품사의 역사는 한국 자동차 산업의 역사와 다르지 않은 것이다. 나아가 척박한 산업 환경에서 맨주먹으로 부품사를 창업해 성장시킨 최고경영자(CEO)들의 이야기는 우리나라 경제성장의 질곡과 궤를 같이 한다. 때문에 치열하게 앞을 향해 내달려온 자동차 부품사 창업주들의 도전을 기록하고 기억할 필요가 있다. 그럼에도 서점에 가보면 완성차가 아닌 부품사 CEO들의 이야기가 담긴 책을 찾아볼 수 없다. 몇몇 창업주들의 자서전이 전부다. 이는 자동차 부품산업의 역사를 연구하고 미래를 설계하려는 많은 이에게 안타까운 사실이다.

《작은 거인들 : 대한민국 자동차 부품사 CEO 13인의 성공스토리》는 이런 갈증을 조금이라도 해소하고자 기획했다. 13명의 창업주들을 직접 만나 그들의 삶과 기업의 이야기를 들어봤다. 숱한 위기와 어려움을 헤치며 전진해온 그들의 경영 이야기는 앞으로 자동차 산업을 이끌어갈 후배들에게 유익한 지침서가 될 것이라 믿는다. 더불어 이 부족한 책을 계기로 한국 자동차 산업의 가장 낮은 곳에서 묵묵히 걸어온 작은 거인들의 발자국들이 좀 더 많이 재조명되기를 바란다.

한국은 지난해 세계 5대 자동차 생산국 지위를 인도에 양보했다. 2005년 이후 11년째 유지한 자리에서 내려온 것이다. 글로벌 자동차

산업의 경쟁이 갈수록 치열해지고 있음을 보여주는 사례다. 이런 시기일수록 황무지에서 자동차 산업을 일으킨 '작은 거인들'의 이야기에 귀를 기울일 필요가 있다.

책이 출간되기까지 많은 분들이 도움을 주셨다. 한국자동차산업협동조합의 신달석 이사장님과 고문수 전무님의 전폭적인 협조가 없었다면 이 책은 세상에 나오지 못했을 것이다. 고문수 전무님은 개정증보판에 '한국의 초창기 자동차 부품산업 역사(1945~1962년)' 원고를 정리해주셨다. 해방 후 우리나라에서 자동차 부품산업이 어떻게 태동했는지 알 수 있는 귀한 자료다.

아는 것 없이 열정 하나만 가진 필자를 직접 만나 마음을 열고 진솔하게 이야기 해주신 13명의 창업주 분들께도 깊은 감사를 드린다. 특히 이번 개정증보판에 새로 참여하신 4명의 회장님들이 전해준 인생과 경영 스토리는 책의 가치를 한 단계 높이는 데 큰 도움이 됐다.

도전은 하나지만 결과는 성공과 실패 두 갈래로 나뉜다. 작은 거인들은 후배들을 위해 성공은 물론 뼈아픈 실패의 경험담도 가감 없이 설명해줬다. 이 책을 처음 기획한 후 출간할 때까지 1년 6개월의 기간이 소요됐다. 이후 개정증보판을 만드는 데 다시 1년 6개월이 걸렸다. 긴 시간 동안 옆에서 응원해준 가족들에게 사랑과 감사를 전한다.

2017년 5월 마지막 날
저자 씀

SMALL GIANTS CONTENTS

프롤로그 | 한국 자동차산업에 뿌리내린 작은 거인들의 발자국

01 죽을 때까지 일하고 죽을 때까지 배운다
국중하 우신산업 회장 　　　　　　　　　　　012

02 벼랑 끝에서 희망은 움직인다
권회현 대한솔루션 회장 　　　　　　　　　　040

03 평생 공부가 경영혁신을 이끈다
김현숙 경신 회장 　　　　　　　　　　　　　074

04 성실, 감사, 인내가 쌓일 때 성공의 문이 열린다
류홍우 유성기업 명예회장 　　　　　　　　　102

05 위기란 위험과 기회가 합쳐진 말이다
엄병윤 유라코퍼레이션 회장 　　　　　　　　134

06 100년 기업의 경쟁력, 핵심기술이 답이다
오원석 코리아에프티 회장 　　　　　　　　　158

07 가장 두려운 일은 시작조차 하지 않는 것이다
이동호 동희 회장 　　　　　　　　　　　　　190

| 일러두기 | 게재 순서는 이름 가나다 순임.

08 혁신의 노하우는 한 번 더 시도해보는 것이다
이재구 태진정공 회장　　　　　　　　　　　　218

09 한결같이 부지런하면 세상에 어려운 일이 없다
이중아 대동시스템 회장　　　　　　　　　　　250

10 꿈꾸는 자가 창조한다
최오길 인팩 회장　　　　　　　　　　　　　　282

11 신뢰가 답이다
함상식 엠알인프라오토 회장　　　　　　　　　314

12 경영의 처음과 끝은 현장에 있다
홍성종 남양공업 회장　　　　　　　　　　　　344

13 실패는 성공의 전 단계다
홍순겸 동양피스톤 회장　　　　　　　　　　　378

부록 한국의 초창기 자동차 부품산업 역사(1945~1962년)
고문수 한국자동차산업협동조합 전무　　　　410

참고문헌
사진 출처

1
국중하 우신산업 회장

죽을 때까지 일하고
죽을 때까지 배운다

국중하

많이 보고 많이 겪고 많이 공부하는 것은
배움의 세 가지 기둥이다.

-벤자민 디즈라엘리-

"나는 고향이 두 곳"이라고 말하는 기업인이 있다. 한 곳은 호남, 다른 한 곳은 영남이다. 전북 군산에서 나고 자란 사내는 울산에서 40년간 직장생활을 했다. 51세의 나이에 회사를 떠나 사업을 시작했고, 영호남을 아우르는 기업으로 성장시켰다. 부잣집 아들로 태어났지만 상속을 거부하고, 맨손으로 사회생활을 시작해 호남을 대표하는 기업인 중 한 명으로 자리매김했다. 그 과정에는 하루도 거르지 않고 새벽 4시에 일어나는 성실함과 공사公私를 엄격히 구분하는 원칙주의, 끊임없이 스스로를 채찍질하는 배움의 자세가 있었다. 바로 국중하 우신산업 회장의 이야기다.

  한국경제의 두 기둥인 조선과 자동차산업에 투신해 역사의 현장에 서 있었던 국중하 회장은 팔순의 나이에도 여전히 전성기 못지않은 행보를 이어가고 있다. 기업인이자 교수로, 자선단체장, 수필가 등 그의 활동 반경은 엔지니어링과 문학, 산업과 학계, 예술계를 넘나들고 있다.

자동차부품사인 우신산업은 1995년 설립됐다. 20년 역사의 젊은 기업이지만, 국내 상용차 업계 최초로 알루미늄 연료탱크를 개발, 독점 공급하고 있다. 탄탄한 기술력을 바탕으로 조선과 자동차 부문에서 꾸준히 외형을 확장하고 있는 우신의 성장사는 끊임없이 노력하고 발전하고자 하는 국 회장의 80년 인생과 꼭 닮았다.

내 것과 내 것이 아닌 것을 구분하다

군산시 서수면에서 그의 집은 부잣집으로 통했다. 넓은 논과 밭은 물론 두부공장도 운영할 정도였다. 집에 상시 거주하는 일꾼도 2명이었다. 농촌에서 보릿고개는 피할 수 없는 겨울의 통과의례와도 같았지만, 어린 시절 그는 가난을 모르고 자랐다.

고등학교 2학년 때 한문선생님의 말씀이 그의 인생관을 바꿔놓았다. 한문선생님은 "미국에선 부모님이 큰 사업가라 해도 자식들이 학업을 마치고 나면 엄동설한에도 속옷만 입혀서 내보낸다"고 말했다. 부를 대물림하는 것이 아니라 고기를 잡는 법을 가르친 뒤 홀로 서기를 요구한다는 내용이었다. 성인의 문턱에 들어선 그에게 이 말은 강렬하게 다가왔다. 그는 수업을 마친 뒤 집으로 돌아와 아버지께 말씀드렸다. "아버지, 전 이 집안의 재산을 상속받지 않으려 합니다.

제 힘으로 살아보겠습니다." 중대한 결심이었지만 아버지는 그의 말을 제대로 귀담아들으려 하지 않았다. 그는 여름방학이 시작되자 가출해서 서울로 무작정 떠났고, 개학을 3일 남기고서야 돌아왔다. "아버지, 죽을죄를 지었습니다. 상속받지 않겠다는 제 말을 아버지께서 들으려 하시지 않아 불가피하게 집을 나갔습니다. 용서해주십시오."

그는 끝내 재산을 한푼도 상속받지 않았다. 국 회장이 '내 것과 내 것이 아닌 것을 구분하는 책임 있는 자세'를 항상 강조하는 배경에는 이 같은 인생관이 자리 잡고 있었다.

그의 책임감은 군 입대 과정에서도 잘 드러난다. 전북대학교 1학년 시절인 1956년은 한국전쟁이 휴전한 지 3년이 되는 해였다. 언제 전쟁이 다시 발발할지 알 수 없는 상황이었다. '지금 군대에 가면 죽을 수 있다'라는 인식이 강했다. 대학생이었던 그는 이때 자원입대를 했다. 가족들이 "아직 입대영장도 나오지 않았는데 왜 굳이 먼저 가려 하느냐"며 말려도 소용없었다. 그는 가족들에게 말했다. "우리 국민에게는 납세, 교육, 국방 3대 의무가 있습니다. 대학에 왔으니 교육의 의무는 지켰고, 아직 돈을 벌지 못하니 납세의 의무는 해당이 안 됩니다. 하나 남은 것이 국방의 의무이니 마땅히 지켜야 합니다. 군대 다녀오겠습니다."

삶의 터전이 호남에서 영남으로

대학 졸업 후 그는 호남비료에 취업했다. 당시 호남비료는 국내에서 알아주는 기업으로 대학생들의 취업 선호도 상위권에 이름을 올리고 있었다. 그는 이곳에서 5년간 근무했고, 2년차 때 결혼했다.

아내와의 만남은 우연한 기회에 다가왔다. 국 회장은 "당시 회사 동료의 애인과 그 애인의 같은 학교에서 근무하는 선생님이 아내였다"고 말했다. 아내 강청자 여사는 군산사범학교를 졸업한 뒤 옥봉초등학교에서 교사로 재직 중이었다. 친구 소개로 만난 두 사람은 서로에게 호감을 느꼈고 결혼으로 이어졌다. 그는 결혼 전 아내에게 "아무것도 해오지 말라"고 당부했다. "신혼살림을 단칸방에서 시작했기에 무엇을 가져와도 둘 곳이 없었어요. 맨손으로 시작했기에 아무것도 없었던 나에게 아내가 와준 것만으로도 고마웠죠."

호남비료에서 5년째 근무하던 해에 정부가 한국종합기술개발공사를 설립해서 토목·건설·화학 설계기술을 독자적으로 확보하고자 했다. 이 소식을 들은 그는 입사지원서를 냈고 공채로 입사했다. 입사 후 그가 맡은 일은 동대문 지하철 설계와 물공량物工量 표준화 작업이었다. 여기서 경험을 쌓은 그는 극동건설을 거쳐 현대건설 간부사원 공채 모집을 통해 입사했다. 현대와의 본격적인 인연이 시작됐던 것이다. 삶의 터전도 호남에서 영남으로 바뀌었다. 현대건설 기계과장으로 입사한 후 그는 1972년 현대그룹이 울산 미포만에 조선소를 설립하면서 건설현장에 투입됐다. 이듬해인 1973년에는 현대중공업에서 새로운 둥지를 틀었다. 기계공학을 전공한 그를 현대중공업의 선장부장으로 임명한 것이다.

배를 띄우면 말은 가라앉는다

정주영 회장의 유명한 일화가 국 회장과 연결돼 있다. 1971년 조선사 설립을 위해 영국 선박 컨설팅회사 A&P애플도어의 롱바텀 회장을 만난 정 회장. 울산 미포만 부지 사진과 거북선이 그려진 500만 원짜리 지폐를 내밀며 그를 설득해 투자유치를 위한 추천서를 받아냈다.

이어 그리스의 선박왕인 오나시스의 처남 리바노스를 만나 선박을 수주하는 데 성공했다. 약속을 지키지 못하면 계약금에 이자를 얹어주고, 선박에 하자가 있으면 원금을 모두 돌려주겠다는 파격적인 조건을 제시한 결과였다. 정 회장이 수주한 선박은 26만 톤급 유조선 두 척이었다. 이 선박을 수주했을 때 "가능하다"고 말한 사람은 정주영 회장과 박정희 대통령 등 단 몇 사람뿐이었다. 세계 조선업계에선 '불가능한 임무'라고 비아냥댔다. 국중하 부장을 비롯해 선박

선박 건조에 필요한 기술을 가르쳐준 덴마크 기술자들(오른쪽 두 번째 국중하 회장)

건조 임무에 투입된 직원들이 받은 스트레스도 상당했다. 정주영 회장이 직원들에게 말했다. "누가 무슨 말을 하든 대꾸하지 말아라. 할 수 있다고 말해봤자 믿을 놈 없다. 배를 띄우면 된다. 우리가 배를 띄우면 그런 말들은 모두 가라앉을 것이다."

정 회장은 공사 기간을 앞당겨 배를 하루빨리 진수하자고 직원들을 독려했다. 국 부장과 직원들은 추석 연휴도 반납하고 밤낮없이 선박 건조에 매달렸다. 덴마크에서 영입한 기술자 4명이 선박 건조에 필요한 기술을 가르쳤다. 문제는 의사소통이 안 된다는 것이었다. 하지만 국 부장은 기술을 배우기 위해 홀로 그들을 따라다녔다. 손짓 발짓까지 해가며 기술을 익혔고, 배운 건 다른 직원들에게 알려줬다. 길이 350미터, 폭 50미터짜리 거대한 선박은 그렇게 형태를 갖춰갔다. 그리고 1972년 회사 설립 후 2년 3개월 만인 1974년 6월, 26만 톤급 대형 유조선 두 척을 모두 진수했다. 예정된 공사 기간을 6개월 이상 단축시킨 성과였다.

국 부장이 39세의 젊은 나이에 이사로 승진한 배경에도 덴마크 기술자들이 있었다. 정주영 회장이 인사고과를 덴마크 기술자 대표에게 맡긴 것이다. 그들이 가장 신임하는 사람은 묵묵히 성실하게 따라온 국중하 부장이었고, 신임을 받은 그는 39세에 이사가 될 수 있었.

그러나 이렇게 승승장구한 것만은 아니었다. 시련의 시기도 있었다. 1980년대 초반 그는 고선박古船舶 해체사업 부부장을 맡고 있었다. 해안가 절벽에 선박을 정박시켜 놓고 부품을 하나씩 뜯어내는 작업이었다. 해체 과정에서 중심을 잃은 배가 침몰했고 이 과정에서 8명의 직원이 사망했다.

당시 영국 출장 중이었던 정주영 회장은 매제인 김영주 사장에게 전화를 걸어 "상황을 잘 수습하고, 국중하를 절대로 유족들에게 가지 못하도록 하라"고 당부했다. 분노한 유족들에게 국 본부장이 가면 불상사가 일어날 것을 우려한 것이다. 김 사장의 연락을 받은 국 본부장은 "네 알겠습니다"라고 짤막하게 답했다. 그날 저녁, 그는 홀로 빈소를 찾아갔다. 유족들은 오열하며 국 본부장의 뺨을 때리고 가슴을 쳤다. 그도 함께 눈물을 흘렸다. 그는 "나는 죄인이고 저분들은 소중한 가족을 잃었는데 내 몸 하나 건사하기 위해 유족들을 찾아가지 않는다는 건 앞뒤가 맞지 않았다"며 "무릎 꿇고 잘못을 빌고 '최선의 길을 함께 찾아보자'고 설득했다"고 말했다.

30대에 임원 자리에 오르며 샐러리맨 신화를 쓴 그는 총 13척의 대형 유조선을 건조했고, 그보다 많은 고선박 해체작업을 진두지휘했다. 현대중공업이 세계 1위 조선사로 발돋움하는 현장에 그가 있었다. 1972년부터 15년간 현대에 몸담았던 그는 1987년 사직서를 냈다. 그때 그의 나이 51세, 자신만의 사업을 시작하기 위한 결단이었다.

내 길을 찾다

국중하 상무는 우신공업과 우신엔지니어링을 설립한 1987년보다 이전에 독자적인 사업을 하겠다고 결심했다. 그는 "45세가 되면 무엇을 하든 내 사업을 해야겠다고 생각했다"며 "그래야만 평생토록 남의 눈치 안 보고 일을 할 수 있기 때문"이라고 강조했다. 45세를 기점으로 삼은 이유가 있다. "일본 출장을 가서 기업들을 둘러보니 나이가 45세를 넘어가면 월급도 오르지 않더군요. 회사에서 눈칫밥을 먹기 십상이라는 인상을 받았습니다. 그래서 나도 45세가 되면 내 갈 길을 가야겠다고 결심했죠."

그가 독립한 시기는 늦춰졌다. 수차례 사직 의사를 밝혔지만 회사에서 그를 놔주지 않았다. 그는 "회사는 입사하는 것보다 퇴직하는 것이 더 어렵다"며 "무작정 사표 쓰고 그만두는 건 무례한 행동이며 회사와 잘 합의한 후에 떠나는 것이 맞다"고 말했다.

'아름다운 이별'은 그가 사업을 시작할 때 든든한 밑천 역할을 했다. 정 회장의 지원 아래 현대중공업의 선박 의장품을 제조해 납품하게 됐다. "빵장사를 하든 두부를 만들어 팔든 내 사업을 하겠다"고 말하던 그가 안정적으로 일할 수 있는 기회를 얻게 된 것이다. 이를 위해 울산에 우신공업과 우신엔지니어링㈜을 설립했다. 사업자금은 은행에서 전액 대출을 받았다. 그는 "현대중공업 재성팀에서

1987년 우신공업 설립
(오른쪽부터 김영주 한국프랜지공업 회장, 국중하 회장, 이용수 주민 대표)

은행에 '국 상무가 사업을 하는 데 적극 도와줘라. 회사가 보증하는 사람이다'라고 연락을 했다"며 "은행들이 너도나도 대출을 해주겠다고 나서준 덕분에 사업자금은 쉽게 해결됐다"고 말했다.

공사만 구분해도 70퍼센트 성공

그는 사업을 하면서 몇 가지 원칙을 세웠고, 이를 철저하게 지키려 했다. 대표적인 것이 '내 것과 내 것이 아닌 것' 즉, 공사를 구분하는 자세다. 그는 직장을 다닐 때에도 항상 법인카드와 개인카드 두 장을 들고 다녔다. 회사일과 관련된 것은 법인카드를 사용하지만, 개인 업무에는 예외 없이 개인카드를 썼다. 기업을 경영하면서도 그 원칙은 변하지 않았다.

　차입경영에 대한 원칙도 갖고 있다. 그는 정부나 은행의 대출을 받아 운영하는 회사는 권한보다 책임이 막중하다고 강조한다. 하지만 많은 기업인들이 책임은 회피하고 권한만 행사하려 한다고 지적한다. 그는 "주식회사를 개인의 회사로 생각하는 그릇된 자세를 가진 기업인들이 너무나 많다"며 "사업자금을 지역에서 차입했고, 기업 환경도 해당 지역사회에 영향을 미치기 때문에 사회적인 책임이 있는 것"이라고 설명했다.

그는 자녀들에게 경영권을 물려주는 것에 대해서도 열린 생각을 갖고 있다. 그는 "아들에게 회사 경영권을 반드시 물려줘야 한다고 생각하지 않는다"며 "그럴만한 자격이 충분하면 경영권을 이어 받아도 되지만, 자격이 안 된다면 지주회사 체제로 전환하는 게 맞다"고 말했다. 그가 보여준 삶과 궤를 같이 하는 말이다.

가장 값이 비싼 시간

국 회장이 공사 구분과 함께 엄격하게 지켜온 다른 원칙 중 하나는 새벽 4시 기상이다. 이는 그가 어렸을 때부터 아버지께서 직접 가르치고 익히게 만든 습관이었다. "제가 초등학교 시절이었어요. 어린아이가 자고 있으면 더 자라고 이불 덮어주는 것이 일반적인데 아버진 달랐어요. 새벽 4시가 되면 저를 깨웠죠. 그리고 집 안팎에 널려 있는 개똥을 주우라고 했죠. 추운 겨울 입김을 호호 불어가며 개똥을 주워 담았습니다."

당시에 그는 아버지를 이해할 수 없었지만 지금은 누구보다 그 뜻을 잘 알고 있다. 그는 "누구보다 먼저 일어나 깨끗한 공기를 마시라는 것이 첫째 이유, 개똥을 주우며 운동을 하라는 게 두 번째 이유"라며 "세 번째는 거름에 쓸 개똥을 모으도록 함으로써 항상 성실하게 살아야 한다는 교훈을 주신 것"이라고 설명했다.

　선친의 가르침대로 그는 80세가 된 지금까지 새벽 4시 기상 원칙을 지키고 있다. 시간을 미리 맞춰놓지 않아도 자연스럽게 4시가 되면 눈을 뜬다고 한다. 그는 하루 24시간 중 새벽 4시부터 6시를 '가장 값이 비싼 시간'이라고 설명했다. 자고 일어나 머릿속이 가장 맑고, 집중력도 가장 높기 때문이다. "새벽 4시에 일어나면 가장 먼저 큰 컵으로 찬물 한 잔을 마셔요. 온몸의 노폐물이 씻겨나가는 느낌이죠. 이어 세수를 하고 사과를 직접 갈아 마십니다. 그 후 컴퓨터 앞에 앉아 메일을 체크하고 업무를 처리하죠."

　'아침형 인간' 보다 더 부지런한 '새벽형 인간'인 그는 6시 30분이면 회사에 도착한다. 그는 아침 신문을 훑어본 뒤 7시부터 임원들과 매일 아침 식사를 한다. 국 회장은 "아침 식사를 함께하면 업무 효율성이 높아지고 정보교환도 할 수 있다"며 "해외 출장이나 다른 불가피한 상황이 아니면 아침 식사는 반드시 함께한다"고 말했다.

생존을 위한 고유의 기술

우신산업은 1995년 설립한 자동차부품 제조사다. 상용자동차의 연료탱크, 범퍼, 각종 배기파이프를 만든다. 현대·기아자와 타타대우,

대우버스 등 국내 완성차 업체의 상용차 부문에 공급하고 있다. 중국 향정실업으로 연료탱크 제조기술과 설비를 수출하기도 했다.

연료탱크는 자동차부품 중에서도 안전상 중요한 품목이다. 연료가 들어 있기 때문에 폭발의 위험이 있기 때문이다. 또한 차량이 움직이는 에너지원의 저장소이기도 하다. 인체에 비유하면 위(胃)와 같은 곳이다. 그는 연료탱크가 소재나 가공기술 측면에서 발전 가능성이 높다는 결론을 내렸다. 우신산업을 설립한 이듬해인 1996년에는 전북대학교와 협력체계를 구축했다. 산학연구를 통해 기존과 차별화된 연료탱크를 만들겠다는 그의 의지에 따른 것이었다. 호주와 이탈리아, 독일 등 자동차 선진국 공장을 견학하며 벤치마킹 작업도 꾸준히 했다.

시험 모델 제작, 파괴 시험 등을 수없이 반복한 성과는 그로부터 6년 후인 2002년 결실을 맺었다. 기존의 강철 연료탱크보다 가볍고 강성은 더 강한 알루미늄탱크 제조기술을 확보한 것이다. 그는 "상용차에 탑재되는 350~460리터짜리 알루미늄 연료탱크는 기존 강철 연료탱크보다 80킬로그램 가벼운 것이 특징"이라며 "강성과 내구성은 물론 무게 감소에 따른 연비절감 효과까지 크다는 강점이 있다"고 설명했다. 강철 연료탱크는 방청페인트 도장이 필요하지만 알루미늄 소재는 이 과정을 생략해도 된다. 또한 부식이 거의 없어 80퍼센트 이상을 재활용할 수 있어 친환경적이다. 우신산업은 알루미늄

우신산업(주), (주)우영 전주공장 준공식

연료탱크 제조기술을 확보하기 위해 용접 방식도 개선했다. 기존의 전기저항 용접 방식을 탈피해, 용접 결함이 적은 탄산가스 용접을 도입했다.

알루미늄 연료탱크는 2002년부터 양산하면서 수입 대체 효과를 얻었다. 현대·기아자동차와 타타대우자동차에 독점 공급하게 된 것이다. 그는 "자동차산업이 발전할수록 독자적인 기술을 갖고 있어야 경쟁에서 이길 수 있다"며 "국내 자동차부품 기업들이 앞으로도 생존하기 위해선 고유의 기술을 확보하는 데 주력해야 한다"고 조언했다.

나는 죽을 때까지 배운다

전북대 공과대학 기계공학과를 졸업한 그는 석·박사 학위까지 받은 공학자이기도 하다. 흥미로운 점은 그가 대학원에 진학한 시기가 1987년 우신공업과 우신엔지니어링을 설립하며 사업을 시작한 이듬해인 1988년인 것이다. 3년 뒤인 1991년 울산대학교 산업경영대학원에서 공학석사학위를 취득한 그는 7년 뒤인 1998년 전북대학교에서 박사과정을 밟기 시작했고, 4년 뒤인 2002년 박사학위를 받았다. 50대에 석사, 환갑이 지나 박사과정을 거친 것이다. 평생에 걸쳐 학문을 탐구한 그는 교편도 잡았다. 전북대 기계항공 시스템공학부 겸임교수, 우석대 반도체 전기 자동차 공학부 강사 등을 역임했다. 국회장은 "학생들이나 대중을 상대로 강연하는 것도 배우는 과정"이라며 "가르치기 위해 준비하는 과정에서 많은 것을 배울 수 있다"고 설명했다.

그는 학자뿐만 아니라 문인으로도 다양한 활동을 하고 있다. 신문과 잡지에 경제칼럼 등을 쓰다가 수필가로 등단했다. "혼자 보고 알기에는 너무 아까워서 공유하고 배우기 위해서 쓴다"고 말하는 그는 1998년 처녀 수필집 《내 가슴속엔 영호남 고속도로가 달린다》를 출판했다. 이어 월간지 〈수필과 비평〉의 수필 부문에 '성지를 찾아서'라는 작품으로 신인상을 수상했다. 이외에도 《호남에서 만난 아내 영남에서 만든 아이들(2001)》《나의 삶은 도전이며, 시작이다(2003)》《나에게는 언제나 현재와 미래만 존재한다(2004)》《들녘 바람몰이(2007)》《여산재 가는 길(2010)》《내 마음의 풍경(2013)》 등이 있다. 가장 최근인 2014년에는 《새벽 그 살구 빛 하늘을 열며》라는 수필집도 냈다. 총 8권의 책을 집필한 중견 작가다. 수필가로 활동하며 한국문인협회, 국제펜클럽, 전북문인협회 회원이며 전북수필문학회 회장도 역임했다. 그는 "호남과 영남에서 살며 경험한 것들을 글로 정리해 각 지역의 장점을 융합하고자 했다"며 "호남은 문화의 보고이고 영남은 산업이 발달한 지역이니 서로가 장점을 나누고 단점을 보완한다면 좀 더 풍부한 문화가 형성될 것"이라고 강조했다. 국 회장은 인문학적 소양을 갖춘 엔지니어 출신의 CEO다. 그는 "학교 교육은 춤에 비유하면 기본 스텝만 배운 것"이라며 "회사에서 각종 세미나에서 보고 들으며 죽을 때까지 배워야 응용 스텝의 춤을 추며 시대에 뒤쳐지지 않는 리더가 될 수 있다"고 당부했다.

안 주고 안 받기

그가 죽을 때까지 일하고 배워야 한다는 주장과 함께 또 하나 강조하는 건 투명경영이다. 이는 우신산업의 경영이념에 잘 나타나 있다. '가장 깨끗한 회사, 가장 경쟁력 있는 회사, 이익을 사회에 환원하는 회사'가 그것이다. 그는 "모든 규범과 질서를 준수하고 사회가 요구하는 윤리적 기대까지 준수하는 투명한 경영을 통해 신뢰도를 높이고 국가와 지역사회에 책임 있는 기업으로 설 수 있다"고 강조한다. 그는 이 말을 실제로 경영에 도입했다. 그가 27년 전에 실시한 '안 주고 안 받기' 운동이 대표적이다. 그는 월급쟁이 시절부터 이를 실시하기로 결심했다. "당시에는 거래처 간에 선물을 주고받는 것을 당연한 것처럼 생각했어요. 여기에 만만치 않은 비용이 들어갔고, 선물이 오가지 않으면 거래에서도 불이익이 생기는 경우도 있었죠. 참

초록우산어린이재단 후원회장 워크숍(여산재)

으로 한심한 일이었습니다. 저는 결심했죠. '내가 사업할 때는 절대로 선물을 주거나 받지 않겠다.'"

이후 그는 1988년도 한 방송사와 인터뷰를 하면서 이 내용을 언급하며 공식화했다. "선물이라는 것이 윗사람이 아랫사람에게 있는 자가 없는 자에게 줘야 하는데 거꾸로 돼 있습니다. 바로잡아야 합니다." 그는 실제로 실천했다. 사내외에서 선물을 주지 않은 것은 물론, 들어온 선물은 되돌려 보내고 정중하게 거절했다. 간혹 되돌려 보낼 수 없게 되면 보관해뒀다가 세미나, 행사 등에서 경품으로 사용했다.

그는 어려운 이웃에 대한 후원행사와 지역문화예술발전에도 힘쓰는 등 사회 환원에도 적극적이다. 초록우산어린이재단 전국수석부회장, 여산餘山장학재단 이사장으로도 활동 중이다. 그의 아호를 딴 '여산장학재단'은 2001년도에 설립돼 운영 중이다. 여산장학재단이 출범한 배경에는 특별한 사연이 있다. 처이모인 조금임 할머니가 그 주인공이다. 1997년 국제통화기금IMF 외환위기 때 2억 원을 회사에 기부했다. 기업경영을 돕고 싶다는 이유였다. 조 여사는 일제강점기 때 일본에서 간호전문대학을 나왔고 한국전쟁에 참전해 하반신이 마비되는 사고를 당했다. 하지만 장애에 굴하지 않고 장애인 올림픽에 참가해 탁구·양궁 종목에서 우승한 금메달리스트이기도 하다. 국 회장은 조 여사가 평생 모은 돈을 기업경영에 쓸 수 없다며 장학재단을 설립했다. 장학재단에 당신 이름을 절대로 넣지 말라는 조 여사의 당부 때문에 국 회장의 아호를 따 여산장학재단으로 했다. 장학생으로 선발된 대학생들은 결격사유가 없으면 대학원까지 장학금을 지원받는다. 조 여사는 이 재단에 7억 원을 추가로 기부해 운영 중이다. 국 회장은 "평생 독신으로 살아온 조 여사님의 아들과 딸이 돼달라는 의미에서 장학재단을 설립했다"고 설명했다.

오랫동안 꿈을 그리면 그 꿈을 닮아간다

우신산업 완주공장에서 차로 40여 분을 달리면 주변 경관이 빼어난 대아저수지를 지나 완주군 동상면 수만리 학동마을에 들어선다. 이곳에서 계곡을 옆에 낀 도로를 따라 올라가면 잘 정리된 정원과 건물이 나타난다. 여산재餘山齋다. 2003년 문을 연 여산재의 역사는 국 회장이 현대중공업에 재직하던 30년 전으로 거슬러 올라간다. 1973년 26만 톤 규모 선박 건조에 성공한 현대중공업을 대표해 일본 조선사를 찾은 그는 그 업체로부터 극진한 대접을 받은 것이 계기가 됐다. 우리나라 기업의 접대 문화에 회의를 느낀 것이다. 국 회장은 "저녁이 되자 산속 깊은 곳에 있는 영빈각에 저를 데리고 가서 전통음식과 음악으로 정중하게 대접을 해줬다"며 "무조건 상대방을 취하게 만들어서 혼을 빼놓으면 '접대 잘했다'고 자화자찬하던 우리나라의 후진

여산재를 방문한 고은 시인과 기념 촬영한 국중하 회장

여산재 전경

적 접대문화가 부끄러웠다"고 회상했다.

한국에 들어온 국 회장은 '나중에 사업을 하게 되면 문화와 예술이 어우러진 공간을 만들겠다'고 결심했다. "실제로 창업을 한 뒤 울산 이곳저곳을 돌아다니면서 부지를 알아봤어요. 마음에 드는 곳이 없더군요. 완주로 돌아와서도 한참이 지나서야 좋은 장소를 찾아 여산재를 지었습니다. 결심한 뒤 실제로 건물을 완공할 때까지 30년이 걸린 셈이죠." 여산재에는 미술과 서예, 사진, 공예품 등이 전시돼 있고 각종 세미나와 연수, 학생 수련장, 연회 장소로 활용되고 있다.

30년의 꿈을 이룬 그에겐 아직 다른 꿈이 남아 있다. 항공산업에 진출하는 것이다. "죽을 때까지 일하겠다"는 그의 의지를 엿볼 수 있는 대목이다. "선박과 자동차산업에 종사하고 있으니 육지와 해양 진출은 성공했고 항공이 남아 있습니다. 우신의 CI를 보면 가는 줄이 6개가 있습니다. 이 중 항공산업을 상징하는 줄 하나를 비어두고 현재 5개입니다. 기회가 닿는다면 꼭 항공산업 부품 제조업에 진출해 6개의 줄을 완성하는 것이 제 목표입니다."

COMPANY PROFILE

공정하고 투명한 기업경영으로
미래를 이끌어가는 우신산업

우신산업은 선박기자재와 자동차부품을 생산하는 기업이다. 1987년 울산에 설립한 우신공업 그리고 우신엔지니어링이 모태다. 선박의 의장용 부품과 철골구조, 위생냉난방배관기기 등을 설계 제작, 설치하며 현대중공업에 납품한다. 현대중공업이 전북 군산에 조선소를 설립한 후 우신엔지니어링 본사도 군산으로 이전했다. 현재 울산과 군산 두 곳에서 선박용 의장품을 생산하고 있다. 1995년 4월 전라북도 완주산업단지에 우신산업을 설립해 상용자동차부품을 생산하고 있다. 연료탱크와 범퍼, 배기파이프 등이 주요 생산 품목이다. 이와 함께 자동차부품 소재를 제작하는 프레스 공장을 운영하는 우영이 있다.

우신산업은 연료탱크를 현대·기아자동차와 타타대우자동차, 대우버스 등 국내 자동차 제조사에 공급하고 있다. 산·학·연 기술개발을 통해 국내 최초로 알루미늄 연료탱크를 국산화했다. 외국 업체에 비용을 지불하고 기술과 설비를 들여오는 것이 일반적인 국내 자동차산업에서 보기 드물게 기술을 수출한 적도 있었다. 우신산업은 중국 향정실업으로 연료탱크 제조기술과 설비를 수출한 것이다. 또한 2002년부터 미국 제조업체인 지니로 특장차용 연료탱크를 수출하는 성과를 거뒀다. 우신산업의 매출액은 2013년 403억 원, 2014년에는 485억 원을 기록했다.

권회현 대한솔루션 회장

벼랑 끝에서 희망은 움직인다

권회현

내 비장의 무기는 아직 손 안에 있다.
그것은 희망이다.

-나폴레옹-

SMALL GIANTS

1976년 서울 김포공항. 검은 양복에 서류가방을 든 청년이 가족들과 작별인사를 하고 있었다. 해외에 나가는 것 자체가 드물었던 당시 청년의 가족들은 모두 공항에 배웅을 나왔다. 눈물의 작별인사를 마친 청년은 비행기에 몸을 실었다. 김포에서 일본 나리타로, 그곳에서 다시 미국 앵커리지와 프랑스 파리를 경유했다. 파리에서 다시 프로펠러 비행기를 타고 날아올랐다. 최종 목적지는 이탈리아 토리노^{Torino}였다. 30세의 나이에, 혈혈단신의 몸으로 이탈리아 땅을 밟은 청년 권회현의 의지는 확고했다. "단순히 배우는 것으로는 안 된다. 죽기 살기로 쫓아다녀야 한다."

청년 기업인 권회현은 1976년부터 1978년까지 13개월간 총 5번 이탈리아를 방문했고, 그 나라의 대표 브랜드인 피아트로부터 자동차에 필요한 각종 부품 설계와 생산 기술을 배워왔다. 영어조차 잘 통하지 않는 상황, 손발과 몸짓을 동원해 배운 기술 중 그가 가장 눈여겨 본 것은 NVH였다. 소음^{Noise}, 진동^{Vibration}, 기침^{Harshness}을 의미하는 NVH는 차량 탑승객에게 불쾌함을 주는 요소들이었다. 이를 제어하는 것이 탑승객의 제품 만족도 향상과 직접적인 관련이 있었다. 자동차산업의 역사가 오래된 이탈리아에선 이미 NVH에 대한 개념이 신차 개발에 깊숙하게 자리 잡고 있었다. 그는 무릎을 탁 쳤다. "그래, 이거다."

그로부터 40년 뒤인 2015년, 청년 권회현은 독보적인 기술력을 갖춘 글로벌 강소기업인 대한솔루션의 회장으로 여전히 업계에 몸담고 있다. 40년 전 그의 결심 그대로 대한솔루션은 세계에서 다섯 손가락 안에 드는 NVH 전문기업으로 성장했다.

대학에서 고분자공학을 전공한 그는 CEO이기 이전에 기술자, 발명가이다. 소재 기반의 전공을 바탕으로 음향학, 기계, 전기, 전자, 자동차, 색채학 등 여러 학문을 두루 섭렵했다. 그의 연구 업적과 절망적인 위기를 극복한 경영 사례들은 권 회장이 NVH 분야의 장인으로 평가 받기에 충분하다는 게 업계 관계자들의 공통된 의견이다.

그는 음악과 미술, 분재, 와인 등 문화예술에도 높은 식견을 갖췄다. 이런 예술적 감각은 그가 지향하는 자동차의 감성품질 향상에 공헌했다. 그는 이를 회사 경영에도 접목해 직원들의 잠재력을 이끌어내기 위한 감성경영, 예술경영을 실현했다. 기술자이자 경영인, 발명가이자 예술가인 권 회장의 남다른 이력은 대한솔루션이 국내에서 독보적인 입지를 굳히는 데 큰 영향을 미쳤다.

월급을 받은 기간, 365일

그는 1947년 서울 영등포구 오류동 근처 궁동이라는 마을에서 태어났다. 권씨 가문이 20대에 걸쳐 500년 동안 살아온 집성촌이었다. 3남 3녀 중 3남이었으며 부친은 농사를 지어 가족을 부양했다. 제법 많은 농토를 갖고 있었기에 살림은 넉넉했다. 부친은 그가 국내 굴지의 강소기업 CEO로 올라서기까지 정신적, 물질적으로 아낌없는 지원을 해줬다. 1988년 건축한 인천 남동공단 본사 역시 부친이 땅을 팔아 자금을 지원했기에 가능했다.

그는 고등학교를 졸업한 뒤 인하대학교 공과대학 화학공학과에 입학했다. 2년 동안 화학을 공부한 뒤 3학년 때 고분자공학과로 전과했다. 석유화학 관련 과목을 집중적으로 공부했다. 산업화 가능성을 염두에 둔 판단이었다. 그의 예상은 맞아떨어졌고, 1970년대 석유화학공업 육성과 맞물려 여러 기업들로부터 입사지원 합격 통지서를 받았다. 이 중 그는 은사의 추천을 받아 대한페인트를 선택했다. 그는 원하는 대로 연구소로 발령 받았고, 밤을 지새우며 연구에 몰입했다. 국내외 연구자료를 살펴보며 총 3,000여 종의 화학재료를 다뤘다. 다른 연구원들이 10년 동안에 이룰 성과를 1년 만에 해냈다. 그는 '여기서 만족할 수 없어. 나만의 사업을 해야겠다.'고 생각했나. 그는 정확히 입사한 지 1년 만에 회사에 사표를 내고 나왔다. 그의 일생 중 월급을 받은 기간은 365일이 전부다.

 퇴사한 그는 1976년 가구용 페인트 회사와 도장공사 전문회사를 설립했다. 몇 달 후 친구의 동업 제의를 받아들이면서 자동차 내장부품 사업도 시작했다. 기아차의 타이탄 트럭, 브리샤 등에 부품 공급을 한 보원기업이다. 이곳에서 기술개발에 매진하던 그는 기아차로부터 한 가지 요청을 받았다. "신차 개발을 위해 이탈리아로 기술연수를 다녀와 달라"였다. 청년 기업인 권회현이 감성품질, 예술경영에 눈을 뜨게 되는 계기였다.

창조적 영감의 원동력, 이탈리아 기술연수

1976년부터 13개월 동안 진행했던 이탈리아 기술연수는 그에게 여러 가지 영감과 기회를 줬다. NVH 제어를 통한 감성품질 향상 사업에 대한 확신을 가질 수 있었고, 폴리우레탄 소재가 자동차부품에 광범위하게 적용된다는 것을 알았다.

 폴리우레탄은 '요람에서 무덤까지 쓰이는 소재'라고 불릴 정도로 모든 플라스틱의 물성을 만족시킬 수 있는 광범위한 특성을 갖고 있다. 때문에 유럽 완성차 업체들은 대부분 1970년대 중반부터 폴리우레탄 소재를 이용한 방음제를 적용했지만, 국내에는 폴리우레탄 소

기술연수를 받으러 도착한 이탈리아 토리노 공항에서

재로 자동차부품을 만들 수 있는 업체가 전무했다. 그는 "한국은 물론 일본에도 폴리우레탄 제조 기술을 가진 업체가 없었다"며 "이런 상황을 고려했을 때 독자 기술을 개발할 수 있다면 좋은 사업 기회가 될 거라 판단했다"고 설명했다.

이탈리아 기술연수를 다녀올 때마다 국내에서 연구에 매달린 그는 폴리우레탄 제조 기술 국산화에 성공했다. 자동차부품용 폴리우레탄 스펀지를 개발한 데 이어 1977년 자동차 시트용 폴리우레탄 스펀지를 생산하는 데 성공한 것이다.

이 같은 연구 성과에도 불구하고 보원기업의 경영에는 마찰이 잦았다. 기술과 공장 운영은 권회현, 영업은 동업자가 맡는다는 설립 당시 원칙이 제대로 지켜지지 않은 것이다. 이에 권 사장은 독립을 결심하고 모든 지분을 친구에게 넘겼다. 창업 7년 만이었다. 이후 1982년 4월 대한솔루션의 전신인 대한화학공업을 설립했다. 인하대학교 인근 학익동에 1,600제곱미터(485평) 규모의 공장을 임대해 회사를 세웠다. 그는 자신이 개발한 폴리우레탄 제조 기술에 대한 믿음이 있었기에 가능했다.

대한화학공업은 설립 초기에 자동차부품은 생산하지 않았다. 동업하던 친구가 그 분야에 있었기 때문이다. 한동안 폴리우레탄 원료 사업을 묵묵히 키워나갔다. 회사 설립 후 2년 뒤인 1984년, 대우자동차에서 긴급한 연락이 왔다. 대우자동차가 5년에 걸쳐 개발한 신차가 출시 일주일을 앞두고 범퍼 가드 수급에 차질이 생겼기 때문이다. 범퍼 가드 제조에는 폴리우레탄 소재가 필요했다. 권회현 사장이 "대한화학공업은 자동차부품을 만들지 않는다"고 거절했지만, 대우차 부품개발 담당자인 백 과장은 "알고 있다. 하지만 정말 절박한 상황"이라고 그에게 재차 요청했다. 실제로 당시 권 사장 외에 이 문제를 해결할 수 있는 사람은 없는 듯했다. 그는 고심 끝에 승낙했다. 그리고 3일 후, 백 과장은 권 사장으로부터 "제품이 완성됐다"는 전화를 받았다. 권 사장이 3일 밤낮을 매달린 결과였다. 이에 놀란 대우차는 몇 달 후, 공식적으로 새로운 부품 개발을 의뢰했다. 자동차부품 업계를 잠시 떠나 있었던 그가 다시 돌아오는 순간이었다.

대한화학공업은 2000년에 대한솔루션으로 사명을 변경했다. 자동차 NVH 전문기업에 걸맞게 사명도 바꾼 것이다. 차량에서 발생하는 소음 진동을 흡수와 차단하는 방음제와 헤드라이닝(차량 실내 천장 부착물)이 핵심 생산 품목이다. 탑승객들이 좀 더 안락하고 쾌적하게 머물 수 있도록 소음 진동을 제어하는 것이 이들 부품의 역할이다. 1998년에는 영국의 하이퍼라스트와 기술제휴해 자동차 서스펜션에 장착하는 범프 스토퍼를 국산화하기도 했다. 범프 스토퍼는 노면의 충격이 차량과 탑승객에게 전달되지 않도록 흡수·조절하는 역할을 한다. 그는 "범프 스토퍼는 이전까지 전량 수입에 의존해왔다"며 "국산화를 통해 완성차 원가절감과 경쟁력 강화에 긍정적인 영향을 줬다"고 말했다.

미쳐야 산다

그의 집무실은 거대한 서재를 연상케 했다. 벽 전체에 자리 잡은 책장에는 다양한 분야의 학술서가 가득했다. 책 한 권 한 권에는 손때가 묻어 있었다. 그가 창업 이후 지금까지 회사를 꾸려오면서 연구한 흔적들이었다. 현재도 중요한 업무는 권 회장의 결재를 거쳐야 한다. 특히, 특허 등록은 그가 직접 주관한다. 회사 경영과 공장 운영은 전문경영인에게 맡겨도 기술적인 부문은 그가 손수 챙기는 것이다.

"저는 마당쇠 유형입니다. 제 손을 보세요. 거칠죠? 손톱도 지금까지 5개나 빠졌습니다. 오른손에서 3개, 왼손에서 2개입니다. 이 중 4개는 공업용 전기에 감전되면서 빠졌습니다. 초창기에는 모든 기계를 제가 손수 제작했습니다. 유압프레스도 직접 만들었습니다. 서울 장안동 일대를 뒤지고 다니며, 미국제 포크레인의 샤프트를 폐차에서 뜯어오는 식이었죠. 그걸 프레스 기계에 설치하고 압을 계산해서 만들었습니다. 그렇게 벽돌 하나하나 쌓아온 기술이 오늘의 대한솔루션입니다. 기술력의 중요성을 누구보다 잘 알기에 지금도 기름때

거대한 서재를 연상케 하는 집무실

묻혀가며 일하고 있죠."

　기술에 대한 집착은 그가 공부한 학문의 범위만 살펴봐도 쉽게 짐작할 수 있다. 그는 연구소에서 밤낮없이 일하면서 부족한 부분을 채우기 위해 끊임없이 공부했다. 소음 진동을 제어하기 위해 화학 지식으론 충분하지 않았다. 자동차의 모든 기계적인 부문을 이해해야 했다. 그는 "기계부터 전기 전자까지 엄청나게 공부했다"며 "차량도 밤낮으로 셀 수 없이 타보면서 문제점을 찾아냈고 주행 성능, 무게, 비용 3가지를 중점으로 가장 효율적인 해결 방안을 모색했다"고 설명했다. 이와 함께 감성품질에 도움이 되는 학문도 집중적으로 파고들었다. 음향학과 색채학 등이 그가 공부한 분야다.

　어떤 일이든 관심 있으면 무섭게 몰아서 하는 그의 성격 덕분에 취미도 전문가 수준이다. 음악, 오디오, 분재, 와인 등의 분야에 웬만한 전문가 이상의 경험과 지식을 갖고 있다는 게 주변 사람들의 전언이다. 이는 그가 취미 생활을 할 때도 '1만 시간' 원칙을 지키려 하기 때문이다. "'미쳐야 미친다' 는 말이 있습니다. 저는 한 가지에 빠져들면 최소한 5년 동안 8,000시간을 들여 파고듭니다. 무엇이든 집중하고 열정을 갖고 살아야 한다는 삶의 철학이 취미생활에도 적용되는 것이죠. 그렇게 하면 전문가는 아니어도 어느 정도 그 부분에서 많은 지식을 습득할 수 있습니다. 저는 그렇게 차곡차곡 알아가는 게 즐겁습니다."

감성품질로 소리를 디자인하다

그의 남다른 감성과 심미안審美眼은 최근 전 세계 자동차업계의 화두로 떠오른 '감성품질'과도 맞닿아 있다. 그는 국내 자동차업계에서 감성품질을 가장 먼저 도입한 경영인이기도 하다.

"예술은 하늘이 내려줘도 노력이 없으면 안 됩니다. 저는 이탈리아 기술연수 기간에 자동차가 단순한 이동수단이 아닌 거주공간이며, 그곳은 편하고 거슬리는 소음이 없어야 한다는 것을 깨달았습니다. 이 같은 감성품질은 예술과도 맞닿아 있다는 것도 알게 됐죠."

국내에서 자동차산업이 발전된다면 감성품질에 대한 인식도 자연스레 강화될 것이 분명해보였다. 그는 주저 없이 이와 관련된 기술 습득에 나섰다.

그의 예상은 정확하게 들어맞았다. 이탈리아 기술연수 후 20년 뒤인 1995년 '소리 없이 강하다', '쉿! 소리가 차를 말한다'라는 광고 카피 문구로 크게 화제가 됐던 대우자동차의 중형 세단 레간자가 등장했다. 국산차 중 안락함과 정숙함을 전면에 내세운 첫 차였다. 레간자 역시 NVH는 권 회장의 작품이었다.

레간자 출시 2년 전인 1993년에는 기아차 역사에 한 획을 그은 사건이 있었다. 그가 주도한 이른바 '포텐샤 프로젝트'였다. 당시 기아차가 시장에 내놓은 고급 대형 세단 포텐샤가 판매 저조로 어려움을 겪고 있었다. 기아차는 월 2,000대 판매 목표를 잡았지만 실제 판매량은 월 500대에 그쳤다. 문제는 소음과 진동이 심하다는 것이었다. 당시 기아차 회장은 경영진에게 조속한 문제 해결을 주문했고 회사 측은 유럽의 리카르도사에 소음 진동 문제점에 대한 개선책 마련을 의뢰하기로 방침을 정했다. 리카르도에 지급해야 할 비용은 25억 원이었다. 이 소식을 전해들은 그는 기아차를 찾아가 동일한 프로젝트를 수행할 수 있게 해달라고 요청했다. 그는 "돈을 받지 않아도 좋다. 이 프로젝트에 참여하게만 해달라"고 말했다. 기아차 경영진은 대한화학공업에도 프로젝트를 수행할 수 있도록 허락했다. 비용 지원은 리포트 작성을 위해 사용하는 종이 값 7,000만 원이 전부였다. 그는 두 팔을 걷어붙이고 포텐샤를 파고들었다. 그리고 3개월 뒤 리카르도와 대한화학공업의 연구 결과가 나왔다. 보고서를 받아든 기아차는 깜짝 놀랐다. 대한화학공업의 진단과 처방이 더 효과적이었기 때문이다. 기아차는 권 사장의 처방을 그대로 적용해 차량을 개선시켰다.

소음과 진동을 제대로 개선한 차량이 판매되자 시장의 반응도 뜨거웠다. 포텐샤의 판매량이 급증했다. 당초 목표인 월 2,000대를 훌쩍 넘어 월 3,000대에 달했다. 당시 기아차가 생산할 수 있는 한계 수치가 월 3,000대였다. 이것마저도 수요를 따라가지 못해 소비자들은 주문을 해둔 채 기다려야 했다. 기아차는 포텐샤 프로젝트를 계기로 대한화학의 NVH 엔지니어링 기술과 제품을 전 차종에 확대·적용했다.

1990년대 들어 국가 경제가 성장하고 자동차 판매량이 늘면서, 국내 시장에서도 감성품질에 대한 수요가 커졌다. 기아차와 대우차 등 국내에서 이 부문에 특화된 기술력을 갖고 있던 대한화학공업을 찾는 완성차 업체들이 늘었다. 실제로 국내에서 자동차 소음 진동과 관련된 부품 제조 공법은 그가 대부분 고안한 것이다. 완성차 업체들의 제품 개발 의뢰가 밀려들자, 그는 인천 남동 공단 본사 인근의 공장을 사들여 2공장과 연구소를 설립했다.

소리를 재단하다

소리는 공기나 물질 매체 등의 진동을 통해 전달되는 파동이다. 눈에 보이지 않지만 수많은 물질을 통과하면서 사람의 귀까지 전달된다. 권회현 회장은 "자동차의 경우, 소리는 다양한 환경과 부품들의 상호작용 속에서 나타난 결과"라며 "엔진과 차체, 트랜스미션, 타이어, 서스펜션 등 구성품들이 어떤 과정을 통해 소음, 진동을 발생시켰으며, 이를 어떻게 제어해야 가장 효과적인지 연구해 해법을 제시하는 것이 NVH의 핵심"이라고 강조했다.

2015년 말 완공되는 연구소 조감도

그는 이와 함께 소음과 소리에 대한 철학도 설명했다.

"베토벤 5번 교향곡 '운명'도 누가 듣느냐, 어느 정도의 음량으로 듣느냐에 따라 좋은 소리가 되고 듣기 싫은 소음이 되기도 합니다. 이처럼 소리에 대한 사람들의 판단은 주관적이지만 최대한 객관화해야 합니다. 또 소음을 재단해서 거슬리지 않는 소리, 듣기 좋은 소리로 변환시켜야 하죠."

권 회장은 연구원들에게 항상 "소리를 볼 줄 알아야 한다"고 강조한다. 정확하게 어떤 부분에서 소음이 발생하며, 어떤 형태를 띠고 있는지를 파악하면 이를 어떻게 디자인하면 되는지도 알 수 있다는 것이다. 그것이 그가 말하는 '소리 재단', NVH 제어다.

권 회장은 자신의 소리 철학을 강화하기 위해 연구소 확장에도 나섰다. 인천 2공장의 연구소를 완전히 허물고 다시 짓고 있다. 규모는 7,458제곱미터(2,260평)이며 분석, 시험, 처방 설계와 신소재 개발 등 첨단 설비를 갖춘 연구동과 개발된 제품을 양산과 동일한 조건으로 생산·시험하고 사전 품질을 완벽히 확보할 수 있는 파일럿pilot동으로 이루어져 있다. 전 세계에서 가장 경쟁력 있는 연구 설비를 갖춰야 한다는 그의 지시에 따라 당초 설비 투자 예산도 100억 원에서 150억 원으로 늘어날 전망이다. 그는 "2015년 말 완공이 되며 100여 명의 연구 인력이 이곳에서 일할 것"이라고 말했다. 대한솔루션의 전체 직원 수가 1,400명이니 직원 14명 중 한 명은 연구원인 셈이다.

임금은 비단옷을 입지 않는다

탄탄한 성장도로를 달리던 권 회장에게는 두 번의 위기가 있었다. 그중 첫 번째는 1997년 겨울과 함께 찾아온 IMF 외환위기였다. 많은 기업들이 흑자도산을 했다. 주요 거래처에서 받아야 할 돈을 회수하지 못해 문을 닫는 것을 말한다. 이 당시 제 아무리 탄탄한 재무구조를 갖고 있던 기업들도 자금 회수를 하지 못한다면 버텨내기 힘들었다. 대한화학공업도 같은 상황이었다. 기아차와 아시아차에 대한 매출 의존도가 70퍼센트에 달했는데, 이 업체들이 부도가 났기 때문이다. 그는 긴급히 자금 현황을 파악했다. 기아차, 대우차, 쌍용차 등 완성차 업체들로부터 총 127억 원을 받지 못했다. 이 자금이 들어오지 않는다면 더 이상의 공장 운영은 불가능했다.

그는 '지금까지 뒤도 돌아보지 않고 앞만 보며 달려온 삶이었다. 전력을 다해 회사를 키워왔는데, 흑자도산은 있을 수 없는 일이다.'라고 생각했다.

그는 직원들에게 달려가서 회사 상황에 대해 가감 없이 설명했다. 아무것도 감출 것이 없었다. 위기가 이미 공장 안 깊이 스며들어 있다는 것을 직원들도 알 필요가 있었다. 그의 설명에 직원들은 고개를 끄덕이기 시작했다. 그리고 입을 모아 말했다. "사장님, 전 직원이 급여 삭감에 동의했습니다. 보너스도 받지 않겠습니다."

그는 당시를 회상하며 "직원들에게 한없이 고마웠다"고 반복해서 말했다. "회사를 이끌어가는 주체가 누구입니까. CEO? 주주? 아닙니다. 바로 직원들입니다. 뜻하지 않게 찾아온 IMF 외환위기는 직원들의 희생으로 극복해냈습니다. 전 그걸 평생 동안 잊지 못합니다."

국가 부도라는 큰 위기는 급여 삭감으로 견뎌내기에 벅찼다. 결국 일부 직원들을 내보낼 수 밖에 없었다. 그는 직원 한 명 한 명에게 "회사가 정상화되면 반드시 다시 부르겠다"고 약속했다. 이 당시 권 사장은 월급을 한푼도 받지 않았다.

좀 더 적은 인원으로 더 많은 제품을 생산해야 했다. 원가도 최대한 절감해야 했다. 그는 이를 악물고 직원들과 일했다. 결과는 예상 밖이었다. 외환위기의 그림자가 가장 어둡게 깔렸던 1998년 대한화학공업은 사상 최대 규모의 흑자를 냈다. 생산성을 70퍼센트 높이면서 원가는 40퍼센트 절감한 노력 덕분이었다. 권 사장은 직원들의 손을 붙잡고 눈물을 삼켰다. 그리고 이듬해인 1999년 1월, 그는 회사를 떠났던 모든 직원들을 다시 불러들였다. 전 직원이 자발적으로 삭감했던 급여도 전부 줬다. 이뿐만이 아니었다. 300퍼센트의 보너스도 지급했다. 권 사장을 믿어준 직원들에 대한 감사의 표시였다. 권 회장은 "'임금은 비단옷을 입지 않는다'는 말을 항상 명심하고 있다"며 "모든 일에 솔선수범하는 자세로 임직원들과 함께 일할 때, 보람을 느낄 수 있음을 새삼 깨닫게 됐다"고 말했다.

IMF의 그늘이 걷힌 2000년. 대한화학공업은 대한솔루션으로 사명을 바꿨다. NVH 분야로 사업을 집중해 키우겠다는 권 사장의 의지에 따른 것이었다. 2000년대 들어 대한솔루션은 해외시장에도 적극적으로 진출했다. 현대·기아차의 해외 생산기지에 대한솔루션도 거점을 마련했다. 2005년 3월 대한솔루션 미국 앨라배마 공장이 문을 열었다. 이어 2009년 7월 조지아주 웨스트포인트에 2공장을 세웠다. 또한 2016년 4월 양산을 목표로 한 기아차 멕시코 공장과 동반 진출해 2015년 현재 멕시코 공장 건설이 한창이다. 현대·기아차가 시장 공략을 위해 역량을 집중하는 북미시장에 대한솔루션도 함께 진출한 것이다.

화마, 공장을 삼키다

두 번째 위기는 갑작스럽게, 한국이 아닌 미국 공장으로 찾아왔다. 2012년 3월 17일 토요일 새벽 5시. 미국 조지아주 웨스트포인트에 자리 잡은 대한솔루션 공장에서 불길이 치솟았다. 화학제품으로 가득한 공장은 손쓸 겨를도 없이 화염에 휩싸였다. 검은 연기는 희미하게 날이 밝아오는 하늘을 뒤덮었다.

불길이 워낙 거세 접근도 어려웠다. 공장 직원들은 발만 동동 굴렀다. 2만 4,090제곱미터(7,300평) 규모의 공장은 맹렬하게 타올랐다. 권 회장은 이 당시 기록을 고스란히 갖고 있다. 직접 1,000페이지가 넘은 분량의 백서를 작성했다. 인터뷰 도중에 이 백서를 다시 꺼내본 그는 "지금도 이걸 보면 가슴이 미어진다"고 말했다.

대한솔루션 조지아 공장은 기아자동차 공장에서 차로 15분 거리에 있다. 이곳에선 중형세단 옵티마(한국명 K5), 스포츠유틸리티차량(SUV), 쏘렌토와 싼타페 등 총 3종을 생산하고 있었다. 기아차뿐만 아니라 현대차의 주력 차종까지 생산하는 핵심기지다. 대한솔루션은 이들 차량에 모듈헤드라이너(자동차 실내 천장)와 카펫을 비롯한 각종 NVH 부품을 공급하는 중책을 맡고 있었다. 대한솔루션 공장 화재는 곧 기아차 공장 가동 중단과 생산 차질을 의미했다. 기아차 조지아 공장은 세계 최고 수준의 자동화 시스템을 갖추고 있어 시간당 생산량이 68대에 달했다. 실시간으로 부품을 공급받아 생산라인에 투입하기 때문에 재고를 두지 않았다. 화재 발생 직후인 2012년 3월 17일 오후 6시 15분(한국 시간) 현지 법인장으로부터 보고를 받은 권 회장은 즉시 본사에서 비상회의를 주재했다. 밤새도록 현황 파악과 대응책을 강구하면서 사장을 중심으로 한 24시간 대응 위기대책 TFT 조직을 구성한 후 새벽 비행기에 올랐다.

화재 발생 31시간 만에 도착한 조지아 공장은 아직도 불길이 잡히지 않았고, 마치 폭격 맞은 전쟁터와 같은 처참한 모습이었다. 모든 관련자들은 안전선 밖에서 한탄만 하고 있었다.

기적은 집념이 만든다

대한솔루션의 제품들은 대부분 화학 소재로 만든다. 공장의 큰 불길은 6~7시간 만에 잡혔지만, 전소를 막을 수는 없었다. 불길은 공장 곳곳을 3일간 더 태운 뒤에야 모습을 감췄다. 발포성형 설비라인 등 총 46개 라인과 금형과 지그JIG 설비 총 156개는 전소된 상태였다. 재산 피해만 780억 원 규모였다. 무엇보다 다시 정상화시키는 데에 걸리는 시간이 가장 문제였다. "만약 기아차 라인의 정상화가 늦는다면 이것은 현대·기아차의 위기이자 한국 자동차산업의 자존심에 큰 타격이라는 생각에 가슴이 미어지는 것 같았습니다. 이겨내야만 했죠."

그는 도착 즉시 사태 파악을 한 뒤, 기아차 공장장과 조지아 공장법인장을 실무 위원장으로 하는 통합위기 대책반을 구성하고 전 부문을 직접 진두지휘했다.

3월 19부터 21일까지 3일간 공장 가동 중단은 불가피했다. 이 기간에 화재 피해 복구와 동시에 구멍이 뚫린 공장의 부품 공급을 대체할 수 있는 방법을 강구했다. 그는 살릴 수 있는 기계를 살펴봤다. 헤드라이너 생산 설비 일부가 불길을 피한 것이 확인됐다. 그는 즉

조지아공장 화재 복구 후 전경

시 기계를 꺼내어 정비한 뒤 공장 옆 창고로 옮겨놓고 가동에 들어갔다. 다른 부품들은 대한솔루션 앨라배마 공장의 설비, 그리고 일부 정비된 설비와 금형을 이관해서 제품을 만들어 조지아로 공수했다. 옵티마 부품은 한국에서 실어 날랐다. 기아차와 협조 하에 대한항공 전세기 8대를 동원한 대규모 수송 작전이었다. 응급처치가 이뤄지는 동안 권 회장은 생산라인 복구에 총력을 기울였다. 권 회장은 "공장이 다시 가동하기까지 2주간 단 5분도 못 잤다"며 "피해 상황을 점검하고 현장을 정리함과 동시에 필요한 설비와 자재를 다시 들여놓는 작업을 쉬지 않고 하면서 현장을 지휘했다"고 설명했다. 밤잠을 잊고 복구 작업에 매달린 권 회장과 직원들, 기아차 관계자들의 노력 끝에 기아차 조지아공장은 화재 발생 5일 만인 22일 생산을 재개했다. 그리고 4월 9일 화재 발생 2주 만에 정상적인 궤도로 복귀했다. "공장이 정상 복구된 4월 9일 저녁 늦게 숙소에 돌아왔는데 잠이 오지 않았어요. 컴퓨터를 켜고 격려사를 작성해 대한솔루션 전 임직원에게 보냈습니다."

대한솔루션 임직원 여러분

우리는 조지아공장 화재사고의 위기를 1차적으로 복구해냈습니다.

현지 미국 관계자들과 다른 자동차 회사들이 3개월에서 6개월의 복구 기간을 예측했으나 우리가 해낸 것입니다. 전 세계인이 이런 상황에 놀라고 있습니다. 꼭 9일 만에 기아차 조지아공장의 정상가동을 이루어냈고 기아차의 가동률은 설립 이래 최고인 98퍼센트로 가동되고 있습니다.

여러분, 현재 조지아공장의 화재로 인한 위기를 신속하게 복구하여 현지에 계신 분들과 업계에서도 정말 믿을 수 없는 일이 현실로 됐다며 놀라움을 금치 못하고 있습니다. 물론 복구의 주체는 우리였지만 우리의 힘만으로는 불가능했을 것입니다. 현지 주정부와 지방정부 관계자 모든 분들의 지원과 현대·기아차의 현지, 본사, 동반 협력사, 특히 우리 본사의 협력사 기술진들과 현지 협력사의 적극적인 지원이 없었다면 이러한 결과는 있을 수 없었을 것입니다.

1차 2주간의 복구 기간 동안 최악의 환경 속에서도 밤낮으로 눈 한 번 못 붙이고 복구에 최선을 다한 이유는 단순한 비즈니스도 아니었고 대한솔루션만을 위한 일도 아니었습니다. 대한민국의 자존심을 지키기 위한 것이었고, 목숨을 걸고 죽기를 마다하며 이것을 이뤄냈습니다. 복구 작업을 함께해주는 분들에게 수시로 주문하고 격려했습니다.

"이것은 국가의 자존심 문제로 사명감과 목숨을 걸고 해냅시다!"

복구가 늦어졌다면 우리의 고객인 현대·기아차의 브랜드와 이미지는 어떻게 됐겠습니까. 만약 기아차 조지아공장의 가동이 안 됐다면 그것은 대한민국의 수치이고 국가 자존심에 큰 상처가 됐을 것입니다. 정말 그러한 생각만 해도 눈앞이 캄캄해지고 소름이 돋습니다.

임직원 여러분, 본격적인 복구는 이제부터입니다.

항시 여러분께 해온 말이지만 모든 것은 디테일에 있습니다. 앞으로 해야할 일은 너무도 많습니다. 공장 건설, 설비 복구, 신규 설비 설치 등 엄청난 일들이 있지만 우리는 해낼 수 있다고 확신하고 있습니다. 2012년 8월 말을 기점으로 모든 것을 원점으로 되돌릴 뿐만 아니라 과거보다도 더 좋은 공장을 만들기로 약속합시다. 여러분들이 이제까지 보여준 저력으로 충분히 해낼 수 있다고 굳게 믿고 있습니다.

금번의 복구 과정에서 보여준 대한솔루션 관계사를 비롯한 모든 임직원들의 일사 분란한 응집된 힘에 나는 가슴이 저리도록 감사했고 마음 든든했습니다.

특히 현대·기아차, 주정부와 지방정부 관계자, 현지 협력사, 당사 협력사, 또한 우리 대한솔루션을 걱정해주시고 있는 모든 분들에게 진심으로 감사하다는 마음을 전하고 싶습니다.

우리를 격려해주시는 모든 분들과 대한민국, 우리의 고객인 현대·기아차를 위하여 어떠한 희생을 무릅쓰더라도 최선을 다해 최종적인 복구 완료를 해내도록 파이팅 합시다.

이 모든 중심에 회장인 저 권회현이 앞장서서 있을 것입니다. 이번 일이 38년 동안 사업을 하며 맡은 가장 큰 마지막 프로젝트라 생각하고 있습니다. '나를 따르라'라고 여러분에게 주문하겠습니다.

가슴 깊은 곳으로부터 고마운 마음을 전하고 싶습니다.

2012. 04. 09. 조지아공장 현지에서

회장 권 회 현 올림

업계 관계자들이 "최소 6개월 가동 중단이 될 것"이라는 예상을 깬 것이다. 이를 두고 '기적적인 일'이라고 말하는 이들도 있었다. 권 회장은 담담하게 "집념의 결과"라고 분석했다. "기적은 우연히 찾아오는 것이 아닙니다. 저를 포함한 전 임직원들의 헌신적인 노력 끝에 얻은 값진 결과죠. 공장 화재에 대비해 보험 가입을 했기에 피해액도 대부분 보상받았습니다. 단 한 명의 인명 피해도 없었다는 것도 다행스러운 일이었죠. 공장이 다시 돌아갈 때 벼랑 끝까지 몰렸다가 탈출한 기분이었습니다."

사태 수습 후 한국으로 돌아온 권 회장은 조지아 주정부 관계자 등 아낌없이 도움을 준 이들에게 감사 편지 쓰는 걸 잊지 않았다. 또한 이 같은 일이 반복되지 않도록 2012년 3월 17일 화재 발생 후 수습 과정과 8월 25일 신공장의 정상적 가동까지의 모든 기록을 꼼꼼하게 정리해놓았다. 권 회장은 "지금도 매주 18개 공장의 화재안전 예방을 포함한 시설 점검 현황에 대한 보고서를 식섭 받아서 검토한다"며 "긴급 상황이 발생했을 때 신속·정확하게 해결하는 것도 중요하지만 무엇보다 예방이 최우선이라는 걸 새삼 깨달았다"고 강조했다.

"절대 감을 따지 마라"

권 회장은 나무와 꽃에 대한 조예가 깊다. 오랜 기간 취미로 분재를 해오기도 했다. 그런 그가 으뜸으로 좋아하는 나무는 감나무다. 실제로 인천 본사뿐만 아니라 전 세계 모든 대한솔루션 공장 곳곳에서 감나무를 볼 수 있다. 모두 권 회장의 지시로 심은 것이다. 그는 한 가지 지시를 더 내렸다. "절대로 감을 따지 말 것"이다. 권 회장은 "공장에 심은 감은 단순한 조경용이 아니다"며 "직원들이 예술적 감성을 함양해 감성품질을 더 깊이 이해할 수 있도록 영감을 주는 수단"이라고 강조했다. 권 회장의 감나무 찬사는 계속됐다. "감은 사람 키와 비슷한 낮은 나뭇가지에 주렁주렁 열려 있을 때가 정말 멋집니다. 늦가을 감잎의 색깔이 변하고 감이 익어가는 모습을 주의 깊게 지켜보면 색깔이 변하면서 그 속에 온 우주의 색상이 한 번씩 나타나는 걸 볼 수 있습니다. 그걸 느낄 수 있는 머리와 가슴을 가져야 합니다. 그것이 예술적 감성입니다."

직원들의 예술적 감성을 키워주는 감나무

권 회장은 매주 토요일 전 세계 모든 공장의 현황을 확인할 때, 가장 먼저 나무는 어떻게 자라는지 상태는 어떤지를 본다. 아름답게 가꾼 정원이 감성경영, 예술경영의 시작점이라고 믿기 때문이다. 그는 자연스럽게 CEO의 자질에 대한 자신의 철학도 말했다. 그는 "리더는 우선 과학적이고 논리적이어야 한다"며 "그 다음으로 감성을 가져야 하며 그냥 감성이 아닌 예술적 감성을 가져야 한다"고 설명했다. 과학적 지식과 예술적 감성을 접목시켜서 경영에 접목하는 것이 진정한 감성경영, 예술경영이라는 주장이다.

혼자 생각하는 시간

새벽 4시 30분이면 권 회장은 눈을 뜬다. 평생 동안 몸속에 스며든 습관이다. 1993년 이전까진 하루에 단 3시간만 잤다. 1993년, 일주일 동안 연구소에서 단 1초도 쉬지 않고 연구에 매달렸다. 연구 결과에 만족하면서 문을 나서는 순간 쓰러졌다. 아찔한 순간이었다. 그후로 되도록 5~6시간의 수면 시간을 확보하려 노력하지만, 4시 30분 기상은 그대로였다.

　권 회장은 일어난 뒤 반드시 1시간 정도 자신만의 시간을 갖는다. 아직 세상이 잠에서 깨지 않은 이른 새벽, 고요함 속에서 그는 책을 읽고 생각을 한다. 주로 고전을 읽는다. 2015년 초에는 명심보감을 다시 꺼내어 읽기도 했다. 그는 "홀로 생각하는 시간을 가짐으로써 새로운 아이디어, 문제에 대한 해결 방안 등을 얻을 수 있었다"고 말했다. 한 시간의 망중한이 소재 기술 3,000여 건을 보유한 대한솔루션을 이끄는 아이디어의 발원지인 것이다. 권 회장은 "한 기업을 이끄는 CEO는 최선의 선택을 위해서 누구보다 치열하게 고민하고 판단해야 한다"며 "그럴수록 하루 한 시간쯤은 자신만의 공간에서 사색을 즐길 필요가 있다"고 조언했다.

COMPANY PROFILE

NVH 관련 기술을 제공하는 한국 유일 전문회사, 대한솔루션

"오늘도 좋은 하루 보내세요." 대한솔루션 정문 앞에서 매일 아침 출근길에 들리는 말이다. 임원들이 출근하는 직원들을 맞아 인사를 하는 것이다. 대한솔루션 전 세계 18개 공장에서 날마다 아침 인사를 하고 있다. 임원과 직원 사이에 벽이 있어서는 안 된다는 권회현 회장의 경영철학에 따른 것이다. 회사 창립 이후 지금까지 계속 이어지고 있는 아침 인사는 대한솔루션의 전통으로 자리 잡았다.

노사 화합이 우수한 기업으로도 잘 알려져 있다. 실제로 이 회사는 경영 실적을 월 단위로 직원들에게 모두 공개한다. 투명하게 회계 처리가 이뤄지기 때문에 경영진과 직원들의 신뢰가 두텁고, 자부심도 강하다는 게 회사 관계자들의 전언이다.

이 회사에선 매일 오전 10시가 되면 회사 내 스피커에서 10분간 음악이 흘러나온다. 점심시간은 물론이다. 쉬는 시간 동안 직원들이 편안하게 들을 수 있는 클래식 음악이 주를 이룬다. 감성품질을 향상시키기 위한 부품을 생산하는 기업인만큼 직원들의 심리 안정과 감성적 만족도를 높이기 위해 세세한 부분까지 신경을 쓰고 있다.

대한솔루션이 생산하는 부품수는 총 3,000종에 달한다. 차량 실내 천장 부분인 헤드라이닝을 비롯해 대시보드 안쪽에 부착하는 방음제, 트렁크 내부 방음제 등이 대한솔루션의 제품이다. 이밖에도 엔진 커버, 배터리 패드 등도 생산한다. 부품들은 현대차와 기아차, 쌍용차, 한국GM 등 국내 주요 완성차 업체들에 공급하고 있다.

부품들은 대한솔루션의 '토탈 엔지니어링'을 통해 하나씩 개발된다. 신차 개발 단계부터 완성차 진단, 처방, 맞춤형 부품 생산 등 모든 과정에서 발생한 문제점을 찾아내고 이에 대한 해법을 모색하는 것이 토탈 엔지니어링이다. 이는 크게 3단계로 구분할 수 있다. 1단계는 콘셉트와 타깃이다. 고가의 시뮬레이션 장비와 차량의 특성을 파악하고, 회사의 NVH 부품 패키지를 장착했을 때 발생하는 소음 저감 효과를 예측하는 것이다. 2단계는 프로토 자동차 시험이다. 차량에 시제품을 장착한 후 실제 소음, 소리 발생 정도를 측정하고 이를 통해 NVH 부품 패키지를 최적화하는 작업이다. 마지막 3단계는 파일럿 자동차 시험이다. 실제 양산차에 부품을 적용한 뒤 시험 주행을 해보면서 내외부 소음, 진동을 측정하는 단계다. 차량의 등급과 종류에 따라 성능, 중량, 가격 3가지 요인을 조율해 부품을 최종 확정한다. 매출액은 2013년 5,500억 원, 2014년 6,300억 원이다. 2020년 매출 1조 원을 목표로 하고 있다.

3
김현숙 경신 회장

평생 공부가
경영혁신을 이끈다

김현숙

배움이란 일생동안 알고 있었던 것을
어느 날 갑자기 완전히 새로운 방식으로
이해하는 것이다.

-도리스 레싱-

SMALL GIANTS

"지금도 일본어를 공부하고 있습니다. 배움에는 끝이 없죠." 인천광역시 연수구 송도동의 경신 본사에서 만난 김현숙 회장은 자신이 가진 무기가 무엇인지에 대한 질문에 이같이 답했다. 건물 4층에 위치한 김 회장 집무실의 한쪽 벽에는 커다란 책장이 자리 잡고 있다. 책장에는 국내외 경영서와 함께 노트들이 빼곡하게 꽂혀 있었다. 김 회장이 오늘날까지 30년 동안 공부한 흔적들이었다. 그녀는 "1985년 남편이 갑작스럽게 세상을 떠난 후 하루아침에 주부에서 경영자로 역할이 바뀌었다"며 "아무런 준비가 되지 않았던 나에게 유일한 해법은 공부하는 것이었고 배움은 나를 배신하지 않았다"고 말했다.

한때 교사를 꿈꾸던 여인이 평범한 주부에서 견실한 중견기업의 회장 자리에 올라, 30년 동안 회사를 국내 굴지의 자동차부품사로 성장시켜 왔다. 그 주인공인 김 회장은 국내에 손꼽히는 여성기업인이다. 그녀가 이끌고 있는 경신은 자동차의 핏줄과도 같은 와이어링 하네스를 생산하고 있다. 1974년 설립됐으며, 국내 첫 고유모델인 포니

김현숙

에도 경신이 생산한 배선이 들어가는 등 국내 자동차산업사와 맥을 같이 한다. 사업 영역은 와이어링 하네스에서 커넥터, 하이브리드 차량용 파워케이블 등 친환경 제품으로 확대됐다. 제품이 다양화되면서 기업의 외형도 커졌다. 현재 국내 6개, 해외 10개 사업장을 운영 중이며 2014년 연간 매출액은 2조 원을 넘어섰다. 김 회장은 이런 성과에 대해 "아직도 많은 부분이 부족하다"며 "끊임없이 공부하고 연구해 모자란 부분을 채워가야 한다"고 담담하게 말한다. 그녀는 절체절명의 위기에 놓인 가정과 기업을 어머니의 마음으로 껴안고, 독하게 지키며 성장시켰다. 이를 위해 치열하게 공부하고 또 공부했다. "배움은 결코 자신을 배신하지 않는다"는 철학이 밑바탕에 깔려 있었다. 낮에는 CEO로 밤과 주말에는 어머니로 30년을 살아온 그녀에게 '슈퍼우먼'이라는 수식어가 붙은 것이 전혀 어색하지 않다.

CEO도 교육자와 다르지 않다

김현숙 회장과 경신에 대해서 잘 모른다면 "기업을 경영하게 될 줄 꿈에도 몰랐다"는 그녀의 말이 믿겨지지 않을 것이다. 집무실에서 작업 점퍼를 입은 채로 각종 결제 서류를 검토하고 공장 생산라인을 둘러보는 김 회장의 모습에서 40대까지 기업 경영과는 무관하게 살아온 주부의 그림자를 찾아볼 수 없었다. 실제로 그녀 자신도 직원이 1,350명이 넘는 기업을 진두지휘하게 될 줄은 짐작조차 못했다.

어린 시절 그녀는 책과 글을 좋아했던 문학소녀였다. 그녀의 고향은 서울 중구 주교동. 청계천을 사이에 두고 광장시장을 마주하고 있는 곳이다. 남편이 세상을 떠나기 전까지진 기업 경영과 무관하게 살아왔지만, 그녀의 몸속엔 상인의 DNA가 흐르고 있었다. 김 회장의 부친이 이곳에서 장사를 하던 상인이었기 때문이다. 부친의 장사 수완이 좋아 집안 형편도 넉넉했다. 행복한 가정이었다.

'마른하늘에 날벼락' 같은 일이 생겼다. 1950년 6월 25일 발발한 한국전쟁이 모든 걸 바꿨던 것이다. 가족은 피난길에 올랐고 가난과 두려움 속에서 힘든 시간을 보냈다. 7남매 중 장녀였던 그녀는 어린 동생들을 돌봐야 했다. 글을 읽는 것을 좋아했던 그녀는 동생들에게도 책을 읽어줬다. 또한 공부도 가르치고 집안일도 하나하나 알려줬다. 이런 습관은 그녀가 자연스럽게 교사의 꿈을 갖는 계기가 됐다.

꿈은 조금씩 가까워졌다. 휴전 후 수도여자사범대학 국어국문과에 진학했고 교사자격증도 취득했다. 졸업 후 6개월간 교생실습을 하며 본격적인 교사의 길로 들어가기 위한 만반의 준비를 마쳤다. 그녀에게 아이들을 가르친다는 것은 단순한 직업 이상의 의미를 갖고 있었다. "수업 시간에 가르치는 것을 모두 흡수하는 아이들을 보며 행복감을 느꼈어요. 나 사신이 누군가에게 도움을 주고 있다는 사실이 무척이나 기뻤죠."

교사의 꿈은 결혼과 함께 끝내 이루지 못했다. 하지만 그녀는 "CEO도 교육자와 크게 다르지 않다"고 말했다. 기업의 CEO와 교육자는 어떤 지점에서 맞닿아 있다는 것이다. 김 회장은 "과거에는 교육자로 지금은 경영자로서 나 스스로 공부하고 또한 직원들을 교육한다"며 "이런 의미에서 경영자 역시 교육자와 비슷한 성격을 갖고 있다고 생각한다"는 이야기를 들려줬다.

시련은 또 다른 나를 만든다

결혼 후 그녀는 평범한 가정주부로 살았다. 1974년 경신을 창립해 밤낮없이 경영에 몰두한 남편을 내조하면서 6남매를 낳아 키웠다. 그렇게 10년이 지난 뒤, 날벼락이 떨어졌다. 주부 김현숙에겐 전쟁보다 더한 시련이었다. 건강 악화로 투병생활을 하던 남편이 세상을 떠난 것이다.

예기치 못한 곳에서 찾아온 위기였다. 그녀는 그 당시 상황을 떠올리며 "세상이 거꾸로 보였고, 기가 막혔다"고 말했다. "어떻게든 남편의 병이 완쾌될 것이라 믿고 있었습니다. 생각하지도 못한 일을 당했기에 당황했고, 머릿속이 하얗게 됐죠."

하지만 포기할 순 없었다. 1남 5녀의 자식들이 어머니만 바라보고 있었고, 회사에선 그보다 훨씬 많은 수의 직원들이 미래를 걱정하고 있었다. 남편과 친분이 두터웠던 정세영 당시 현대자동차 사장도 적극 나서 도왔다. 그는 주부였던 김 회장에게 "하루 빨리 사무실로 출근하라"고 독려했다. 현대차 간부직원들을 경신으로 파견해 업무에 차질이 없도록 지원해줬다. 이 같은 조치는 단순히 친분 때문만은 아니었다. 현대차에 차량의 혈관과도 같은 와이어링 하네스를 납품하는 경신이 생산 차질을 겪는다면 자동차 생산라인이 타격을 입을 수 있는 상황이었다. 정 사장은 "이제부턴 김 여사님께서 회사를 책임지고 경영하셔야 한다"고 강하게 말하며 힘을 북돋아줬다. 김 회장도 주저앉아 있을 수만은 없었다. 두 손을 놓고 있으면 얼마 지나지 않아 회사가 문을 닫을 수도 있다는 위기감이 몰려왔다. 두 주먹을 불끈 쥐고 당시 사무실이 있던 인천시 서구 가좌동으로 출근했다.

사람 사귀기가 최우선이다

이때부터 김 회장의 혹독한 경영수업이 시작됐다. 하루아침에 주부에서 경영인으로 역할이 바뀌었지만, 그녀가 회사 업무에 대해 알고 있는 건 거의 없었다. 김 회장은 "남편은 원래 퇴근해서 집에 들어오

1996년 경신을 방문한 정세영 현대자동차 대표이사 명예회장

는 순간 회사 업무를 한 적이 없었고, 회사에 대한 얘기도 일체 하지 않았다"며 "어깨너머로라도 회사에 대한 이야기를 들은 적이 없다 보니 업무 파악을 백지 상태에서 시작해야 했다"고 말했다.

새벽 5시 30분에 일어나 출근했다. 모르면 물었고 궁금하면 현장에 직접 찾아갔다. 직원들은 지위 고하를 막론하고 모두 그녀의 선생님이었다. 보기만 해도 눈이 어지러운 자동차의 배선을 한 줄 한 줄 파악해갔다. 시간은 그 누구도 기다려주지 않는다는 걸 그녀는 잘 알고 있었다. 저녁이 되면 그녀는 회장에서 학생으로 바뀌었다. 대학의 전문경영인 과정에 등록해 경영인들이 알아야 할 지식들을 습득해나갔다. 숭실대와 서울대, 연세대, 서강대, 전국경제인연합회 등에서 쉬지 않고 공부했다. 교수에게 질문했고, 함께 수업을 듣는 경영인들에게 귀동냥을 했다. 들은 건 모두 메모했고 반복해서 읽으며 암기했다.

이렇게 공부하는 과정에서 평생의 은사도 만났다. 바로 어윤배 숭실대학교 총장이다. 지금은 고인이 된 어 총장은 김 회장의 멘토였다. 그녀는 경영인으로 변신한 뒤 '사람을 사귀는 것'에 온 힘을 쏟았다. 직원들의 이름부터 외웠다. 한 기업의 회장이 말단 사원의 이름까지 일일이 기억하는 모습에 직원들은 감동했다. 한 직원의 아이가 첫 돌을 앞두고 있으면 반지를 선물하기도 했다. 이렇게 그녀는 직원들의 신뢰를 얻었고, 이는 리더십을 구축하는 사양분이 됐다.

김현숙

"가장 먼저 직원들의 이름부터 외워라"는 조언을 해준 사람은 바로 어윤배 총장이었다. CEO의 입장에서 주경야독하는 건 굉장한 노력을 필요로 했고 체력소모가 심했다. 한 번은 김 회장이 힘겨워 하며 어 총장에게 물었다. "교수님 이렇게 10년 공부하면 성과가 있을까요?" 어 총장이 답했다. "걱정마세요. 모르는 건 몰라도, 아는 건 다 잘하게 될 겁니다." 그녀는 "어 총장의 이런 가르침들이 지금까지 살아오는 데 큰 힘이 됐다"고 회고했다.

작업복은 전투복이다

김 회장은 회장 취임 이후 작업복을 고집하고 있다. 여기에는 이유가 있었다. 그녀는 "거친 제조업 현장에서 여성 경영인으로서 살아남기 위해선 역설적으로 여성이라는 꼬리표를 떼어내야 했다"며 "치마 대신 작업복을 입고 현장을 발로 뛰면서 조직을 장악하는 데 주력했다"고 설명했다. 남자들로 가득한 세계에 주부 한 명이 들어온 상황이었으니 독하게 마음먹지 않으면 안됐다. 은연중 느낄 수 있는 무시나 멸시의 시선은 이를 악물고 버텨내야 했다. 그런 김 회장에게 매일 입는 작업복은 전투복과도 같았다.

그렇다고 해서 여성이길 포기한 것은 아니었다. 여성 CEO라고 해서 단점만 있는 건 아니었다. 오히려 남성들 사이에서 눈에 띈다는 것이 장점이 될 수 있었다. 그녀는 "홍일점이기에 오히려 사람들이 쉽게 기억한다는 이점이 있었다"며 "단 시간에 인적 네트워크를 구축하는 데 큰 도움이 됐다"고 설명했다.

아침마다 전투복을 입지만, 집에 돌아왔을 때 김 회장은 다시 어머니이자 주부가 됐다. 처음 경영일선에 뛰어들 때 막내아들(현 이승관 사장)이 중학교 1학년이었다. 막내아들과 고3인 딸을 제외하고 모두 다 성인이 됐기 때문에 큰 부담은 없었다. 주말에 쉴 틈 없이 자식들을 챙기고 일주일치 장을 보고, 다른 집안일들을 챙겼다. 그리고 다시 월요일 새벽에 일어나 전투복으로 갈아입는 생활이 반복됐다.

여성 기업인이라는 것을 단점에서 장점으로 승화시킨 사례는 또 있다. 바로 '모성애'다. "여성이기에 남성들이 주류를 이룬 자동차 부품 제조업에서 불리한 점도 있지만, 여성이기에 다른 경영인들이 미처 보지 못한 부분을 들여다 볼 수 있었죠. 전 조직 관리에서 장점이 극대화됐다고 봅니다. 항상 경신과 직원들은 내 자식과 같다는 생각을 했어요. 자식 돌보듯 어떻게든 잘되게 만들어야 한다는 마음가짐이 조직을 한 덩어리로 만들어 움직일 수 있었던 원동력인 것 같아요."

이 같은 김 회장의 모성애 경영에 대한 성과는 직원들의 근속연수에서 확인할 수 있다. 경신의 임원들은 대부분 30~40년 이상 회사를

현장에서 생산 과정을 살펴보고 있는 김현숙 회장

작업복을 입고 현장을 발로 뛰며 점검하는 김현숙 회장

김현숙

다닌 창업 멤버다. 생산직 직원들 중에서도 정년퇴직하는 이들이 많다. 김 회장은 "한번은 정년퇴임하는 직원이 자신이 이곳에서 일하며 가족들 먹여 살리고, 집 장만하며, 자식들 결혼도 잘 시킬 수 있었다는 말을 해줬을 때 그 고마움을 지금도 잊을 수 없다"며 "이런 직원들을 만날 때마다 '그래 난 잘하고 있다'는 생각이 들어서 힘이 난다"고 웃으며 말했다.

도전할수록 실패 확률은 줄어든다

김 회장에게 첫 번째 위기가 예상치 못했던 경영인으로의 변신이었다면, 두 번째는 1989년 현대자동차에서 배선사업을 다원화한 것이다. 그동안 독점적으로 와이어링 하네스를 공급해오던 경신에겐 날벼락과도 같은 소식이었다. 현대차가 와이어링 하네스에 대한 가격과 품질 경쟁력 강화를 위해 납품처를 다원화하는 건 필요한 수순이었다. 하지만 경신은 당장 매출이 감소할 수 있는 절박한 상황에 놓이게 됐다. 그녀는 다시 한 번 찾아온 위기를 이겨내야만 했다. 해외로 눈을 돌렸다. 당시만 해도 자동차부품의 해외 수출은 활발하지 않았다. 김 회장은 가능성이 충분하다고 판단했다. 주요 납품처였던 현대차가 앞으로 해외 생산기지를 세계 곳곳에 세울 것이라는 전망도 있었다. 그녀는 긴 호흡으로 차근차근 준비했다. 이렇게 시작된 해외 수출은 2000년대 들어 본격적인 성장기를 맞았다. 경신은 2003년 '1억불 수출탑'을 기록한 데 이어 2014년 '8억불 수출탑'을 수상했다. 경신이 성장하는 데 일등공신 역할을 한 것이다.

"해 뜨기 전에 가장 어둡다"는 말이 있듯, 경신의 첫 해외 진출은 1997년 시작된 IMF 구제금융 기간에 이뤄졌다. 무대는 인도였다. 김 회장은 현대차가 인도에 진출한다는 정보를 듣고 인도 현지에 생산 공장을 짓기 위해 두 팔을 걷어붙였다. 그리고 마침내 성사되는 듯했지만, IMF 구제금융으로 인해 흔들리기 시작했다. 환율은 급등했고 소비는 침체의 늪으로 빠졌다. 납품대금을 받지 못하는 중소기업이 속출했고, 대기업들조차 대출을 받지 못해 곳간이 말라가는 걸 두 손 놓고 바라볼 수밖에 없었다.

경신도 예외는 아니었다. 희망퇴직을 실시, 직원 수를 대폭 줄였다. 허리끈을 졸라매고 긴축 경영에 나섰다. 그럼에도 인도는 포기할 수 없었다. 그녀는 "내부에서도 인도 진출을 우려하는 목소리가 컸다"며 "나 역시 굉장히 망설였지만 해외시장 개척 없이 회사의 미래는 없다는 판단을 끝까지 고수했다"고 설명했다. 김 회장은 임원들에게 이렇게 말했다. "도전하지 않으면 100퍼센트 실패합니다. 도전하면 실패 확률은 50퍼센트로 줄어듭니다. 도전합시다."

대신 의사결정을 할 때 놀다리도 누드리며 건너는 신중함을 잊지

2014년 인천 무역의 날 '8억불 수출탑' 수상

않았다. 인도시장을 미리 경험했던 다른 경영자들과 면담을 해 주의 사항을 꼼꼼하게 챙겼다. 결과는 성공적이었다. 인도 진출로 탄력을 받은 경신은 이후 2002년 중국, 2003년 미국 등 세계 최대 시장에 잇따라 공장을 설립했다. 현대차의 생산공장이 없는 캄보디아와 온두라스에도 생산 네트워크를 구축했다. 김 회장은 "중국 물가와 인건비 상승으로 이전만큼 많은 수익을 기대할 수 없는 상황이 됐다"며 "그보다 인건비가 저렴한 캄보디아와 온두라스 등에서 부품을 생산해 중국, 미국 등에 납품하는 것이 낫다"고 설명했다.

2005년 김 회장은 글로벌 경쟁력 강화를 위해 또 한 번의 승부수를 던졌다. 일본 스미토모그룹과 자본합작을 통해 손을 잡은 것이다. 경신과 스미토모가 50대 50으로 지분을 나누고 스미토모그룹 출신의 전문경영인을 영입, 아들인 이승관 사장과 함께 공동 경영하는 체제를 구축했다. 2015년은 두 회사가 자본합작을 한 지 10주년이 되는 해다.

김 회장은 "2000년대 중반까지 경신은 현대차에 주로 납품하면서 회사가 성장해갔다"며 "하지만 와이어링 하네스 부문 경쟁사들 중 '글로벌 톱 5' 목표를 달성하기 위해선 선진 기술을 도입해 이를 토대로 좀 더 나은 기술력을 확보할 필요가 있었다"고 말했다.

하지만 스미토모와의 자본 합작이 있기까지 김 회장은 순탄치 않은 과정을 겪었다. 가장 큰 벽은 일본 특유의 폐쇄성과 보수적인 의

사결정 체계였다. 그러나 그녀는 스미토모의 문을 꾸준하게 두드렸다. "일본 나고야에 거래하는 기업이 있었어요. 그 업체는 회장, 사장, 구매 담당 본부장들이 모두 한국말을 잘해서 자주 일본에 갔죠. 스미토모도 나고야가 본사인 것을 알고 만남을 지속적으로 추진했습니다."

김 회장이 일본에 출장갈 때마다 스미토모 사람들과 자주 만나는 자리를 가졌다. 그녀는 "경쟁력을 키우려면 기술이 필요했고, 앞선 기술을 갖고 있었던 스미토모와의 합작은 경신에게 도움이 되는 것이었다"며 "스미토모 측에는 한국 시장에 진출함으로써 큰 수익을 얻을 수 있다고 강조했다"는 설명을 덧붙였다.

또한 그녀는 "처음엔 생각대로 되지 않아서 맘고생을 했고, 괜히 일을 저지른 건 아닌가 고민도 했다"며 "다행히 스미토모그룹의 마스모토 회장이 적극적으로 협조해줘 긴밀한 협력 체제를 형성했고 커넥터 사업도 확대할 수 있게 됐다"고 말했다. 커넥터는 복잡하고 어려운 배선 작업을 줄여주는 역할을 한다. 자동차의 전장화가 빠르게 진행되는 만큼 커넥터의 수요는 앞으로 더 늘어날 것으로 전망된다. "커넥터 사업을 2013년부터 시작했는데 점점 성과가 나고 있습니다. 2015년부터 이익이 날 것이고, 앞으로 회사의 효자 노릇을 할 것으로 기대됩니다."

단 하루도 긴장의 끈을 놓지 마라

김 회장에게 "이제는 회사가 규모도 커졌고 기술, 생산 노하우도 쌓였으니 안정적인 상황에 진입한 것이 아닌가"라고 물었다. 그녀는 굳은 표정으로 고개를 가로저으며 입을 열었다. "아닙니다. 위기는 바로 지금이에요. 이전보다 더 심각한 위기들이 찾아오고 있어요."

김 회장은 "성공이라는 단어를 꺼내기엔 아직 이르다"며 "지금 한시라도 방심하면 무너질 수 있다"고 강조했다.

"저는 아침에 일어나서 밤에 잠잘 때까지 한 번도 눕지 않습니다. 평생토록 그랬습니다. 그래도 피곤한 줄 모릅니다. 항상 긴장하고 있기 때문이죠. 다른 경쟁자가 지금도 나를 쫓아오고 있다는 생각 때문에 견딜 수가 없습니다. 부지런히 움직이고 공부해서 성장해야겠다는 압박감이 밀려오죠. 지칠 여유도 허락되지 않습니다."

김 회장의 하루 일과는 이런 마음가짐을 잘 보여준다. 그녀는 새벽 5시 30분에 일어나 하루 일과를 시작한다. 업무를 마치고 귀가하는 시간은 보통 저녁 9시다. 집에 들어와서는 집안일을 하면서 그날 업무를 정리하고, 다음 날 업무 계획을 세운다. 그날 메모한 것들도 내용별로 정리한다. 메모광인 김 회장은 한 해에 두꺼운 노트 4~5권을 넘게 쓴다. 이렇세 메모 정리를 끝낸 후 공부하다 보면 하루 3~4시간씩만 잠을 자는 것이다. 김 회장은 이렇게 지칠 줄 모르는 '슈퍼

우먼'이 될 수 있던 원동력 중 하나로 수영을 꼽는다.

수영은 김 회장의 유일한 취미이자 운동이다. 업무를 마치고 집에 들어가기 전 일주일에 4번은 집 근처 수영장으로 간다. "수영을 하면 하루의 피로가 사라집니다. 행복감을 느끼곤 하죠. 스트레스를 그렇게 푸는 겁니다. 목표를 이루고, 하루를 열심히 뛴 후 수영을 하는 즐거움은 무엇과도 비교할 수가 없어요. 여기서 중요한 건 하루를 열심히 살아야 한다는 겁니다."

"단 하루도 긴장의 끈을 놓아서는 안 된다"는 김 회장의 경영철학은 직원들에게도 수없이 강조한 것이다. 2003년 김 회장은 임원들과 함께 독일 프랑크푸르트 모터쇼를 찾았다. 이때 경신이 전시장 내에 부스를 차리고, 8억 원을 들여 제작한 모듈카 'KSF-Ⅱ'를 전시했다. 김 회장은 "세상에서 가장 경쟁이 치열한 현장에 직접 뛰어들어 경신의 존재감을 전 세계 자동차업계에 알리는 한편, 임원들에게 정신 똑바로 차리지 않으면 경쟁에서 살아남을 수 없다는 점을 심어주기 위해 진행했다"고 설명했다.

그는 "모듈카를 통해 경신의 기술력을 확인한 자동차업체들의 러브콜도 받는 등 좋은 성과를 보였다"고 덧붙였다. 현재 경신은 현대·기아자동차 외에 다양한 자동차, 전자, 중공업, 조선 업체들에 전선을 공급하고 있다.

2015 서울모터쇼 경신 부스를 둘러보고 있는 김현숙 회장

남자보다 3~4배 더 노력하라

여성의 사회 진출이 확대되면서 CEO를 꿈꾸는 이들도 늘었다. 김 회장은 이런 후배들에게 "여성이기에 남성의 몇 배를 해야 한다"는 현실적인 충고를 했다. "물론 남녀평등, 가사분담 이런 분위기가 확산되고 있는 건 반가운 일입니다. 하지만 그렇다고 해서 엄마와 아내이기에 해야 하는 역할들이 180도 바뀔 수는 없습니다. 결국 남성들의 3~4배는 노력해야 경쟁에서 이길 수 있습니다. 그리고 그런 여성 후배 CEO들이 늘어날수록 세상은 점점 빨리 바뀔 겁니다."

실제로 그녀는 어머니이자 가장이었고, CEO이자 학생이었기에 남들보다 몇 배 더 노력할 수밖에 없었다. 지금도 그 사실은 변함이 없다. 한 해 7번의 제사와 차례 등 집안 대소사도 직접 준비해서 치른다. 김 회장은 "남편이 3대 독자였기에 집안일을 모두 맡아서 해야 했고, 한 번 제사를 치를 때마다 가족과 친척들까지 30명 정도가 참석한다"며 "제사가 끝난 후 정리하려면 밤을 새야 하지만, 어머니와 아내로서, 가장으로서 마땅히 해야 할 일이기에 한다"고 담담한 어조로 말했다. 1936년생인 김 회장은 여든을 바라보는 나이가 됐다. 그럼에도 그녀의 배움에는 브레이크가 없다. 평일 저녁이나 주말이면 지금도 일본어를 공부한다. "얼마 전까지 개인 교습도 받았지만 지금은 독학으로 해요. 해방되기 전 10세까지 일본어를 사

2014년 창립 40주년 기념행사

김현숙

용했기에 큰 부담감은 없습니다. 일본어를 쓸 일이 없어도 꾸준히 공부해서 지금은 듣는 건 문제없습니다. 다만 말을 잘 못해요. 특히 비즈니스로 만나면 말실수를 할까 봐 더욱 조심스럽습니다. 한 달 정도 일본에 살면 입도 터질 것 같은데, 그런 시간을 내기가 쉽지 않네요."

김 회장은 요리, 문학, 한국무용까지 배움에 대한 열정의 소유자다. 그녀는 "원래 한시라도 가만히 있으면 못 견디는 성격이고 배움에 대한 갈망이 컸다"며 "그것이 내가 지금 이 자리에서 버틸 수 있었던 이유가 아닌가 싶다"고 회상했다.

"아직 위기는 진행중이며 모든 것이 부족하다"고 말하는 김회장의 꿈은 무엇일까. 그녀는 "와이어링 하네스와 커넥터 부문에서 '글로벌 톱 5' 업체가 되는 것"이라고 말했다. 그리고 "이는 욕심이 아니라 생존을 위해 반드시 성취해야 하는 목표"라고 덧붙였다. 국내 자동차산업의 분위기가 달라졌기 때문이다.

"현대·기아자동차는 지금 세계에서 다섯 번째로 큰 자동차 회사입니다. 많은 해외 부품사들이 현대차에 납품하고 싶어 합니다. 현대차 입장에서 꼭 국내 부품사를 고집해야 할 이유가 없어진 것이죠. 그렇기 때문에 이젠 국내 부품사들이 스스로 경쟁력을 더 갖춰야 합니다. 기술이 필요하고 규모도 더 키워야 하죠. 앞으로도 계속 경신이 살아남기 위해서 말이죠."

10년 후의 경신은 어떤 모습일까. 김 회장은 "일하기 좋은 환경과 경쟁력을 갖춘 회사가 돼 있을 것"이라고 답했다. "지금과 전혀 다른 사업 영역으로 확장하는 일은 없을 겁니다. 할 줄 알고 잘할 수 있는 곳에서 계속 힘을 키워야죠. 좋은 기업이 시장에 나오면 M&A도 할 생각입니다."

COMPANY PROFILE

개척자적인 정신으로
일류기업을 구현하는 경신

주식회사 경신은 1974년 9월 1일 설립됐다. 와이어링 하네스를 시작으로 정션 블록, 커넥터 등으로 사업 영역을 넓히고 있다. 현대자동차의 첫 국산 고유모델인 포니에 들어가는 와이어링 하네스를 생산하면서 본격적인 부품 사업을 시작했다. 와이어링 하네스는 인체의 신경망과 같이 차량 내 각 시스템으로 전기 신호와 전력을 전달하는 역할을 한다. 전선과 커넥터, 정션블록을 가공해 조립한 '배선꾸러미'를 총칭하는 말이다.

경신은 1997년 인도에 첫 번째 해외 생산기지를 세웠다. 2000년대 들어 경신의 해외사업은 더욱 탄력을 받았다. 스미토모사와 기술·자본 제휴를 한 후 정션블록을 개발했고, 북미와 중국시장에 진출했다. 중국은 청도와 강소 두 곳에서 사업을 운영 중이다. 정션블록은 배터리와 발전기의 전력을 차량 전체의 전기·전자 시스템으로 분배하는 역할을 한다.

경신은 기술개발에 꾸준히 투자한 결과 2009년에는 기존의 정션블록보다 한층 더 개선된 스마트 정션블록 양산에 나섰다. 2010년에는 커넥터 사업으로 손을 뻗쳤다. 커넥터는 분리된 전선과 전선, 전선과 장치 간의 결속 장치다. 차량 내 사용 부위와 연결 회로 수에 따라 수백가시 종류가 사용된다. 커넥터는 2012년부터 본격적으로 매출을 올리기 시작했으며 2015년을 기점으로 흑자 전환을 기록할 전망이다. 2012년에는 캄보디아에도 생산법인을 세워 운영 중이다.

국내 사업도 착실하게 키웠다. 2013년 1월 송도 신도시에 송도공장을 세웠다. 경신의 생산공장은 경주와 화성, 군산, 인천 등 국내 6곳이며, 미국, 멕시코, 인도, 중국, 캄보디아, 온두라스 등 해외에 10개 사업장을 운영 중이다. 세계로 진출하면서 경신의 매출도 지속적으로 늘었다. 2006년 6,900억 원이었던 매출액은 2014년 2조 1,000억 원을 기록했으며 2015년 2조 2,600억 원에 달할 전망이다.

4

류홍우 유성기업 명예회장

성실, 감사, 인내가 쌓일 때 성공의 문이 열린다

류홍우

끈기와 인내는
모든 것을 이겨낸다.
-벤자민 프랭클린-

"태산 같은 자부심을 갖고, 누운 풀처럼 자기를 낮추어라或時高大如須彌, 或時現卑如臥草." 불교경전 잡보장경雜寶藏經에 나오는 말이다. 류홍우 유성기업 명예회장의 인생철학은 이 말과 맞닿아 있다.

맨주먹으로 서울에 올라와 가난과 전쟁의 고된 터널을 뚫고 지나며, 부품 제조사인 유성기업을 설립해 성장시켰다. 엔진의 핵심 부품인 피스톤링과 스파크플러그 등 자동차부품을 생산하는 중견기업의 경영자이지만, 류 명예회장의 겸손한 품성은 업계에서도 정평이 나 있다. 아흔이 넘은 그는 부품사 경영자 중 최고령자에 속한다. 1962년 설립한 한국자동차산업협동조합의 발기인 49명 중 유일한 생존 인물이기도 하다.

그럼에도 그의 말과 몸짓에는 자신을 낮추고 상대방을 높이는 선비의 자세가 깊이 배어 있었다. 인위적인 태도는 금세 바닥을 드러내기 마련이지만, 류 명예회장은 인터뷰 내내 한결같은 모습을 보였다. 뿌리 깊은 대나무와 같았다.

"사람은 강철 같아야 한다"는 신념으로 가난과 싸우고 전쟁을 이겨냈다. 국제시장을 오가며 자동차부품 유통으로 시작한 그는 제조업으로 사업을 확대했다. 엔진 핵심부품을 국산화하며 자동차부품 사업에 터를 다진 류 명예회장의 인생과 경영 이야기는 부품산업뿐만 아니라 우리나라 발전사의 한 단면이기도 하다. 그럼에도 그는 "늙은 나에게 후대 젊은이들이 배울 건 아무것도 없다"며 인터뷰를 고사했다.

자신이 창업해 기업을 이끌기 시작한 20세기와 오늘날의 산업환경이 다르다는 것이다. "한국전쟁 이후 한국의 산업은 불모지나 다름없었습니다. 기술도 자금도 시장도 형성되지 않았죠. 모든 것이 제대로 갖춰지지 않은 상황에서 오직 생존을 위해 기업을 꾸려가야 했습니다. 첨단 기술이 인터넷을 타고 급속도로 발전하는 지금과는 너무나 다릅니다."

하지만 창업한 후 사업을 정상 궤도에 올려놓는 과정이 힘든 건 어느 시대나 마찬가지다. 오히려 산업 환경이 발달할수록 경쟁은 가혹해진다. 그런 의미에서 21세기는 살아남기가 더욱 어려운 시대다. 두 주먹으로 일어선 류 명예회장의 '외유내강外柔內剛' 경영철학이 값진 이유이기도 하다.

"가난까지 물려줄 순 없다"

경상북도 문경은 험한 산세와 높은 고개로 잘 알려져 있다. 류 명예 회장은 1922년 3월 경북 문경군 산양면 존도리에서 태어나 15세에 서울로 올라오기 전까지 그곳에서 살았다. 험준한 지형처럼 류 회장 가족들의 생활도 순탄치 않았다. 가난 때문이었다. 농사를 짓는 부모는 밤낮으로 일을 했지만 4남매를 먹여 살리는 것도 버거웠다. 그는 이 가정의 장남이었다. 보통학교를 졸업한 뒤 상급학교로 진학하고 싶다는 말을 꺼낼 수도 없었다. 그는 말없이 부모님의 농사일을 거들었다.

어느 날 아버지가 그를 불렀다. "홍우야, 서울로 올라가거라." 아버지의 말을 들은 그는 깜짝 놀랐다. 아버지가 말을 이었다. "내가 겪고 있는 이 가난을 너희들에게 물려줄 순 없다. 서울 가서 일도 하고 공부도 하거라."

지금이야 지방에 사는 학생들이 서울로 올라가 공부하는 게 어려운 일은 아니지만, 당시에는 오늘날 미국으로 유학을 보내는 것과 견줄 만한 결단이었다. 1938년 1월 3일, 그는 이불과 옷가지, 중학교 1학년 교과서 몇 권이 든 보따리를 짊어지고 아버지와 집을 나섰다. 아버지는 그를 서울 충무로의 에모리 치과의원으로 데려갔다. 류홍우는 그곳에서 사동으로 일하며 먹고 잤다. 월급도 4원을 받았다. 4

원은 당시 기준으로 쌀 한 가마 값이었다. 장기간 머물면서 일을 배우면 치과기공사 자격도 딸 수 있다는 희망도 있었다. 치과의사 내외는 류흥우에게 2층으로 올라가는 계단 밑 쪽방을 내어줬다. 그의 '나 홀로 서울생활'이 그렇게 시작됐다.

고난은 삶을 단단하게 만든다

치과에서의 생활은 1년을 넘기지 못했다. 아침부터 잠들 때까지 일만 하느라 제대로 공부할 수 없었다. 그는 병원을 그만두고 제약회사인 금강제약에 취직해, 직공으로 일했다. 하루 50전씩, 월 15원을 받았다. 비슷한 나이 또래 동료들과 만난 것이 반가웠고, 그들과 함께 학교에 다닐 수 있는 것이 무엇보다 기뻤다. 그는 선린상고에 진학했다. 금강제약의 창업주인 전용순 회장은 선린상고 출신으로 제3대 상공회의소 회장을 역임했으며 국회의원도 지낸 인물이다.

그는 나이 어린 직공들에게 "학교 가서 공부하라"고 권했다. 그때부터 낮에 일하고 저녁에 공부하는 주경야독 생활을 시작했다. 제약회사가 있던 을지로에서 선린상고가 자리 잡은 청파동, 밤늦게 수업이 끝나면 집이 있는 신당동까지 자전거를 타고 다니는 생활을 3년 동안 했다.

그는 "평생 동안 건강한 다리로 살 수 있었던 것은 이 기간에 자전거를 타고 다닌 덕분"이라고 말했다.

장남을 서울로 올려 보낸 부모님도 얼마 후 가족들을 데리고 상경했다. 부모님은 야채 장사를 했다. 새벽 장터에서 배추와 무 등을 떼어다 리어카에 실은 뒤 동네를 돌아다니며 팔아 이문을 남겼다. 아버지가 끄는 리어카를 뒤에서 밀며 그는 결심했다. "어떻게 해서든 이 가난을 벗어나리라."

그러던 가족들에게 청천벽력과도 같은 일이 벌어졌다. 밤낮없이 일만 하던 아버지가 갑작스레 돌아가신 것이다. 아버지의 죽음은 18세였던 그에게 큰 충격이었다. 하지만 가난은 좌절할 틈도 허락하지 않았다. 가족을 부양해야 한다는 책임감이 두 어깨를 짓눌렀다. 선린상고를 졸업한 뒤 일본 건설회사인 서본조에 입사했다. 그곳에서 그는 조선인이라는 차별대우에 시달리면서 일했다. 그는 그때를 회상하며 말했다.

"가난, 죽음, 차별, 전쟁이라는 극한의 상황 속에서 인생을 배우고 꿈을 키웠습니다. 살아남아야 했기에 더욱 독해질 수밖에 없었죠. 고난은 사람을 강하게 만든다는 사실을 깨달았습니다. 일찍 자립심을 갖게 된 건 이런 환경 속에서 성장했기 때문이라고 생각합니다."

1944년 전시물자 생산을 위해 강제 징용된 청년들
(셋째 줄 오른쪽에서 네 번째 류홍우 회장)

제2의 생일

유성기업은 창립기념일이 8월 15일이다. 광복절이 창립기념일인 것이다. 여기에는 사연이 있다. 그는 "광복절은 나에게 두 번째 생일이기 때문"이라고 설명했다. 우리나라가 일제 강점으로부터 해방된 날이기도 하면서, 강제징병에서 풀려나 목숨을 부지한 그에겐 '제2의 생일' 과도 같기 때문이다.

태평양전쟁을 일으킨 일본의 패색이 짙어가던 1944년 8월, 21세의 류홍우가 살고 있던 왕십리 집에 정부 관리 한 사람이 찾아왔다. 그리고 "어차피 군 입대 영장이 나올 테니 앞당겨 간다고 생각하고 다른 사람 대신 징용을 가달라"는 부탁을 했다.

그 관리는 징용을 가면 쌀 두가마를 주겠다는 제안도 함께했다. 당시에는 전시체제라 1인당 하루 2.5홉의 쌀 배급을 받았다. 두 가마는 큰 식량이었다. 그는 어머니와 의논도 하지 않고 그 자리에서 승낙을 했다. 다음 날 밤, 관리가 쌀 두 가마와 정종 두 병을 들고 집으로 찾아왔다. 서울을 떠난 그는 며칠 후 일본 효고현의 히메지라는 도시에 도착했다.

그곳에서 전투기의 동체에 쓰이는 모포를 만드는 공장에 투입됐다. 작업은 힘들었다. 식량 배급도 엉망이었다. 일본 군용트럭이 흘리고 간 미역꾸러미를 주워 소금만 넣고 미역국을 끓여 주린 배를 날

랬다. 그렇게 5개월이 지난 후인 1944년 말, 본적지인 문경 경찰서장으로부터 "1945년 1월 5일 대구 215부대에 입영하라"는 소집 영장을 전보로 받았다. 징용에서 징병 대상으로 바뀐 것이다. 군인이 되어 전쟁에 참전하면 죽을 가능성이 높았지만 고된 노역에 지친 그는 두려움마저 무뎌진 상황이었다.

다행히 전쟁에 투입되지 않았다. 동남아시아 국가로 이동할 계획이었는데 출발 3일 전 배가 미국 잠수함의 공격을 받아 침몰한 것이다. 배가 사라졌으니 그를 포함한 인원들은 이동할 수가 없었다. 하는 수 없이 그는 '생활자활요원'으로 분류돼 다시 일본에 머물렀다. "자신이 먹을 건 스스로 구하라"는 뜻이었다. 군수용으로 쓸 송근유를 얻기 위해 소나무 가지를 잘라다 불에 구웠고, 감자를 심어 길렀다.

천막을 치고 하루하루 끼니를 때우며 살아가던 이들에게 하루 한 번씩 죽음의 그림자가 지나갔다. 아침 8시에 미군 항공모함에서 출격한 전투기 공습이 있었던 것이다. "공습 때 자칫하면 총탄 세례를 맞을 수 있기 때문에 정말 무서웠습니다. 배고픔과 공포 속에서 1년을 버틴 뒤에야 해방을 맞았고 집으로 돌아갈 수 있었죠. 제가 돌아온 시기는 1945년 10월, 일본이 항복 선언을 한 뒤 2개월이 지나서야 미국 수송선편으로 귀국했습니다."

가난과 생존의 굴레

해방으로 죽음의 공포에서 벗어났지만 여전히 가난과 생존이라는 굴레는 그의 곁을 떠나지 않았다. 어려운 시기에 일자리를 구하기도 쉽지 않았다. 그는 이전 직장인 서본조에서 알고 지냈던 사람들을 수소문해 찾아다녔다. 이때 서울 종로5가에서 '자유모터스'라는 자동차부품상을 경영하던 윤준모 사장을 만났다. 윤준모 사장은 이후 자동차산업협동조합의 이사장에 오른 인물이다. 그를 만나 취직 부탁을 한 류홍우는 윤 사장의 친구가 운영하던 '공화모터스'를 소개받았다. 류홍우 명예회장이 자동차부품산업과 맺은 첫 인연이었다. 경리일을 주로 하던 그가 장사를 배울 수 있는 좋은 기회였다. 부품상을 운영하는 방법을 하나부터 열까지 알고 싶었다. 장부를 정리하면서 부품에 대한 공부도 게을리 하지 않았다. 거래처 사장들과 얼굴도 익혔다. 한국전쟁이 발발하기 전까지 4년간 공화모터스에서 근무했다.

한국전쟁 기간에는 대구로 내려갔다. 당초 전투경찰 모집 공고를 보고 지원했다. 대구 202전투경찰대에 입대해 한국전쟁에 참전했다. 이후 전쟁이 소강상태에 머물고, 정전협정이 체결되면서 그도 군에서 제대했다. 그 후 대구에서 차량 정비에 필요한 부품을 공급해주는 일을 했다. 수리할 차가 들어오면 그 차에 필요한 부품을 구해서 판매하는 부품 중개상이었다. 따로 점포가 없었기에 자전거 한 대를 이동점포 삼아 물건을 실어 날랐다. 전쟁 통에 부품 수급 체계가 무너진 상황이었다. 류 사장은 이곳저곳을 돌아다니며 분산된 부품들의 짝을 맞춰 필요한 곳에 납품했다. 부품이 귀한 때라 부지런히 움직인 만큼 매출이 늘었다.

전쟁이 끝나갈 무렵, 그는 서울 종로 3가 138번지에 빈 점포가 하나 나왔다는 소식을 들었다. 3년 동안 착실하게 자금을 모은 덕분에 그는 지체 없이 계약했다. 13.3제곱미터(4평)짜리 작은 공간이었지만 나만의 점포를 갖게 된 류 사장은 더할 나위 없이 뿌듯했다. 1954년 4월 자동차부품상 동명상회가 문을 열었다. 오늘날 유성기업과 관계사들의 모태가 된 곳이다. 종로에 자리 잡은 그의 발걸음은 더 분주해졌다. 일단 다른 점포와 차별화했다. 거래처가 원하는 물품을 리스트로 작성해놓았다. 체계적인 고객관리를 한 것이다.

부품 재고 확보에도 적극 나섰다. 매주 한 차례 부산 국제시장을 찾아가 필요한 부품을 직접 조달해왔다. 종로에서 부품을 판 돈을 움켜쥐고 저녁 9시에 서울역에서 부산행 열차를 탔다. 기차표를 구하기도 힘들어 암표를 사야했다. 운이 좋으면 앉아서 갔고 대부분은 기차 칸 사이에 기대어 담요를 뒤집어쓰고 새우잠을 청했다. 7시간 넘게 달려 부산역에 도착하면 날이 밝아오기 시작하는 새벽이었다. "역에 도착하자마자 새벽부터 문을 연 해장국집으로 가서 생선뼈로

1954년 4월 서울 종로3가에 문을 연 동명상회 모습

국물을 낸 해장국을 한 그릇 먹어요. 그리고 국제시장 내 단골집인 청진상으로 향했죠. 그곳에서 필요한 부품을 산 뒤 다른 상점 몇 군데를 더 돌아 물건을 챙겨 다시 서울로 올라오는 거죠."

당시에는 전화로 배달 주문을 넣는 것보다 사람이 직접 오가는 것이 훨씬 빨랐다. "필요한 부품이 있어 아침에 인천 거래처로 시외전화를 신청하면 점심 때 회신이 와요. 전화 대신 사람을 보내면 총알택시를 타고 왕복 3시간이면 충분하죠."

맨손과 맨주먹

자동차부품 판매 사업을 하던 류 사장이 제조업에 뛰어든 계기는 위기와 함께 찾아왔다. 동명상회와 거래하던 대전의 한국이연이라는 회사가 부도를 내고 공장 문을 닫았다. 1958년 5월의 일이었다. 한국이연은 일제강점기 일본인들이 운영하던 이연회사를 귀속재산으로 넘겨받아 엔진 부품인 피스톤링을 만들던 곳이었다. 이 회사의 총판대리점을 맡고 있었던 동명상회는 부품을 전국의 정비공장과 부품상에 공급하는 역할도 하고 있었다. 피스톤링은 엔진의 핵심부품 중 하나였기에 부품 생산이 중단되면서 수급에 차질이 생겼다. 정비공장들은 부품 재고가 바닥나자 불편을 호소했다. 이때 동명상회와 자주 거래하던 한 정비공장 사장이 류 사장에게 말했다. "류 사장, 아예 한국이연을 인수해서 직접 피스톤링을 만들어보는 게 어때?" 그 역시 속으로 '나도 언젠가는 제조업에 뛰어들어 보겠다'는 생각을 하던 시기였다. 하지만 주변 사람들의 시선은 부정적이었다. 피스톤링은 주조와 정밀가공기술, 설비가 필요한 사업이었기 때문이다. 한국이연의 공장장조차도 "한국에서 정밀기계공업은 무리다.", "국산 피스톤링을 만들면 누가 그 품질을 믿겠는가." 이런 회의적인 의견들을 내놓았다. 자동차 선진국과의 기술 격차 때문에 성공할 가능성이 희박하다는 전망이 우세했다.

하지만 그는 포기하지 않았다. 한 걸음 물러나 생각하니 길이 보였다. "아직 국내에 제대로 된 피스톤링을 만드는 회사가 없다는 말은 시장이 열려 있다는 것과 같았습니다. 또 자동차산업은 국내외에서 확대되는 추세였고 한국도 국책사업으로 자동차산업 육성에 적극 나서고 있으니 가능성이 있다고 판단했죠."

류 사장은 결심을 한 후 뒤도 안돌아보고 사업을 추진했다. 한국이연의 공장과 설비는 은행에 담보로 잡혀 있기에 인수가 어려웠다. 그는 동명상회를 경영하며 모은 자금을 투입해 이듬해인 1959년 9월 부지를 확보했다. 경기도 부천군 소사읍 오류리 163번지, 규모는 4,620제곱미터(1,400평)였다. 공장은 첫 삽을 뜬 지 3개월 만인 8월 15일에 완성됐다. 그의 나이 37세이던 해였나. 이 날 공장 가동을 위해

1977년 무역진흥확대회의에서 품질관리 우수업체로 선정된 유성기업의 사기에
박정희 대통령이 직접 수실을 메어주고 있다.

1981년 제7회 전국 품질관리대회에서 중소기업부문 전국 최초로
품질관리 대상을 받은 유성기업
(서석준 상공부장관으로부터 트로피를 받고 있는 류홍우 회장)

용해로에 불을 넣는 화입식을 치르면서 유성기계공업사가 출범했다. 유성은 류 명예회장의 성인 '류柳'와 반드시 성공하리라는 뜻의 '성成'을 합친 글자다. 피스톤링 전문 제조업체이기 때문에 영문명은 'YOOSUNG PISTON RING'이었고 약자로 YPR을 썼다. 회사명은 유성기계공업주식회사로, 다시 발음하기 편한 유성기업주식회사로 변경했다.

류 명예회장은 부품산업에 대해 이야기하면서 "기술 없이 발전 없다"는 말을 반복했다. 그만큼 기술의 중요성을 강조한 것이다. "제조업을 시작한 뒤 '기술이 전부다'라는 말이 피부에 와 닿았습니다. 국내에 남아 있던 기술 설비로는 불량품이 나올 수밖에 없었어요. 불량률이 30퍼센트를 맴돌았습니다. 기술이 필요했죠."

그는 일본으로 눈을 돌렸다. 당시 국내 업체들은 일본피스톤링[NPR]과 리켄피스톤링, 미국 실드파워에서 수입해 사용하고 있었다. 1964년 류 사장은 일본 내에서 규모가 가장 큰 NPR을 찾아갔지만 일언지하에 거절을 당했다. 포기할 순 없었다. 3위 업체인 제국피스톤링[TPR]의 문을 두드렸다. TPR 역시 난색을 표했다. 한국의 산업구조가 영세했고 시장 규모도 미미했기 때문이다. 기술제휴를 할 수 있는 상황이 아니었다고 판단했던 것이다. 그는 "장기적인 관점에서 길게 봐야 한다"며 TPR을 설득했다. 한국 정부가 자동차산업 육성에 적극적으로 나서고 있다는 점도 내세웠다. 이후 TPR 측에서 긍정적인 답변을 받은 그는 일본으로 건너가 구체적인 조건을 논의했다. 이후로 양측이 합의하는 데에는 상당한 시일이 걸렸다. 한일국교 정상화가 이뤄지고, 국내 자동차산업이 어느 정도 기반을 갖추면서 1968년 계약서 초안이 완성됐다. 최종적으로 두 업체가 계약서에 서명한 건 그로부터 다시 1년이 지난 1969년 10월이었다. 그는 "기술제휴를 통해 유성기업은 주조부터 가공까지 전반적인 공정에서 이전보다 한 단계 높은 기술력을 갖게 됐다"며 "당시 신진자동차에서 코로나를 생산하는 등 국내 산업이 점차 활기를 띠었다"고 말했다. 두 주먹으로 시작한 자동차부품 사업이 본격적인 성장 시대를 맞은 것이다.

실패가 회사를 키운다

유성기업의 사업은 탄탄한 기술력과 좋은 품질 덕분에 순조롭게 커갔다. 특히 현대자동차 포니의 A/S용 부품은 택시기사들 사이에서 '품질이 좋다'고 입소문이 났다. 1979년 국내 최초로 스테인리스 스틸 재질로 만든 '3피스 오일링(SS-50)'이 그 주인공이었다. 이에 일본에서 오일링을 수입하던 현대차는 유성기업으로 공급처를 바꿨다. 유성기업 제품의 품질은 업계 안팎에서 인정을 받았다. 1981년 11월 11일 '전국품질관리 및 표준화대회'에서 전국 최초로 중소기업 부문

대상을 수상하기도 했다. 품질에 자신 있는 류 사장은 일찍부터 해외 판로 개척에 적극 나섰다. 태국과 베트남 등 동남아시아로 부품을 수출했다. 수출량도 지속적으로 늘었다.

  1975년 3월 베트남은 무려 15년을 이어온 베트남전쟁(월남전)이 막바지에 달했다. 전세는 남베트남 정부군과 미국에 불리했다. 남진해오는 북베트남에 의해 수도 사이공(현 호치민)이 함락될 것이라는 전망이 우세했다. 이런 상황 때문에 그는 불안했다. 베트남은 태국과 함께 유성기업의 2대 수출시장이었다. 전쟁의 결과에 따라 수출길이 끊기거나, 물건을 보낸 후 잔금을 회수하지 못할 수도 있는 상황이었다. 베트남 거래처에선 "부품을 계속 보내달라"고 독촉해왔다. 고민을 거듭하던 그는 거래처의 계속된 요청을 뿌리칠 수 없어 수주한 부품 전량을 배에 실어 보냈다. 3월 31일 거래처로부터 '무사 도착'이라는 텔렉스를 받았다. 그리고 3일 후, 사이공이 함락됐다. 당시에는 수출보험제도가 없었다. 선적해서 보낸 부품들은 북베트남군으로 들어갔고, 받아야 할 8,000달러 규모의 대금은 허공으로 사라졌다. 그는 "당시에는 베트남 수출 의존도가 높아 북베트남의 승전과 함께 수출길이 막혀버렸다"며 "당시 기준으로 8,000달러면 굉장히 큰 금액이었기에 대규모의 자금 손실은 물론 공장 가동에도 큰 차질을 빚었다"고 회상했다. 또한 그는 "이 일을 겪고 나서 경영을 할 때 무리한 확장은 경계해야 한다는 교훈을 얻었다"며 "분수를 지키며 회사를 경영해야 무리가 없다는 것을 항상 명심하기로 했다"고 말했다.

성장통을 겪는 시간

베트남전쟁 이후 류 사장은 '돌다리도 두드리며 건너는' 신중한 자세를 가졌지만, 기술제휴에는 여전히 적극적이었다. 1979년에는 미국의 실드파워라는 세계적인 엔진부품 제조사와 기술제휴를 맺었다. 이 회사는 유성기업이 만들지 못하던 스테인리스 오일링을 만드는 기술을 갖고 있었다.

제품 다각화에도 나섰다. 동명상회에서 일본 NGK의 스파크플러그대리점도 운영했던 경험을 바탕으로 스파크플러그 국산화를 시도했다. 그는 이 회사와 협력해 1966년 한국프러그공업주식회사를 설립했다. 하지만 실제 공장을 돌리기까진 3년의 시간이 더 필요했다. 투자자금을 유치하고 생산 기초 인프라를 준비하는 일이 쉽지 않았기 때문이다. 1969년 시작한 스파크플러그 생산은 지금까지도 NGK와 합작체제로 진행 중이다.

이외에도 영국 AE사와 합작해 1984년 5월 피스턴 제조사인 동서공업을 설립했다. 1988년에는 일본 다이도메탈주식회사와 합작을 통해 엔진 베어링을 만드는 동성금속을 세웠다. 1993년에는 밸브가

이드와 밸브 시트 등을 만드는 회사를 차렸다. 영국 T&N그룹의 계열사인 브라이코와 기술제휴를 비롯해 합작투자를 체결했다. 2000년대 들어서도 기술제휴와 합작은 꾸준히 이어졌다. 2000년 10월에는 TPR과 합작해 Y&T파워텍을 세우고 알루미늄 블록 엔진용 실린더 슬리브를 생산하고 있다. 2004년에는 중국에서 사업을 하던 페더럴 모굴Federal Mogul을 인수해 피스톤 제품을 만들고 있다.

사업 다각화와 기술제휴 등으로 성장하던 유성기업은 노사 갈등으로 내홍內訌을 겪기도 했다. 1987년 6·29 선언 이후 사회 전반에 퍼진 민주화 물결이 기업에도 영향을 미친 것이다. 이 회사는 같은 해 9월 1일 처음으로 10일 동안 파업을 했다. 노사관계가 대결 구도로 바뀐 것이다. 이후 냉각된 노사관계는 회복되지 못했고, 2011년에는 직장폐쇄 사태까지 이어졌다. 그는 "오래전에 노사가 더불어 살아야 한다는 원칙을 충분히 설명하고 공감대를 형성해야 했는데 그렇게 못한 것이 유감"이라며 "앞으로 좀 더 성숙하고 협력적인 노사문화를 기대한다"고 말했다.

매일이 생일

그가 생각하는 '일'은 '휘파람'으로 설명할 수 있다. 일은 스스로 찾아서 해야 하며, 남이 시켜서 하는 일은 힘이 든다. 신나서 하는 일이 생산성도 좋다. 휘파람은 일할 때 신이 나야 불 수 있는 것이다. 그렇기 때문에 그는 휘파람을 불거나 콧노래를 부르면서 일하는 직원들을 지적하거나 꾸짖은 적이 없다. 오히려 흐뭇하게 바라본다.

류 명예회장 스스로도 지칠 줄 모르고 일만 했다. 그는 엄청난 메모광으로 잘 알려져 있다. 심지어 잘 때도 머리맡에 메모지를 놓아뒀다. 자다가도 좋은 생각이 떠오르면 썼다. 그리고 좋은 메모 내용은 반드시 실천에 옮겼다. "아버지는 항상 말씀하셨죠. 부뚜막의 소금도 집어넣어야 짜다고. 그만큼 실천이 중요하다는 걸 어린 시절부터 강조하셨습니다."

그는 아흔이 넘었지만 여전히 현역으로 활동 중이다. 대부분의 실무는 아들인 류시영 회장이 맡아서 하고 있고, 그는 필요할 때에만 관여를 한다. 그에게 건강 비결을 물었더니 "적당히, 자기 순서대로 하는 것"이라는 알쏭달쏭한 말이 돌아왔다. "자신의 분수에 맞게 무리하지 않으면서 사는 것이 중요합니다. 그리고 항상 긍정적으로 생각하고 명랑하게 행동하는 것이죠. 우리 집안에는 별다른 생일잔치가 없습니다. '매일이 생일' 이라는 생각을 갖고 살기 때문입니다. 매일이 생일이니 항상 즐겁고, 생일잔치를 할 필요도 없죠. 그것이 제가 지금까지 건강하게 살고 있는 비결입니다."

'명랑하게' 살아온 류 회장은 자식농사도 풍년이었다. 7남매를 낳아서 키웠고, 자녀들이 결혼해 손자를 낳고, 그 손자들도 결혼해서 아이를 낳았다. 큰 손자의 나이가 올해 마흔이고 증손자가 8명이다. 한 번은 류 회장이 부인과 함께 자손들의 숫자를 세어봤다. 처음엔 손가락으로 세다, 너무 많아서 종이에 적었다. 총 44명이었다. "직계 가족이 총 44명인 가문은 흔치 않을 겁니다. 올해 설 연휴에 가족들이 모두 모였을 때 이걸 퀴즈로 내봤어요. 워낙 많다 보니 다들 못 맞추더군요."

이별, 그리고 새로운 만남

기업은 물론 가족도 성공적으로 이끌어온 류홍우 회장에겐 고맙고 미안한 인물이 한 명 있다. 그의 첫 번째 아내다.

1947년 어느 날 공화모터스에서 퇴근하고 돌아온 그에게 어머니가 말씀하셨다. "고향에서 색시감을 보고 왔는데 혼인을 해도 될 만한 사람"이라는 말이었다. 그는 신부 얼굴도 몰랐지만 "어머니가 좋으시다면 저도 괜찮습니다"라고 답했다. 그해 9월 경북 문경시 산북면의 신부 집에서 결혼식을 올렸다. 그가 동명상회와 유성기업을 경영하느라 바쁜 상황에서 아내는 3남 2녀를 키우며 살림을 했다. 직원 7명의 끼니도 챙겨줘야 했다. 아무 불평 없이 일을 하던 아내는

1960년 10월 갑자기 뇌출혈로 쓰러졌고, 10시간 만에 숨을 거뒀다. 그는 황망하게 아내를 보낼 수밖에 없었다.

아내의 빈자리는 컸다. 당장 5남매를 돌봐줄 사람이 없었다. 주변에서도 "아이들을 봐서라도 재혼을 서두르라"고 재촉했다. 당시 그는 자유모터스를 통해 깊은 인연을 맺은 평생의 은인이자 조언자인 윤준모 회장의 장녀를 알고 있었고, 친구를 통해 혼인 의사를 밝혔다. 윤 회장은 허락했고 큰 딸 윤용숙은 류 사장에게로 시집왔다. 윤용숙 여사는 5남매를 보살피면서 남편을 뒷바라지 했다. 이후 가족은 5남매에서 7남매로 늘었다. 윤 여사는 1959년부터 2년간 인천 박문여고에서 국어교사로 학생들을 가르쳤던 경험을 살려 자녀교육에도 힘썼다. 그가 1993년 설립한 '보덕학회'의 실무도 윤 여사가 맡아서 하고 있다. 재단법인 보덕학회는 삼보호지三寶護持의 정신을 기반으로 사찰, 법회, 교학연구, 사회복지와 전법에 관한 제반 사업을 후원하고 있다. 삼보三寶는 불교의 3가지 보물이란 뜻으로 불보佛寶, 법보法寶, 승보僧寶를 말한다.

8개의 금메달

류 명예회장은 오늘날 성공의 길로 가는 데 가장 큰 힘이 돼준 건 아

2003년 경북 안동 하회마을의 심원정사를 방문한
한국자동차공업협동조합(현 한국자동차산업협동조합) 사장단

내와 함께 부모님이라고 말했다. 가난 속에서도 자식들을 공부시키려는 부모의 희생과 사랑이 있었기에 상경할 수 있었고, 공부와 장사를 배울 수 있었기 때문이다. 그는 부모의 은혜를 자식들에게도 전하기 위해 '징표'로 만들었다. "어머니 살아계실 때 금반지와 금비녀 등을 해드렸어요. 돌아가신 후 그 금붙이들을 모아 녹여서 8개의 메달을 만들었습니다. 저를 포함해 아들 형제 다섯, 여자 형제 둘 이렇게 7남매에게 하나씩 나눠줬죠."

10돈(37.5g)짜리 금메달에는 '성실, 감사, 인내'라는 세 단어가 새겨져 있다. 류 명예회장이 평생 동안 지켜온 삶의 신념이자 경영철학이었다. 그의 부모가 몸소 보여주고 남긴 유산과도 같은 것이었다. 그는 "성실하고 감사하는 마음, 인내하는 마음을 늘 가져야 자신의 뜻을 펼칠 수 있다"며 "이 메달을 지니고 있으면 부모님과 함께 있다는 생각이 들어 항상 든든하다"고 설명했다.

하회마을의 엘리자베스 여왕

류 명예회장은 풍산 류씨 가문 사람이다. 그의 뿌리는 경북 안동시 풍산읍 하회마을에서 시작됐다. 서애 류성룡을 배출한 우리나라의 대표적인 선비 마을로 그 역사가 600년이 넘는다. 그는 1992년 하회마을에 16칸짜리 한옥 '심원정사'를 지었다.

  하회마을은 문화재 보존지구이자 현재 세계문화유산이기도 하다. 1988년 어렵게 건축허가를 받은 류 회장은 3년에 걸쳐 한옥을 지었다. 고향 마을에 한옥을 짓겠다는 계획은 류 명예회장으로부터 나왔지만 심원정사의 초기 설계부터 완성될 때까지 모든 작업을 총괄한 사람은 그의 아내인 윤용숙 여사다. 윤 여사는 전통 한옥 건축 기법으로 심원정사를 지었다. 대목수와 교수 등 각 분야 전문가들에게 작업을 의뢰해 소나무와 화강석으로 대들보를 세우고 담을 쌓았다. 한옥을 짓는 기간 동안 마을사람들과 소통하는 일도 윤 여사의 중요한 일과였다. 이렇게 한옥을 완성한 3년의 기록들은 《어머니가 지은 한옥(윤용숙|보덕학회|1996년)》이라는 제목의 책으로 출간되기도 했다. 김대벽 사진작가가 촬영한 사진들과 함께 담긴 한옥 건축 이야기는 한옥 연구 자료로도 높은 평가를 받았다.

  심원정사가 완성된 지 7년 후인 1999년 하회마을로 전 세계의 시선이 쏠렸다. 영국 엘리자베스 여왕이 방한했을 때 하회마을을 찾은 것이다. 여왕이 방문할 때 영접하는 인원에 제한이 있었다. 류씨 가문에서 15명, 하회마을 지역 어르신 15명, 국회의원과 시장 등 정부 관계자 15명 등이었다. 이때 종손 류영하씨와 함께 류흥우 회장과 류찬우 풍산금속 회장 등도 참석했다. "여왕이 손을 아파할 수 있으니 악수할 때 세게 잡지 말라고 하더군요. 악수할 때 여왕의 눈을 봤는데 참 맑고 아름다웠습니다. 고운 목소리로 부드럽게 말씀하셨던 것이 아직도 기억에 납니다. 류씨 가문 사람으로 태어나 기업인으로 한 평생을 살아온 제가 자부심과 보람을 느낀 순간이기도 했습니다.”

마차와 자동차

20세기 초반에 태어나 가난 속에서 두 번의 전쟁을 몸소 겪은 류홍우 명예회장. 20세기 중반 자동차부품 제조업에 뛰어들어 21세기 국내 대표적인 부품사를 키운 장본인이다. 격동의 시대를 지나온 그는 그 속에서 기회를 포착하고, 부지런히 움직여 그 기회를 성공으로 이어갔다. 우리나라 역사상 가장 급격한 변화 속을 관통해온 류 회장은 21세기의 한국이 이전보다 훨씬 빠르게 변하고 있다고 진단했다. 그리고 그 변화의 흐름을 놓쳐서는 안 된다고 강조했다.

류 명예회장은 '마차와 자동차'를 대표적인 예로 들며 변화를 설명했다. 20세기 초반, 미국의 포드사가 모델 T를 대량 생산한 후 당시 교통산업의 중추였던 마차는 빠르게 모습을 감췄다. 이와 유사한 상황이 21세기에도 반복해서 나타나고 있다. 하이브리드와 전기차, 수소차가 등장했다. 머지않은 미래에 지금의 내연기관 자동차가 노태될 수도 있는 상황이다. IT기술과의 융합도 이런 현상을 가속화시키고 있다. 류 회장은 "자칫 방심하면 급변하는 기술 변화를 따라가지 못할 것"이라고 경고했다. 국내 자동차산업에서 성공하려면 시대의 변화를 잘 읽고 감지해야 한다는 것이다.

"특히 우리나라 부품산업에서는 독자적인 기술력과 특색이 없다면 희망도 없다고 예측하는 전문가들이 많습니다. 나와 같은 자동차산업 1세대들이 선진기술을 도입하고 국산화했다면, 젊은이들은 이를 혁신해 미래 기술을 선도하는 경영자가 돼야 할 것입니다. 성실하게 일하고 감사하며, 인내한다면 충분히 할 수 있을 것이라고 굳게 믿습니다."

COMPANY PROFILE

엔진의 핵심 부품 제조
반세기의 역사를 지닌 유성기업

유성기업은 엔진 부품인 피스톤링, 실린더라이너, 캠샤프트 등을 생산한다. 주로 국내 자동차 회사와 중장비, 농기계 회사와 내연기관 생산업체 등에 OEM(주문자상표부착품)과 보수용 부품으로 공급하고 있다. 현대자동차와 기아자동차, 한국GM 등이 대표적인 거래처다. 중장비 제조사인 두산인프라코어에도 공급하고 있다. 국내 A/S용과 미국, 동남아, 중동, 남미, 유럽 등 세계 각국으로 수출하고 있다. 현대·기아차와 한국GM은 각각 전체 물량의 70퍼센트, 르노삼성 50퍼센트, 쌍용차는 20퍼센트 가량을 유성기업으로부터 공급받고 있다. 충남 아산과 영동, 대구, 인천 남동 등 4곳에 공장을 가동 중이며 서울사무소와 경기 동탄물류센터도 운영하고 있다. 동명상회에서 직원 7명과 함께 일을 시작한 것을 감안하면, 유성기업의 전체 직원 수(700여 명)는 100배 이상 늘어난 셈이다.

계열사로는 일본과 합작투자한 자동차용 스파이니(Spiny) 실린더라이너 생산업체인 Y&T 파워텍, 자동차용 밸브시트를 생산하는 유성PM공업, 미국 FM사와 합작투자해 피스톤 및 핀을 생산하는 동서공업, 일본 닛단밸브와 미국 이튼사와 합작해 밸브리프터를 생산하는 신화정밀, 일본 다이도매탈과 합작해 엔진베어링을 생산하는 동성금속, 일본과 중국이 합작투자 해서 중국 내 자동차업체에 피스톤링을 납품하는 중국 허베이성 내 유백안려활색환유한공사柳伯安麗活塞環有限公司가 있다. 2014년도 매출액은 3,030억 원, 순이익은 85억 원이었다. 연결기준 매출액이 3,034억 원, 순이익은 203억 원이다.

5

엄병윤 유라코퍼레이션 회장

위기란 위험과 기회가 합쳐진 말이다

엄병윤

중국인은 '위기'를 두 글자로 쓴다.
첫 글자는 위험의 의미이고
둘째는 기회의 의미다.
위기 속에서는 위험을 경계하되
기회가 있음을 명심하라.

−존 F. 케네디−

SMALL GIANTS

"모두 위기라고 말했지만, 전 그렇게 생각하지 않았습니다. 오히려 제겐 기회였죠."

엄병윤 유라코퍼레이션 회장은 1997년 IMF 외환위기를 어떻게 극복했냐는 질문에 고개를 흔들며 이같이 답했다. 당시 외환위기는 '단군 이래 최악의 경제위기'라는 수식어가 따라붙었다. 국내 유수의 기업들이 도산했고, 서민 경제도 추락했다. 이런 IMF 외환위기를 엄 회장이 '일생일대의 기회'라고 표현한 이유는 무엇일까. 그는 '환율'과 'M&A(기업 인수 합병)' 두 단어를 언급했다. "당시 환율이 치솟으면서 달러당 원화가치가 840원에서 1,960원으로 무려 130퍼센트나 떨어졌어요. 해외 수출을 하면 그만큼 큰돈을 벌 수 있다는 말이죠. 또 선진 기술과 성장 가능성을 가진 기업들이 시장에 매물로 나왔습니다. 기업의 외형을 키우고 사업 영역을 확장할 수 있는 절호의 기회였죠."

이 말을 할 때 엄 회장의 눈이 빛났다. 마치 시간을 거슬러 17년 전 당시 상황으로 돌아간 듯한 표정이었다. "기업 경영을 하다 보면 다양한 상황과 부딪히게 됩니다. 그때마다 끌려다니거나 굴복하면 안 됩니다. 냉철하게 상황을 바라보고 헤쳐 나갈 방법을 찾아야죠. 이것이 성공하면 다른 사람들의 위기가 자신에게는 기회로 돌아옵니다. 전 그렇게 믿습니다."

실제로 그는 1999년 당시 기아자동차 계열사로 와이어링하네스를 생산하는 기아전자를 인수, 오늘날의 유라코퍼레이션으로 발전하는 초석을 마련했다. 17년간의 기자 생활에서 하루아침에 실직자가 된 사나이. 가족들을 먹여 살려야 한다는 절박함을 안고 사업 전선에 뛰어든 40세의 남자는 35년 후, 2015년 매출 2조 원을 바라보는 국내 굴지 자동차부품사의 CEO가 됐다. 위기는 그에게 쉴 새 없이 찾아왔지만, 그는 굴복하지 않았다.

오히려 그를 더욱 단단하게 만들었고, 새로운 가능성을 열어주는 교두보가 됐다. 위기를 기회로 만드는 남자. 엄병윤 유라코퍼레이션 회장의 이야기다. 유라코퍼레이션은 현재 국내와 해외 8개국에 2만 2,000여 명이 근무하고 있는 글로벌 기업으로 성장했다.

힘이 있어야 평화도 있다

엄 회장은 초등학생 때 6·25전쟁을 겪었다. 10세의 어린아이에게 전쟁과 피난, 가난은 큰 시련이었다. 전쟁이 발발하자 가족들은 고향인 충청북도 단양을 떠나 지금의 세종시인 충청남도 연기군 서면 와촌리에서 피난 생활을 했다.

전쟁 전에도 고향 단양의 분위기는 흉흉했다. 북한군이 수시로 출몰해 경찰서를 공격하고 우리 군경과 전투를 벌이는 일이 잦았다. 사로잡힌 북한군이 강가에서 공개 처형 당하는 장면을 목격하기도 했다. 다시 떠올리고 싶지 않은 기억이었다. 그는 "70년 가까운 세월이 흘렀지만 지금도 머릿속에 생생하게 당시 기억이 남아 있다"며 "그때 평화의 소중함을 절감했고, 힘이 있어야 평화도 있다는 것을 깨닫게 됐다"고 말했다. 피난 생활 중 그는 혼자 공부해서 초등학교 6학년에 편입했다. 공부를 잘했던 그는 6개월 만에 초등학교를 졸업하고 조치원중학교, 경복고등학교를 거쳐 서울대학교 외교학에 진학, 졸업했다.

화려한 성공을 위한 초라한 시작

엄 회장은 1980년까지만 해도 기자를 천직으로 알던 사람이었다. 대학 졸업한 후 1965년 대한일보에 입사, KBS를 거쳐 서울경제신문에서 15년에 걸쳐 기자 생활을 했다. 현장을 누비며 취재하고, 기사를 썼다. 잉크 냄새 맡아가며 타자기를 누르는 그의 손끝에서 셀 수 없는 특종이 나왔다. 그에게 첫 번째 위기가 찾아온 건 1980년 여름이었다. 가족들과 함께 여름휴가를 마치고 돌아온 그는 회사로부터 청천벽력 같은 해고 통지를 받았다. 그때 당시 그의 나이 마흔. 전두환 정권에서 과도한 기사 검열을 하자 이에 항의한 것이 숨은 이유였다. 당시 정부는 해직기자에게 1년 간 취업할 수 없도록 했다. 앞길이 막막했다. 함께 일하자며 손을 내민 친구도 있었지만 그에게 화가 미칠까 우려해 거절했다. 하지만 먹고 살아야 했다. 그의 등 뒤에는 아내와 세 자녀가 있었기 때문이다.

"고민 끝에 제 경험을 살릴 수 있는 일을 하기로 했죠. 그동안 맡아왔던 게 잉크 냄새이니 자연스레 인쇄업을 생각하게 됐습니다. 충무로에 공장을 구하고 인쇄기 한 대를 들여놨죠. 경리 한 명과 인쇄 기술자, 그리고 저 이렇게 세 사람이 전부였습니다."

회사 이름은 '세화인쇄사'로 정했다. 개업식 날 많은 지인들이 찾아왔다. 그런데 그들의 표정에서 당황스러운 기색이 역력했다. 인쇄소의 규모가 그들의 예상보다 초라했기 때문이다. 엄 회장은 "그때 큰 공장을 임대하고 많은 직원들을 고용했다면 회사가 살아남기 힘들었을 것"이라며 "남의 시선 신경 쓰지 않고 정말 필요한 것만 준비해서 시작했기에 사업을 영위할 수 있었다"고 강조했다.

맨땅에 헤딩하기

기자 시절 쌓아놓은 인맥으로 얻은 일감이 적지 않았다. 하지만 한계가 있었다. 엄 회장은 성장성이 큰 사업 물색에 나섰다. 이때 그의 머릿속에 1970년대 상공부 출입기자 시절, 정부가 중화학공업 육성책을 내놓았던 것이 떠올랐다. 그는 "중화학공업의 중추적인 역할을 자동차산업이 떠맡게 될 것으로 보고 있었다"며 "자동차산업은 당시 '기계공업의 꽃'이라 불리며 선진국으로 도약할 수 있는 발판이 될 산업으로 각광받고 있었다"고 회고했다.

"1970년대 우리나라 1인당 국민소득이 300달러 정도였는데, 정부 당국자가 '500달러가 되면 우리나라도 자동차산업국이 될 수 있다'고 설명했던 기억이 났습니다. 새 사업을 구상하던 1980년대 중반에 이미 우리나라 1인당 국민소득은 2,000달러를 넘어서고 있었죠."

그는 자동차산업에 눈을 돌린 후부터 부품시장을 주시했다. 자동차는 2만여 개의 부품을 조립해 만든다. 이 중 한 가지를 만들어 완성차 업체에 납품할 수 있다면 승산이 있다는 생각을 했다. 그의 머릿속에는 스파크 플러그가 스쳐갔다. 당시 자동차 부품업계는 이미 품목별로 2개 이상의 업체가 치열한 경쟁을 벌이고 있었으나 스파크 플러그만은 한 개 업체가 독점하고 있었다. 그때만 해도 자동차 부품 업체의 상당수가 자본과 기술 수준이 취약해서 외국 선진업체와 제휴해야 했는데 마침 세계 1위 미국 참피온스파크플러그(이하 참피온사)는 국내에 본격적인 진출을 하지 않았다.

길이 보이자 그는 무작정 발을 뻗고 몸을 들이밀었다. '맨땅에 헤딩'이 시작됐다. 참피온사에 합작회사 설립 제의를 한 것이다. 자동차와 전혀 관련없는 인쇄업체가 자동차부품을 함께 만들자고 제안하자 참피온사는 거들떠도 보지 않았다. 그는 포기하지 않고 문을 두드렸다. 무려 2년에 걸친 구애 끝에 1987년 참피온사가 제안을 받아들였다. 지분 50대 50으로 ㈜참피온스파크플러그코리아가 설립된 것이다.

이 회사는 설립 초기엔 미국에서 완제품을 수입해 A/S 시장에 판매하는 것으로 시작했다. 이듬해인 1988년에는 공장을 지어 생산을 시작했다. 다음 공략 목표는 국내 완성차 업체였다. 그러나 국내 자동차업계에 발을 들여 놓기에는 진입장벽이 너무나 높았다. 또 다시 구애는 시작됐고 마침내 1989년 완성차 납품 계약을 따냈다. 그는 "이 시장에서도 부품업체들 간의 가격경쟁이 시작된데다 합작사 간 잦은 이견으로 경영이 여의치 않아 참피온사와 담판했다. 그들에게 손 뗄 것을 요구해서 참피온사의 지분을 인수하고 기술제휴 관계만 맺기로 했다."고 설명했다. 참피온사와 합작을 3년 만에 청산한 회사

1987년 1월 15일 참피온스파크플러그와 합작투자 회사설립 계약 체결

는 사명을 ㈜세림공업으로 바꾸고 토종기업으로 거듭났다. 엄 회장이 기자 생활을 끝으로 사업 전선에 나선 지 10년 만이었다. 이 회사가 오늘날의 유라테크다.

모두가 반대하는 것에 도전하자

엄 회장이 두 주먹으로 뛰어든 자동차부품 사업은 시장 진입과 홀로서기까지 성공했다. 하지만 위기는 계속됐다. 제품 가격의 지나친 하락으로 경영난을 겪게 된 것이다. 아이스크림 한 개 값보다 낮은 단가의 스파크 플러그로는 수익을 내기가 쉽지 않았다. 이것만으로는 회사가 성장할 수 없었다. 고부가가치 부품이 필요했다.

 엄 회장은 다시 부품 시장을 면밀하게 들여다봤다. 그런 그의 눈에 '와이어링 하네스'가 들어왔다. 자동차의 전기 전자장치에 전력과 신호를 전달하는 이 부품은 보기만 해도 어지러울 정도로 복잡하고 많은 선으로 구성돼 있었다. 차 한 대에 1,500~2,000가닥의 전선이 들어가고 총 길이가 2킬로미터에 이른다. '제조 기술력만 제대로 확보한다면 다른 업체들이 쉽게 넘볼 수 없는 시장이 될 것이다'라고 생각한 엄 회장은 무릎을 쳤다. 그리고 1992년 세림공업 내에 전장 사업부를 만들어 연구를 시작했다. 그로부터 3년 뒤, 사업부를 분사해 와이어링 하네스만 전문적으로 생산하는 회사를 만들었다. ㈜세원이었다. 지금의 유라코퍼레이션이다. 세원은 설립 후 연간 500억~600억 원의 매출을 올리며 자리를 잡아갔다.

2년 뒤인 1997년 IMF 외환위기가 터졌다. 우리나라 전체가 공황에 빠졌다. 기업들은 불투명한 미래를 걱정했고 경영은 위축됐다. 환율이 급등하자 "기업이 쓰러지고 나라가 망할 것"이라는 우려의 목소리가 높아졌다. 하지만 엄 회장은 달랐다. "환율이 폭등하자 은행에서 네고를 해주지 않아 수출길도 막힐 것이라는 이야기가 많았습니다. 저는 반대로 생각했죠. 오히려 수출이 급증할 것으로 예측하고 남들이 주저할 때 공격경영에 나서자고 결심했습니다."

마침 기회가 찾아왔다. 당시 부도위기를 맞은 기아자동차로부터 계열사인 기아전자 평택공장을 인수해달라는 의뢰를 받은 것이다. 그는 "기아전자 사장이 '기아차를 살리기 위해선 계열사를 정리해야 한다'며 나를 찾아왔다"며 "충북 진천의 오디오 공장과 경기 평택의 와이어링하네스 공장 둘 중 평택공장을 인수해달라고 요청했다"고 말했다. 기아전자 사장은 비록 계열사를 정리하지만 이를 제대로 육성하고 발전시킬 수 있는 업체를 물색한 결과 세원만이 적격한 업체라는 중론이 모여 찾아왔다고 털어놨다. 외환위기 초 많은 기업들이 적자로 고통받을 때 세원은 비록 규모는 작지만 매출 600여억 원에 순이익 50여억 원을 기록하는 등 견실한 경영을 한 것이 높은 평가를 받은 모양이었다.

기아전자의 객관적인 평가에 크게 고무된 엄 회장은 와이어링 하네스 사업에 올인 하기로 마음을 굳혔다. 모두 잔뜩 위축되어 투자를 꺼리고 있던 불리한 경제 상황에도 불구하고 엄 회장은 오히려 이를 기회라고 생각하며 와이어링 하네스 사업에 대한 강한 집념을 불태웠다.

엄 회장은 이 요청에 적극 응했다. 그런데 협의 도중 기아차가 현대차로 매각되면서 제동이 걸렸다. 그는 포기하지 않고 1999년 현대차로 주인이 바뀐 기아차로부터 입찰을 통해 평택 공장 인수에 성공했다. 이로 인해 세원은 회사 규모를 키운 것은 물론 현대차라는 든든한 납품처를 얻게 됐다. 현대차가 기아차의 구매 조직을 통합하면서 기아차에만 납품하던 세원도 자연스레 현대차의 높은 진입장벽을 뚫고, 부품을 납품할 수 있게 됐기 때문이다.

기회는 한 번 더 찾아왔다. 당시 기아차에 와이어링 하네스를 납품하던 대표적 두 업체가 기아전자와 한일전장이었다. 한일전장 역시 IMF의 파도를 이겨내지 못하고 부도를 맞았다. 엄 회장은 한일전장 인수를 고려하지 않았지만 결국 한일전장 인수 적격자로 지목되면서 이 회사도 품에 안았다. 이 회사가 오늘날의 유라하네스다.

단시일에 사업규모가 급성장하기 무섭게 예기치 않던 시련도 밀려들었다. 30여 년의 연륜과 유능한 인재를 품고 있던 와이어링 하네스 전문 제조사 두 곳을 연이어 인수하자 일감이 밀려들었다. 기아차 공장이 정상 가동되면서 광주공장으로부터 그동안 밀린 2~3

개월치 물량을 한꺼번에 주문 받았다. 그러나 웃을 수만은 없었다. 납품기한이 일주일에 불과했다. 광주공장을 비롯해 청주공장, 평택 공장까지 전 직원이 철야작업에 들어갔다. 3일 밤을 꼬박 샌 직원들도 부지기수였다. 물량폭주는 두 달 동안 진행됐다. 피로에 지친 직원들은 병원 신세를 져야 했다. 그렇게 납품기일을 맞췄다. 그야말로 즐거운 비명이 이어졌다. 그는 "IMF와 기업 인수 등 힘들고 어수선한 상황에서 직원들이 혼연일체가 되어 도전과제를 훌륭하게 수행했다"며 "오히려 이런 어려운 과정을 통해 회사가 단기간에 단단한 와이어링 하네스 업체로 거듭날 수 있었다"고 회고했다. 어려운 시기였지만 그는 이미 1997년 중앙기술연구소를 설립해 본격적인 연구개발에도 돌입했다.

위기 이후 위기에 대비한 플랜B

2010년 2월 엄 회장은 미국행 비행기에 몸을 실었다. 기아차 조지아 공장 준공식에 초청받아 참석하기 위해서였다. 비행기에서 내린 그에게 본사로부터 전화 한 통이 걸려왔다.

"회장님, 큰일입니다. 중국 위해지역 외주 업체 직원들이 복귀하지 않았습니다. 부품의 납기일을 맞추지 못할 것 같습니다."

이 말을 들은 그는 눈앞이 아찔했다. 중국 최대명절인 춘절 기간이 끝난 뒤 공장으로 250명의 인원이 돌아오지 않았다. 춘절 직후 입사 예정이던 직업훈련원 졸업생 200여 명도 입사를 포기하고 감언이설로 유혹한 다른 업체로 옮겨갔다. 총 이탈 인력 450명, 전체 1,000명 중 절반에 달하는 수치였다. 부품 생산에 차질이 불가피했다. 와이어링 하네스는 전선과 커넥터 등 수천개의 부품을 고객의 다양한 차종별 요구 사항에 맞게 가공, 조립해야 하는 복잡한 조립품이다. 그렇기 때문에 기계로 찍어낼 수가 없고, 제조공정의 대부분을 사람 손에 의존한다. 자동차의 일일 생산계획에 따라 그에 맞는 제품 사양을 생산하기 때문에 미리 만들어놓을 수도 없는 대표적인 서열 품목이다. 직원의 숙련도도 중요하기 때문에 인력 이탈로 생산에 차질을 빚으면 현대차 공장도 라인을 세울 수밖에 없는 상황이었다. 이렇게 되면 현대차 협력사 목록에서 퇴출될 수도 있었다. 절체절명의 위기였다. 그는 "긴급히 베이징 공장 인력을 투입했고 한국에서도 직원들을 보내는 등 모든 비상수단을 총동원했다"며 "간신히 상황은 수습됐지만 현대차의 생산차질은 불가피했다"고 회고했다. 당시 기아차 화성3공장 생산라인이 10시간 가까이 멈췄다. 현대차 아산공장도 10여분간 라인 가동이 중단됐다.

생산차질로 인해 회사가 치러야 할 대가는 결코 가볍지 않았다. 현대차가 가장 우수한 협력사에게 부여하는 '품질 5스타' 등급이 한 단계 하락했고, 한 개 차종 입찰제한 패널티를 받아 이를 경쟁사에

헌납해야 했다. 비록 경쟁사도 이듬해인 2011년 춘절에 똑같은 상황이 생겨 현대차의 생산차질을 빚으면서 입찰제한을 받아 신차종을 도로 찾아오긴 했지만 그는 "지금도 그때만 생각하면 아찔하다"며 고개를 흔들었다.

큰 위기를 넘긴 엄 회장은 회사에 '조기경보시스템'을 도입했다. 해외인력과 재고 현황을 실시간으로 점검해 안전수준 이하로 떨어지면 사전경보가 발령되도록 한 것이다. 이후 유라코퍼레이션은 지금까지 단 한 차례의 생산차질도 빚지 않았다.

위기 사례는 하나 더 있다. 2000년대 초반 현대차가 미국 앨라배마 공장에 공급할 와이어링 하네스 업체를 선정할 때다. 품질에 자신 있던 그는 GM(제너럴모터스) 납품업체 델파이와 손을 잡았다. 델파이와의 연합전선은 다른 경쟁업체들보다 강력했다. 하지만 엄 회장은 실패의 쓴 잔을 마셔야 했다. 그는 "델파이의 주장에 밀려 가격을 상대적으로 높게 쓰는 등 안일하게 생각한 것이 패인이었다"고 말했다.

미국시장을 얻지 못했다고 주저앉아 있을 수만은 없었다. 그는 미국 외 다른 지역으로 눈을 돌렸다. 유럽과 러시아였다. 현대·기아차가 유럽 진출을 검토하던 때였다. 그는 2004년 기아차와 동반진출, 슬로바키아에 첫 유럽법인을 설립했다. 이후 러시아, 세르비아 등에도 공장을 세웠다. 이렇게 시작된 유라코퍼레이션의 해외 진출은 점차 확대됐다.

디테일 경영, 100만분의 1

가족들의 생계를 위해, 미래를 위해 바닥부터 뛰어온 엄 회장에게 사업 비결을 묻자 "특별한 비결이랄 게 뭐가 있겠습니까. 오로지 현대·기아차가 글로벌 톱5의 목표를 조기에 달성하며 급성장한 덕분에 부품사들도 덩달아 혜택을 받은 것이 아니겠느냐"고 답했다. 그래도 남달리 노력한 부분이 있지 않겠느냐 묻자 "원칙과 투명"이라는 대답이 돌아왔다. 어떠한 경우에도 이 두 가지를 포기해선 안 된다는 것이다. "일시적으로 손해를 볼 수도 있지만, 결국 원칙대로 하는 것보다 나은 길은 없다고 생각합니다. 완성차 업체, 종업원, 협력업체, 다른 대외기관과도 투명성이 담보돼야 신뢰가 형성됩니다. 부품의 품질도 철저하게 제조 원칙을 지키고 투명하게 관리해야 완벽해질 수 있습니다."

원칙과 투명의 중요성을 모르는 이는 없을 것이다. 핵심은 이를 현장에 적용시키는 것이다. 엄 회장은 사소한 것도 대충 넘기지 않는 꼼꼼함으로 이를 이뤄냈다. 이른바 '디테일 경영'이다. CEO가 하나부터 열까지 꼼꼼하게 따져야 실수와 불량을 최대한 줄일 수 있다는 것이다. 현재도 그는 모든 회사 결재를 직접 한다. 그가 얼마나 꼼꼼하게 회사 업무를 챙기는지 짐작할 수 있는 대목이다.

불량률 1ppm(100만분의 1)도 그의 집착에 가까운 품질관리를 보여주는 수치다. 와이어링하네스는 내비게이션과 센서, 제어장치 등 자동차에 전장 기능이 확대 적용되면서 그 복잡성과 중요성이 대폭 증대됐다. 그만큼 불량에 취약할 수밖에 없는 부품이다. 때문에 차량에 문제만 발생하면 일차적인 용의자로 주목되는 일도 빈번했다. 억울한 일이었다. 이에 그는 시험 장비 125종, 600여 대를 보유하고 1,200여 항목의 시험 평가 기술을 확보했다. 불량 원인을 정확하게 알아내기 위함이다. 이런 노력 끝에 2000년 460ppm에 달하던 불량률이 하향곡선을 그려 2009년에 9ppm으로, 2013년에는 1ppm까지 내려왔다. 100만 개 중 단 한 개의 불량이 발생하는 정도다. 무결점 수준으로 봐도 무방한 수치다.

그의 '육하원칙론'도 주목해야 할 부분이다. 그는 "보고할 때 분량은 적게 하되, 육하원칙에 의거해하라"고 요구한다. 보고서가 쓸데 없이 긴 것은 보고자가 업무의 핵심을 꿰뚫고 있지 못하다는 것이요, 육하원칙을 철저하게 지켜야 업무에 빈틈이 발생하지 않는다는 것이다. 이에 유라코퍼레이션에서는 정기적으로 직원들을 대상으로 한 '보고서 쓰는 법' 강의가 열린다. 그는 직원 교육 시간에 직접 참여하기도 한다. "업무의 효율화를 위해 이만한 게 없다"고 말한다.

인력 관리 측면에선 '상벌을 확실히, 소통은 활발히'를 강조했다. 감사부서에서 누가 어떤 잘못을 했으니 징계해야 한다는 보고서가 올라올 때면 엄 회장은 "잘못한 사람만 찾지 말고 일을 잘하는 사람을 찾아 파격적인 포상을 하라"고 지시한다. 자신이 하고 있는 일에 대해 정확하게 평가하고 인정해주는 것보다 좋은 동기유발은 없다는 것이

유라 품질 5스타 획득 기념 촬영

튀니지법인을 방문한 엄병윤 회장

실수와 불량을 최대한 줄이기 위해 현장 점검

그의 지론이다. 이에 월간 우수사원 포상, 연간 최우수사원 포상, VE(원가절감) 포상, 모범사원 해외연수 등 다양한 포상제도를 운영하고 있다. 엄 회장은 "성과가 좋은 직원에겐 수억 원짜리 포상을 해줘도 된다"고 말했다. 직원들과 소통을 활발하게 하는 스킨십 경영도 그가 지금까지 지켜온 원칙 중 하나다. 그는 외부에 특별한 약속이 없는 날은 부서별로 돌아가며 구내식당에서 임직원들과 함께 점심식사를 한다. 직원들과 함께하는 식사를 그는 '밥상머리 교육'이라고 정의했다.

한계를 뛰어넘는 도전정신

엄 회장은 가장 기억에 남는 인물로 고故 정주영 현대그룹 명예회장을 꼽았다. "특히, 정 명예회장님의 '이봐, 해봤어?'라는 말을 늘 가슴에 새기고 있습니다. 그분의 도전정신을 존경합니다. 성공이든 실패든 간에 해보지 않으면 있을 수 없는 일 아닙니까."

이런 도전 정신은 실제 기업 경영에서도 어렵지 않게 찾아볼 수 있다. 유라코퍼레이션은 2010년 10월 국내 최초의 하이브리드 자동차인 현대차 쏘나타 하이브리드[YF HEV]에 고전압 핵심부품을 공급했고, 이후 그랜저 하이브리드와 투싼 수소연료전지차, 기아차 레이 전기차, 쏘울 전기차에 모터용 플러그, 세이프티 플러그, 인터버용, 커

1997년부터 현재까지 대한양궁협회 부회장직을 수행하고 있는 엄병윤 회장(오른쪽 두 번째)

엄병윤

넥터, 전기 충전용 커넥터 등 독자개발한 부품을 공급했다.

품질 관리와 기술력으로 현대·기아차에 부품을 공급하자 미국의 GM과 포드는 물론 메르세데스 벤츠, 아우디, 폭스바겐 등 해외 완성차 업체들이 유라코퍼레이션에 러브콜을 보내왔다. 직접 한국으로 날아와 회사와 공장을 둘러보고 잠재적인 부품 공급사로 지목한 업체들도 여럿 있다. 와이어링 하네스는 부품 특성상 신차 개발 초기단계부터 완성차 업체에 설계 담당 인력을 파견해 공동으로 작업을 수행해야 한다. 그러므로 각각의 완성차 업체들의 설계와 제조시스템을 이해하는 작업이 선행돼야 한다. 그는 "지금까지는 급성장하는 현대·기아차의 물량을 대응하는 데 전력을 다하느라 다른 업체에 신경 쓸 여력이 없었다"며 "앞으로는 다른 업체들에 대한 수주 활동에도 적극적으로 나설 계획"이라고 말했다. 현재도 아침 5시 30분에 일어나 신문 정독과 스트레칭으로 하루를 시작하는 그는 8층 회장실까지 계단으로 오르내릴 정도로 자기관리에 철저하다. 점심 식사 후에도 판교 연구개발 R&D 센터 일대를 산책하며 걷기 운동을 한다. 70세가 넘었다는 것을 믿기 힘들 정도로 건강한 엄 회장은 세계 시간을 늘 확인한다. 유럽과 중동, 남미 등의 시차를 고려한 것이다. 세계 각국에 사업장을 운영하고 있는 유라코퍼레이션은 와이어링 하네스 매출 부문 세계 6위 업체다. 해외 완성차 업체로 부품 공급처를 확대하기 위한 움직임은 이미 첫발을 내딛은 상태다. 그의 세계 시간은 지금도 바삐 돌아가고 있다.

COMPANY PROFILE

무결점 품질관리를 보장하는
유라코퍼레이션

와이어링하네스를 생산·판매하는 자동차 전장부품 전문기업이다. 와이어링하네스는 자동차의 각 부위에 전력과 신호를 전달해주는 역할을 한다. 인체의 혈관 및 신경과 같다. 이 회사는 1993년 설립 이래 22년간 기술개발과 품질향상, 경영혁신으로 성장일로를 걸어왔다. 2015년 기준 매출 2조 원 가까운 규모의 기업이 됐다. 와이어링하네스 부문에서 기술 자립화와 국제 가격 경쟁력 확보로 국내 자동차부품산업의 글로벌화를 위해 선봉장에 서 있다는 평가를 받고 있다.

중국을 현지화 전략의 시작점으로 슬로바키아, 세르비아, 튀니지, 체코, 러시아, 베트남으로 그 영역을 확대했다. 이집트, 인도, 말레이시아 등으로 수출지역 다변화 전략도 활발히 전개 중이다. 이에 따라 총수출 실적이 2013년 8억 560만 5,000달러, 2014년 9억 3,504만 3,000달러를 달성하는 등 해마다 늘어나고 있다. 2002년 '신노사문화 우수기업'으로 선정된 이래 2005년 노사문화대상, 2009년과 2012년, 2015년 노사문화 우수기업으로 선정되는 등 선진 기업문화를 정착시켰다. 유라코퍼레이션을 이끄는 엄병윤 회장은 1997년부터 현재까지 20년 가까이 대한양궁협회 부회장직을 수행하고 있다. 엄 회장은 협회에 가장 오래 몸담아온 연장자다.

6

오원석 코리아에프티 회장

100년 기업의 경쟁력, 핵심기술이 답이다

오원석

진정한 경쟁 상대는 자기 자신의 한계와 두려움이다.
경쟁하지 않으면 지지 않는다. 그러나 이길 수도 없다.
성공은 매일매일 반복되는 작은 노력들의 총합이다.

-로버트 콜리어-

SMALL GIANTS

경기도 성남시 분당구 판교의 H스퀘어 빌딩 9층 코리아에프티 사무실. 2017년 2월 이곳 회장실에 전화벨이 울렸다. 오원석 회장이 상기된 표정으로 전화기를 들었다. 국내 굴지의 자동차 부품사 만도의 글로벌 R&D센터의 시험평가센터에 걸려온 전화였다. 이근우 신사업본부장의 목소리가 수화기 너머로 들려왔다. "회장님, 비교시험 결과가 방금 나왔습니다. 저희가 개발한 제품의 성능이 경쟁사보다 훨씬 더 우수하다고 합니다."

 보고를 들은 오원석 회장은 주먹을 불끈 쥐었다. "고생했습니다. 자세한 결과 보고는 회사에서 받도록 하지요. 마무리 잘하고 오시기 바랍니다." 통화를 마친 오 회장은 말없이 창문 밖을 바라봤다. 성공을 보장할 수 없었던 이번 프로젝트에 과감히 도전장을 던진 때부터 수없는 시행착오를 겪었던 개발 과정까지 많은 장면이 주마등처럼 지나갔다.

오원석

오원석 회장은 2013년 본격적으로 '스마트 코리아에프티 뉴로모픽 디텍터SKNMD' 개발에 나섰다. SKNMD는 자율주행보조시스템ADAS의 핵심기술인 머신러닝(기계학습) 기반의 자동긴급제동시스템AEBS 소프트웨어 센서 칩이다. 운전자의 조작 없이도 스스로 움직일 수 있는 자율주행차가 사람 등 장애물을 감지하고 멈춰설 수 있도록 판단하는 역할을 한다. 이스라엘의 모빌아이가 전 세계 자동차 제조사에 '모빌아이 560' 센서 칩을 독점 공급하고 있다. 이 시장을 눈여겨본 오 회장은 3년 여의 연구 끝에 SKNMD를 개발했고 성능을 인정받았다. 그는 "경쟁사와 비교시험 결과, 주간에는 우리 제품의 정확성이 99%, 경쟁사가 96%였다"며 "야간에는 경쟁사가 50%도 달성하지 못한 반면, 우리 제품은 92%의 정확성을 보였다."고 설명했다. 야간 주행은 자율주행에서도 가장 난이도가 높다. 그는 "기업의 경쟁력과 지속가능한 성장을 담보하는 건 핵심기술"이라며 "자동차 부품 제조사도 우수한 제품을 만드는 것은 물론 자체 기술 개발에 적극 나서 누구도 따라하기 힘든 핵심기술을 확보해야 한다"고 강조했다.

1986년 설립된 코리아에프티는 자동차 연료계통 부품 제조사로 출발했다. 카본 캐니스터와 플라스틱 필러넥, 차양장치 등이 주요 제품이다. 화학 소재 기술이 제품 경쟁력의 핵심이었다. 설립 30주년이 지난 2017년 코리아에프티는 첨단 전장 부품으로 기업의 DNA를 바꾸고자 한다. 기업의 트랜스폼(transform·변형)이 시작된 것이다. 가난을 딛고 공부해 월급쟁이를 거쳐 자동차 부품사의 CEO 자리에 올라선 그가 꿈꾸고 있는 '100년 기업'으로 향하는 여정이기도 하다.

'블랙박스 기업'이 돼라

오원석 회장은 평소 "코리아에프티는 제조사가 아닌 엔지니어링 회사"라는 말을 자주 한다. 오 회장의 기술 제일주의를 읽을 수 있는 대목이다. 그는 "블랙박스 기업이 돼야 한다"는 말도 입버릇처럼 한다.

오 회장의 설명은 이렇다. 자동차 부품 제조사는 크게 세 가지로 분류할 수 있다. 블랙박스, 그레이박스, 화이트박스 기업이다. 화이트박스는 완성차 회사에서 제공한 도면대로 만들어 납품하는 부품이다. 블랙박스는 부품 제조사가 자체 기술로 독자 개발해 완성차 업체에 제안을 하고 수주를 받아 납품하는 것이다. 그는 "자동차 부품업체가 제대로 성장하려면 블랙박스 아이템을 개발해야 한다"고 강조했다.

"우리나라가 세계 5대 자동차 강국이지만 전자제어장치[ECU]는 여전히 전량 수입에 의존하고 있습니다. 이런 부품들이 개수로는 전체 부품의 2~3% 정도에 불과하지만 금액으로는 5%가 넘습니다. 우리나라 자동차가 진짜 100% 국산화에 도달하지 못하는 이유입니다. 우

코리아에프티 안성 본사 전경

리 부품회사들도 계속해서 이런 블랙박스 부품 기술을 개발해야 합니다. 그래야 완성차 업체들도 부담을 덜고 결국 소비자들에게도 혜택이 돌아갑니다."

핵심기술을 보유한 '강소기업론'은 오원석 회장뿐 아니라 산업계 안팎에서 많은 사람이 공감하는 내용이다. 하지만 CEO 입장에서 이를 실제로 시행하는 건 쉬운 일이 아니다. 성공 확률이 매우 낮은 기술 개발을 위해 몇 년간 많은 비용을 투입해야 하기 때문이다.

오 회장은 이에 대해 "연구개발에 대한 비용 투자를 리스크가 아닌 과정으로 여긴다"고 강조했다. 코리아에프티를 단순한 자동차 부품 제조사가 아닌 R&D 역량을 갖춘 엔지니어링 회사로 만들기 위한 과정이라는 것이다. 2012년 판교에 사무실을 개설한 것도 이 때문이다. 오 회장은 "타사에 기술 의존하지 않는 기업이 돼야 생존경쟁에서 살아남고 성장할 수 있다"며 "판교에 연구소 분소를 낸 것도 이곳이 우수한 기술인력을 확보하기 위한 '남방한계선'이기 때문"이라고 말했다.

사람이 기술이다

오원석 회장이 SKNMD 개발에 나서기로 결심한 배경에는 KAIST

교수, 그리고 과거 몸담았던 대우그룹 직원과의 인연이 있다. 먼저 미래자동차 등 교통기술을 연구하는 KAIST 녹색교통대학원의 한일송 전자공학과 교수가 있다. 오 회장은 "2013년 한 학회에서 만난 한일송 교수가 SKNMD을 개발할 수 있는 기초 이론을 연구했다는 것을 알게 됐다"며 "설명을 듣자마자 성공의 가능성을 봤고 도전해야겠다는 결심을 했다"고 말했다. 어둡거나 비가 내려 시야가 확보되지 않은 상황에서도 전방 160도 각도로 보행자를 인식할 수 있는 머신러닝 SW알고리즘이 그것이다. 보행자를 식별하기 위해 미리 빅데이터로 학습시킨 5,000개가 넘는 특징을 우선순위에 따라 부여하는 알고리즘이다. 오 회장은 "SKNMD는 60프레임 풀 HD 해상도(1,920×1,080)를 기준으로 60분의 1초 만에 200만 개 화소가 담긴 이미지에서 보행자를 인식할 수 있다"고 설명했다.

여기엔 1981년 노벨 생리의학상을 수상한 존스홉킨스대 데이비드 허블과 토르스텐 비셀의 연구도 큰 역할을 했다. 이들은 고양이의 시각 정보가 뇌에서 처리되는 매커니즘을 밝혔다. 뇌 후두부에서 사물이 특정한 방위각도일 때만 반응하는 뉴런(신경세포)과 특정한 방향으로 움직일 때만 반응하는 뉴런이 있다는 사실이다.

오 회장은 "사업을 하려면 사람을 많이 알아야 하며 인간관계가 넓어야 한다"고 강조했다. SKNMD를 개발할 수 있었던 것도 결국 여기에 필요한 사람들을 만났기에 가능했다는 것이다. 오 회장은 한

교수의 이론을 실제 제품 개발과 연결시킬 수 있는 적임자도 알고 있었다. 대우전자 연구소장 출신인 이근우 신사업본부장(부사장)이었다. 대우그룹 기조실 출신 직원들의 모임 회장직을 맡고 있는 오 회장이 눈여겨보던 인물이었다. 그는 "몇 년 전 이근우 부사장이 스마트폰에 USB를 꼽으면 빔 프로젝터 기능을 할 수 있는 기술을 개발했다"며 "벽 어디든 갖다 대면 화면이 뜨는 제품인데 사업이 여의치 않다는 얘기를 듣고 영입 제안을 했다"고 설명했다. 오 회장의 제안을 받은 이 부사장은 직원 세 명과 함께 코리아에프티 신사업본부에 입사했고, 이들이 코리아에프티의 SKNMD 개발에 초석을 다진 주역들이다.

"이근우 부사장에게 한일송 교수가 설명한 이론과 SKNMD 개발에 대한 얘기를 한 뒤 물었어요. 할 수 있겠냐고요. 이 부사장이 자신은 데이터를 영상화했는데, SKNMD는 영상을 데이터화 하는 것이니 본질은 같다는 대답을 하더군요. 회사에 들어와 개발 작업에 착수하니 정말 하루가 다르게 속도가 붙었습니다. 결국 3년 만에 성공을 했습니다."

성능 시험에서 우수한 성적표를 받아든 SKNMD로 인해 국내 완성차 업체들은 좀 더 합리적인 비용으로 뛰어난 경쟁력을 갖춘 자율주행차를 만들 수 있게 됐다. 오 회장은 "2018년 하반기 또는 2019년 상반기에 상용화가 가능할 것으로 보고 있다"며 "상용화 시기를 앞당기는 것보다 주야간에 사람과 사물을 정확하게 인식하는 기술에 대한 신뢰도를 100%로 만드는 데 집중하겠다"고 강조했다.

회사 생존을 위한 연구개발 투자

코리아에프티의 국내 직원 수는 총 520명, 이들 중 연구 인력이 70명이다. 전체 직원의 13.5%가 연구인력인 것이다. 직원 수만 그런게 아니다. 코리아에프티는 국내 매출의 10%를 연구개발R&D에 투자한다. 국내 법인 매출이 2016년 1,600억 원인데 R&D 비용으로 160억 원 가량을 투입한 것이다. 오 회장은 "연구원이 70명이면 인건비만 40억 원. 연구인력들의 경비 등을 감안하면 70억 원"이라며 "여기에 장비 구입 등 물자 지원 비용 등을 합치면 100억 원이 훌쩍 넘는 건 예사"라고 설명했다. 오 회장은 "회사 규모에 비해 R&D 비용이 크다고 생각할 수도 있지만 난 이걸 회사의 생명을 연장시킬 수 있는 필수 지출 항목이라고 생각한다"고 말했다. '연구개발→신기술 개발→제품 경쟁력 강화→기업성장'이라는 선순환 고리를 만들기 위해선 연구개발에 대한 아낌 없는 투자가 필요하다는 것이다.

연구개발의 성과는 제품 경쟁력을 보면 쉽게 알 수 있다. 매출에서 가장 큰 비중을 차지하는 플라스틱 필러넥과 카본 캐니스터가 그

2012년 제49회 무역의 날 7천만불수출탑을 수상한 오원석 코리아에프티 회장

주인공이다. 필러넥은 파워트레인의 한 부분인 연료부품이다. 연료 주입 시 주유구로부터 연료탱크까지 연료를 이송시키기 위한 통로 역할을 한다. 코리아에프티가 이걸 플라스틱으로 개발하기 전까지 국내 자동차에는 모두 스틸로 만든 필러넥이 장착되어 있었다. 플라스틱 필러넥의 개발로 차량 경량화를 통한 연비 향상 효과가 있었다. 또 스틸보다 내부식성이 강한 플라스틱을 사용해 환경오염도 감소시킬 수 있었다. 오 회장은 "플라스틱 필러넥 제조 기술은 국내에서 코리아에프티만이 갖고 있다"며 "국내 차량은 물론 북미 시장용 차량도 스틸에서 플라스틱으로 소재가 변하는 추세에 있기 때문에 앞으로 매출은 더 늘어날 것"이라고 설명했다.

오 회장은 독점적으로 기술을 보유한 기업에 만족하지 않았다. 제품의 단점을 보완해 경쟁사들이 따라올 수 없는 단계까지 기술력을 끌어올렸다. 그는 "플라스틱 필러넥의 경우 오래 사용하면 제품 표면을 통해서 하이드로카본(탄화수소)이 빠져나가는데 공해 규제가 강화되면 문제가 된다. 이것을 해결하기 위해 유럽의 플라스틱 필러넥 경쟁사들은 HDPE(고밀도 폴리에틸렌) 소재를 멀티레이어(다층구조)로 만들어 사용하고 있다. 그러나 공해문제를 해소하고자 여러 겹으로 두껍게 만들면 무게도 무거워지고, 원가도 상승하며, 차후 재활용도 안 된다는 문제점을 갖고 있다"고 지적했다.

코리아에프티는 10년의 연구 끝에 플라스틱 원소재에 나노소재를 넣어 탄화수소 배출 차단 능력을 향상시킨 신소재를 개발했다. 그는 "원리는 쉽지만 이걸 실제로 검증하고 구현하는 데 무려 10년이 걸렸다"며 "2016년 현대차 남양연구소에서 이에 대한 검증 작업을 했고 합격점을 받으면서 향후 환경 법규가 북미 수준으로 강화될 국내와 중국의 차량에 이 제품을 적용하기로 했다"고 설명하며 "이렇게 글로벌 업계에 코리아에프티의 경쟁력이 알려지면서 인도에선 르노에 플라스틱 필러넥을 공급하고 있으며, 폭스바겐과도 공급과 관련된 의견을 주고받고 있다"고 말했다.

카본 캐니스터는 연료탱크에서 발생하는 증발가스를 활성탄에 흡착해 엔진에서 연소시키는 장치다. 대기오염을 방지하기 위해서다. 코리아에프티는 일본에서 전량 수입해오던 이 부품을 국산화했다. 6억 달러의 수입 대체효과와 2,000억 원의 원가 절감 효과를 가져왔다. 차량의 진화에 따라 오 회장은 카본 캐니스터도 새로 개발해왔다. 하이브리드 자동차에 적용할 수 있는 가열 방식의 하이브리드 캐니스터도 세계 최초로 개발해 특허를 취득했다. 코리아에프티의 카본 캐니스터 시장점유율은 국내 1위(79%), 글로벌 4위(9%)다. 비용을 아끼지 않은 연구개발이 일궈낸 결과였다.

카본 캐니스터 역시 글로벌 완성차 업체에 활발히 공급하고 있다. 배출가스 규제가 전 세계에서 가장 까다로운 미국 시장에 수출하는 것은 물론 독일의 프리미엄 자동차 기업 중 하나인 메르세데스 벤츠에 제품 공급을 위해 노력하고 있다.

여동생의 눈물

오원석 회장은 대학졸업 후 13년 간 월급쟁이 생활을 한 뒤 사업에 뛰어들었다. 오 회장이 지금까지 살아오면서 굳게 다짐한 것이 하나 있다. '절대 실패하지 않겠다'였다. 여기엔 그가 예상치 못했던 가난에 쪼들리며 어렵게 살아온 학창시절, 그리고 이 과정을 함께 겪은 여동생의 눈물이 있었기 때문이다.

　오 회장은 한국전쟁이 발발할 무렵 부산에서 태어났다. 외자청(오늘날의 조달청)에서 근무한 부친 덕분에 부족함 없이 어린 시절을 보냈다. 문제는 부친이 1963년 퇴직 후 사업을 하면서 발생했다. 오 회장은 "당시 부를 많이 쌓은 작은아버지가 아버지께 사업자금을 대면서 라면공장을 제안했다"며 "하지만 부친께선 '고위 공직자 출신이 먹는 장사를 할 수 없다'며 TV 제조 사업을 택했다"고 말했다. 회사 이름은 새한TV였는데 금성사(현 LG전자)가 TV를 만들기도 전에 시도한 사업이었다. 부친은 일본 제조사를 벤치마킹해 1호 제품을 만들었고 이러한 성과는 국내는 물론 대북방송을 통해서도 나왔다. 문제는 판매였다. 시판 허가가 나지 않았던 것. 오 회장은 "1963년부터 1968

년까지 5년간 제품을 만들고도 시판 허가가 나지 않아 팔지 못하는 상황이 지속됐다"며 "결국 회사는 부도가 났고 고등학교 3학년 시절 우리 집은 서울 마포구 서교동 단독주택에서 청량리 단칸방으로 쫓겨가듯 이사해야 했다"고 말했다.

"가족들이 뿔뿔이 흩어졌어요. 2남 2녀 중 형과 누나는 큰아버지 댁에, 저와 여동생은 부모님과 함께 단칸방에서 살았죠. 한 살 어린 여동생은 사춘기에 엄청난 충격을 받았습니다. 학교는 그대로 다녔기에 매일 청량리에서 광화문까지 버스를 타고 등하교를 했는데요. 콩나물시루처럼 만원인 버스를 타는 게 얼마나 힘든 일입니까. 여동생이 버스에서 사람들에 치이며 힘들어하는 모습을 보니 미칠 것 같더군요. 그때 결심했습니다. '나는 꼭 성공할 것이다. 절대로 실패하지 않을 것이다'라고요."

어린 오원석은 이를 악물고 공부했다. 덕수초등학교와 경기중학교, 경기고등학교를 다닌 오원석 회장은 단칸방에서 주인집의 눈칫밥을 먹으면서도 공부에 매진해 서울대학교 기계공학과에 진학했다. 이후 오원석은 졸업과 동시에 현대양행(현 두산중공업 및 만도)에 입사했다. 군 복무를 마친 뒤 이 회사에서 1981년까지 일했다. 설계 및 플랜트 해외 수출 업무가 그의 일이었다. 이후 대우조선으로 자리를 옮긴 그는 1987년까지 회사에 몸담았다.

그가 월납쟁이 생활을 접기로 한 계기는 한 선배의 방문이었다.

학교 선배이자 대우에서 함께 일했던 김재년 대표는 코리아에어텍이라는 회사를 설립해 산업용 필터를 생산하고 있었다. 김 대표는 오원석에게 "자동차 부품을 개발하고 있는데 함께 해보자"고 권유했다. 그것이 바로 카본 캐니스터였다. 일본에서 전량 수입하는 부품이니 국산화에 성공하면 우리나라 자동차 산업에 큰 획을 그을 수 있었다. 장고 끝에 오원석은 제안을 받아들였다. 월급쟁이 책상을 벗어나 약육강식 논리가 지배하는 거친 야생의 길을 걷기 시작한 것이다.

올빼미 공장장님

대우조선의 해외 플랜트 사업부 부장에서 직원 50명, 연 매출 20억 원 규모의 코리아에어텍 공장장(상무)으로 직함이 바뀐 오원석 회장을 기다린 건 꼬리에 꼬리를 무는 시행착오였다. 직원들과의 대화부터 문제였다. 대기업에서 13년을 일했던 그의 용어와 직원들이 사용하는 용어가 달랐다. 오원석 회장은 "무엇보다 생산현장이 매우 비효율적으로 돌아가고 있다는 것이 문제였다"며 "비효율성을 걷어내지 않으면 새로운 제품 개발 가능성도 희박하다는 결론을 내리고 공정 개선에 나섰다"고 말했다. 우선 그는 사무실에 야전침대를 갖다 놓았다. 일주일에 절반은 사무실에서 먹고 자며 작업 현장에서 직원들과 머리를 맞댔다. 두 팔 걷어붙이고 기름때 묻히며 현장을 누비는 오원석 공장장을 직원들은 따르지 않을 수 없었다. 그로부터 6개월 만에 공장의 생산효율은 두 배로 상승했다.

공장이 정상궤도에 오르자 카본 캐니스터 국산화도 탄력을 받았다. 오 상무의 업무 스타일은 전형적인 올빼미형이었다. 연구개발에 몰두하다 어느덧 시계가 새벽 1~2시를 가리키면 사무실에서 쪽잠을 잤고, 아침에 일어나 다시 연구에 몰두했다. 밤을 새는 일도 허다했기에 그의 눈은 항상 벌겋게 충혈되어 있었다. 밤낮을 잊은 오원석 상무의 연구개발은 성공이었다. 1985년부터 카본 캐니스터 개발에 나섰던 코리아에어텍은 1987년 국내 최초로 이를 국산화했다.

단테의 기적

오원석 상무는 카본 캐니스터의 성공으로 코리아에어텍 부사장 자리에 올랐다. 카본 캐니스터를 통해 자동차 부품의 성장 가능성이 매우 높다는 것을 확인한 오원석 부사장은 신사업을 추진하기로 결심했다. 이때 그가 유럽 출장에서 눈여겨본 부품이 플라스틱 필러넥이었다. 이탈리아의 피스트라는 회사가 이 기술을 갖고 있었다. '저 기술이 필요하다. 플라스틱 필러넥 제조 기술을 국산화하면 크게 성장할 수 있을 것이다.' 오 부사장은 생각했다.

오 부사장이 가진 건 두 주먹뿐이었지만 그는 망설이지 않았다. A4 용지 30장 분량의 사업계획서를 직접 작성해 피스트로 보냈다. 그리고 혈혈단신 회사를 찾아갔다. 피스트의 문은 쉽게 열리지 않았다. 월요일에 도착한 그는 금요일이 될 때까지 회사 주변을 맴돌아야 했다. 오 회장은 "그 회사의 최고기술경영자CTO와는 말이 어느 정도 통했는데 회사의 실세인 회장 사위(부사장)의 반대가 심했다"며 "이 회사가 이전에 5년간 기술 제휴를 했던 국내 굴지의 화학섬유업체도 아무런 성과를 내지 못했는데 이 조그만 회사가 뭘 할 수 있겠냐는 게 그의 주장이었다"는 얘기를 들려줬다.

기약 없는 기다림이 이어졌던 금요일 피스트 측에서 연락이 왔다. 저녁에 만찬 행사가 있는데 참석하겠냐는 것이다. 오 부사장은 한달음에 달려갔다. 피스트 회사 중역까지 모두 모인 부부동반 모임이었다. 오 부사장 옆에는 회장의 큰딸 아그네스가 앉았다. 그리고 이날 저녁 기적과도 같은 반전이 일어났다.

"아그네스와 이런저런 이야기를 하다 보니 이탈리아 국문학을 전공했더군요. 그래서 제가 단테를 안다고 했더니 엄청나게 놀랐습니다. 단테는 《신곡》의 저자이기도 하지만 그의 가장 큰 업적은 오늘날의 이탈리아어를 확립한 것이죠. 단테 이전에는 이탈리아 반도의 여러 도시국가들이 방언을 사용했거든요. 이런 얘기들을 하니 아그네스가 까무러칠 듯 놀랐습니다. 아시아의 작은 나라에서 온 사내가 이렇게 이탈리아 문학에 조예가 깊은 줄 꿈에도 몰랐던 것이죠."

이런 내용이 다른 참석자들에게도 알려지면서 만찬장의 분위기는 금새 호의적으로 바뀌었다. 자신의 딸을 감동시킨 오원석 부사장에 대한 보소 회장의 눈빛도 달라졌다. 모임이 끝날 때 즈음 회장이 다가와 물었다. "미스터 오, 주말에는 뭘 할 계획이죠?" "호텔에서 회사 업무를 처리할 생각입니다." "그러지 말고, 내가 비서와 차를 제공해줄 테니 토리노 관광을 해봐요. 멋진 도시입니다."

보소 회장의 뜻하지 않은 호의에 오 부사장은 놀랐다. 그리고 주말이 지난 후, 보소 회장이 그를 불렀다. "미스터 오, 정말 할 수 있겠습니까?" 오 부사장은 주먹을 불끈 쥐며 답했다. "네 회장님, 저는 3년 안에 결과를 낼 자신이 있습니다."

잠시 생각에 잠겼던 보소 회장이 오 부사장을 바라보며 말했다. "좋습니다. 미스터 오, 함께 해봅시다."

오원석 회장은 이걸 '단테의 기적'이라고 불렀다. 오 회장은 "당초 이 프로젝트를 성사시키기 위해서 피스트를 대여섯 차례 이상 찾아가 설득해야 할 것으로 예상했다"며 "하지만 단테 덕분에 닫혔던 문이 활짝 열리면서 일사천리로 일이 진행됐다"고 말했다. 오 회장은 이어 "엔지니어회사 경영자라도 인문학에 대한 관심이 많아야 한다"고 강조했다. 그는 "다른 나라의 문학, 음악, 미술에 대한 상식을 갖고 있고 이에 대한 서적도 탐독할 필요가 있다"며 "한 나라의 역사와 문화를 알고 있다면 그 나라에 진출하는 과정이 한결 수월할 것"이라고 덧붙였다.

예상보다 빨리 계약을 따낸 오원석 부사장은 서둘러 기술제휴 작업에 착수했다. 그리고 1993년 플라스틱 필러넥 기술의 국산화에 성공한 오 부사장은 이 부품을 현대차의 쏘나타2에 적용했다. 그가 약속한 3년보다 6개월 단축한 2년 6개월 만이었다.

뜻하지 않은 인연

카본 캐니스터와 플라스틱 필러넥으로 국내 자동차 부품 산업에 입지를 굳힌 오 부사장은 1996년 회사를 분리 독립했다. 코리아에프티라는 이름으로 부품을 생산하기 시작한 것이다. 그런데 이때 문제가 발생했다. 이듬해인 1997년 IMF 외환위기가 터진 것이다. 사업 구조는 견실했지만 이제 막 홀로서기에 나선 회사에게 IMF는 감당하기 힘든 위기였다. 오원석 사장은 줄담배를 피며 해결책을 고민한 끝에 유상증자 카드를 꺼내들었다.

오 회장은 "이탈리아 피스트와 거래하는 것을 보고 우리 회사에 러브콜을 지속적으로 보내온 에르곰ERGOM이라는 부품회사가 있었다"

며 "그 회사 회장에게 사정을 설명하고 유상증자에 참여하라는 제안을 했다"고 말했다.

플라스틱 필러넥 기술 국산화에 성공한 코리아에프티는 매년 피스트에 로열티를 지불해왔다. 피스트의 보소 회장은 다른 기업 회장들에게 이 사실을 자랑했고, 에르곰의 프란체스코 치미네리 회장이 이를 귀담아 들은 뒤 오원석 사장에게 만나자고 연락을 취한 것이다. 에르곰은 이탈리아 최대 자동차 회사인 피아트에 부품을 공급하는 매출 2조 원 규모의 부품사였다. 치미네리 회장은 토리노의 1부 리그 팀인 유벤투스와 토리노 중 토리노의 구단주이기도 했다. 1995년 치미네리 회장과 만난 오 사장은 그의 리더십과 추진력에 깊은 인상을 받았다. 오 회장은 "피스트와 계약관계에 있었기에 에르곰과 거래를 하는 건 여의치 않았다"며 "향후 함께할 기회를 모색해보자고 약속했는데 이 뜻하지 않은 인연이 유상증자로 이어졌다"고 되뇌었다.

치미네리 회장은 오원석 사장의 제안을 흔쾌히 수락했다. 100% 유상증자를 한 에르곰은 회사 전체 지분의 50%를 갖게 됐다. 경영권은 오원석 사장에게 있었다. 오 회장은 "당시 회계사와 변호사들이 회사에 찾아와 꼼꼼하게 기업 분석을 했고 액면가의 4배인 주당 2만 원에 유상증자를 했다"며 "회사의 가치를 높게 인정받은 것에 보람을 느꼈고, IMF 위기도 극복할 수 있었다"고 말했다.

코리아에프티는 2012년 3월 코스닥 시장에 상장했다. 유상증자 참여라는 쉽지 않은 결정을 했던 치미네리 회장은 금감원으로부터 코스닥 상장 승인을 받은 2012년 1월 세상을 떠났다. 하지만 에르곰과의 협력관계는 지금까지도 이어지고 있다.

문화의 즐거움

높은 국내 시장점유율과 확대되는 글로벌 시장 진출로 하루 24시간이 모자란 오원석 회장. 그가 바쁜 일정 속에서도 절대로 거르지 않는 삶의 즐거움이 있다. 바로 밴드 활동이다. 어린 시절부터 음악을 즐겨들은 오 회장은 두 개의 밴드에서 보컬을 맡고 있다. 경기고등학교 동창들과 결성한 '아이보리 나인(9)', 그리고 외국인 투자기업 CEO들로 구성된 '매직플러스'가 그 주인공이다. 오 회장은 밴드에서 봄이면 박인수의 '봄비', 가을이면 윤도현의 '가을 우체국'을 즐겨 부른다. 1960~70년대를 풍미한 영국의 비틀즈와 호주 출신의 3인조 형제밴드 비지스, 미국의 록 컨트리 밴드 에벌리 브라더스 등의 곡들도 단골 합주곡이다. 오원석 회장은 "아이보리 나인은 월 2회 매직플러스는 월 1회씩 빠지지 않고 모여 합주를 한다"며 "함께 연주하고 노래를 부르면 한 주간 쌓였던 스트레스와 피로가 말끔히 씻겨

나간다"고 자랑했다.

오 회장은 안성 상공회의소 회장직도 맡고 있다. 그는 이곳에서 분기 1회씩 클래식 음악감상회도 열고 있다. 순수 실내악 현악 4중주가 중심이며 오 회장이 공연에 앞서 직접 무대에 올라 곡 해설을 한다. 본사가 있는 경기도 안성의 발전에 공헌하기 위한 오 회장의 아이디어로 2013년부터 매년 시행하고 있다. 오 회장은 "안성에는 우리 회사가 돌아가는 일터이기도 하지만 직원들의 자녀들이 공부하는 곳이기도 하다"며 "안성 시민들의 교양 수준을 높이고 아이들이 클래식과 친해짐으로써 정서적인 안정, 집중력 향상에 도움이 되도록 음악감상회를 열고 있다"고 말했다. 안성의 교육 수준 향상을 원하는 직원들의 바람에 조금이나마 도움이 될 수 있도록 한 것이다.

클래식 작곡가 중에선 베토벤과 차이코프스키를 좋아한다는 오 회장은 후배 CEO들에게 '문화의 즐거움'을 강조했다. 그는 "기업은 기술과 영업, 마케팅, 원가관리 등이 핵심이지만 결국 이걸 맡아서 하는 건 바로 사람"이라며 "직원들, 회사와 관계를 맺는 다양한 사람들의 마음을 움직이는 소프트 리더십^{soft leadership}을 갖는 가장 효율적인 방법이 음악, 미술, 문학에 대한 애정을 갖고 가까이 하는 것"이라고 설명했다.

오원석

코리아에프티는 2003년 중국 북경법인을 시작으로 인도, 폴란드, 슬로바키아 등 해외시장 개척에 매진해왔다. 사진은 폴란드법인 전경.

폴란드법인을 방문한 오원석 회장이 관계자들과 함께 진지한 토론을 벌이고 있다.

100년 기업의 길

오원석 회장의 발길이 가장 많이 향하는 곳은 경기도 안성의 연구소다. 코리아에프티의 기술 요람인 이 연구소에선 지금까지 67건의 특허등록과 26건의 실용신안 인증이라는 성과를 올렸다. 기술 제휴를 통해 제조 기술을 국산화한 카본 캐니스터와 플라스틱 필러넥은 그후 4~5차례의 신소재, 신기술 개발을 독자적으로 진행하면서 지금은 완전한 코리아에프티의 자산이 됐다. 이런 기술들은 코리아에프티가 글로벌 강소기업으로 발돋움할 수 있는 귀중한 자양분이다.

국내 자동차 부품사 CEO 중에서도 기술에 대한 애착이 유달리 강한 오 회장은 한국공학한림원의 정회원이다. 한림원은 학계와 산업계, 국가 기관 등에서 공학과 기술 발전에 현저한 공적을 세운 우수한 공학기술인들이 모인 학술 연구기관이다. 현재 정회원이 250명에 불과할 정도로 가입 조건이 까다롭다. 오 회장은 이들 중에서도 박사학위가 없는 정회원 10여 명 중 한 명이다. 학교에서 장기간 공부에 매진하여 학위를 취득하진 못했지만 산업 현장에서 박사급 이상의 연구성과와 기술력을 가진 엔지니어로 인정을 받은 것이다.

오원석 회장이 현재까지 코리아에프티를 이끌어온 발자국을 되짚어 보면 한자리에 안주하지 않는 역동적인 모습을 발견할 수 있다. 자동차 연료계통 부품으로 시작한 이 회사는 오 회장의 진두지휘 아래 유럽, 중국, 인도, 북미 등 전 세계 시장으로 영업, 생산망을 넓혔다. 이 중 폴란드 공장에선 자동차 인테리어 부품인 의장품을 집중 생산하고 있다. 플라스틱 등 화학 소재를 다루는 기술력을 응용해 새로운 분야에 진출한 것이다. 앞으로 10년, 20년 시간이 지날수록 내연기관 자동차의 비중은 줄고 전기차와 수소연료전지차 등 친환경차 판매량이 늘어날 것이라는 전문가와 업계의 전망에 따라 새 먹거리 확보에 나선 것이다.

여기에 자율주행차량용 전장부품 개발에도 서둘러 자율주행보조시스템ADAS의 핵심 부품 중 하나인 SKNMD를 독자적으로 만들었다. 내연기관 차량은 물론 미래 친환경 스마트카까지 아우르는 부품 포트폴리오를 구성하는 데 성공한 것이다. 이에 따라 회사의 규모도 가파른 성장곡선을 그려왔다. 1997년 코리아에프티라는 이름으로 회사가 독립했을 때 매출 규모는 180억 원이었다. 20년이 지난 2016년 말 기준으로 이 회사의 매출은 20배 이상 늘어난 3,666억 원으로 확대됐다. 매출 확대와 새로운 먹거리 창출도 중요하지만 오원석 회장이 기업의 트랜스폼에 적극 나서는 가장 중요한 이유는 따로 있다. '100년 기업 만들기'가 그것이다.

"다른 꿈은 없어요. 우리 회사를 앞으로 100년, 200년이 지나도 존재하는 장수기업으로 만드는 것이 제 꿈입니다. 매출 1조 원, 2조 원 목표는 장수기업으로 가는 과정이죠. 매출이나 기업의 외형보다 중요한 건 기술입니다. 누구도 쉽게 따라할 수 없는 새로운 기술, 실용성 높은 기술, 팔리는 기술이 우리 회사를 숨 쉬게 할 것이라 믿습니다. 한국 자동차 부품사, 국내 제조업의 밝은 미래도 세계 톱클래스 수준의 기술력을 갖춰야만 가능할 겁니다."

COMPANY PROFILE

독자적 기술 개발 및 핵심산업에 집중투자하는 코리아에프티

코리아에프티의 역사는 1984년 설립된 코리아에어텍에서 찾아볼 수 있다. 이 회사의 자동차부품 부문이 1996년 7월 분리 독립한 회사가 코리아에프티다. 친환경 부품인 카본 캐니스터와 차량 경량화에 효과적인 플라스틱 필러넥을 주력 부품으로 생산하고 있다. 제품 기술 개발과 제조공정 최적화로 1998년 현대자동차의 북미 수출용 EF쏘나타와 엑센트에도 부품 공급을 시작했다. 사업 초기부터 해외시장 개척에도 나서 2000년엔 이탈리아 피아트에 카본 캐니스터를 수출했다.

오원석 회장의 '기술 제일주의'는 코리아에프티의 경영철학이기도 하다. 오 회장은 2001년 부설연구소를 설립해 운영하기 시작했다. 세계 최고수준의 기술력 확보가 목표였다. 같은 해 미국 디트로이트에 사무실을 개설해 완성차 업체들의 북미 제품에 대한 기술 대응 능력과 영업력을 확대할 수 있는 기반을 마련했다. 그로부터 1년 뒤인 2002년 국내 최초로 플라스틱 필러넥을 독자 개발했으며 현대차는 물론 2002년에 미국 GM에 부품을 수출하기 시작했다. 2003년 중국 베이징에 법인을 설립하면서 중국 시장 공략에도 시동을 걸었다. 이때 오원석 회장은 해외 생산 기지 확충에만 나섰던 게 아니다. 그는 밀려드는 주문에 발맞춰 국내 생산 능력도 확대하기 위해 2004년 경주에 제2공장을 설립했다.

2000년대 중후반은 코리아에프티가 그동안 쌓아온 역량을 바탕으로 한 단계 도약하는 시기였다. 2006년 6월 인도 첸나이에 법인을 세웠고 2007년 9월에는 폴란드 법인도 설립했다. 유럽과 아시아 지역에 글로벌 생산기지를 확보하면서 글로벌 자동차 부품 업체로 성장할 수 있는 기틀을 마련했다. 신규 사업 확대에도 역량을 집중해 소수의 해외 부품 업체가 독점해오던 차량용 차양장치를 독자 기술로 개발했다. 2006년 코리아에프티는 경기도 안성에 죽산공장을 설립해 이 부품을 현대차 TG그랜저에 납품하기 시작했다. 생산 품목 다변화를 실현한 것이다.

2012년 코리아에프티는 새로운 전환기를 맞았다. 회사가 코스닥 시장에 상장했다. 그동안의 꾸준한 실적과 기술력, 안정된 영업기반, 지속성장 가능성 등을 인정받은 것이다.

같은 해 코리아에프티는 여러 글로벌 완성차 업체들과 협력 관계를 확대했다. 2012년 9월 코리아에프티는 GM과 플라스틱 필러넥 공급계약을 맺었고, 같은 해 12월에는 프랑스의 르노사와 카본 캐니스터 신규 공급계약을 체결했다. 2014년에는 르노-닛산 얼라이언스의 플라스틱 필러넥 공급업체로 선정됐다. 2015년에는 독일 폭스바겐과 스코다, 중국의 북경기차BAIC와 내장 부품 공급 계약을 맺는 등 글로벌 공급망을 넓히고 있다.

현재 코리아에프티가 운영 중인 공장은 국내 세 개, 해외 8개다. 지역도 중국과 인도, 유럽, 북미 등 특정 지역에 편중됨 없이 고른 편이다. 해외 공장은 중국에 네 개, 인도 한 개, 폴란드 두 개, 슬로바키아 한 개 등이다.

2017년 4월 준공한 중국 충칭공장은 대지 6만 6,000㎡(2만 평)으로 코리아에프티의 공장부지 중 가장 크다. 현재 1차로 9,900㎡(3,000평) 규모의 공장을 운영 중이며 3차 공장까지 완공되면 공장 규모만 3만 3,000㎡(1만 평)에 달하게 된다. 충칭에선 기존 부품과 함께 플라스틱 소재와 관련된 내장 부품과 헤드램프 부품도 생산한다. 북미 시장은 주로 카본 캐니스터를 국내 생산해 수출하고 있다. 하지만 최근 플라스틱 필러넥 수요가 증가하면서 북미 공장 설립도 검토하고 있다.

코리아에프티의 2015년 매출액은 3,106억 원이다. 2016년에는 매출이 3,666

억 원으로 크게 상승했다. 유럽 시장 공급 확대로 폴란드의 두 개 공장에서 발생한 매출액이 1,000억 원에서 1,500억 원으로 급증했기 때문이다. 2016년 영업이익은 164억 원이다.

오원석 회장은 전장부품 등 새 영역에서 세계 최고 수준의 부품을 개발하는 동시에 시장 다변화를 통한 글로벌 공급망 확대로 매출 1조 원 시대를 열겠다는 목표를 갖고 있다.

7
이동호 동희 회장

가장 두려운 일은
시작조차 하지 않는 것이다

이
동
호

일을 하는 데 있어서
언제 시작할까 생각하는 것은
그만큼 때를 늦추는 것이다.

-토머스 칼라일-

SMALL GIANTS

국내 부품사 중 완성차를 조립, 생산하는 기업은 동희 한 곳뿐이다. 동희의 역사에는 자동차부품사 동희정공을 설립한 뒤 동희산업, 베바스토동희 등을 굴지의 부품사로 성장시킨 이동호 회장이 있다.

"최고의 품질이 미래를 보장한다." 동희는 1990년대부터 공장 곳곳에 이 문구를 적어놓았다. 품질의 중요성을 최고의 가치로 여긴 이동호 회장의 경영철학을 고스란히 옮겨놓은 것이다. 이 회장은 "하늘 아래 이뤄내지 못할 기술은 없다"는 말도 입버릇처럼 한다. 기술 개발이야말로 가장 핵심적인 성장 동력인 것을 알고 있다는 것이다. 품질과 기술은 제조업에서 가장 기본이지만, 동시에 가장 목표를 달성하기 어려운 항목이기도 하다. 이동호 동희 회장은 품질과 기술로 승부해 회사를 자동차부품은 물론 완성차까지 생산하는 기업으로 성장시켰다.

1976년 현대자동차의 '포니 신화'와 함께 본격적인 자동차부품 제조업에 나선 동희는 25년 뒤인 2001년 '모닝 신화'의 중심에 서며 국내 자동차산업에 한 획을 그었다는 평가를 받고 있다. '무모한 도전'이라는 주변의 만류에도 불구하고 경차 조립 생산 사업에 나선 이동호 회장은 이전에도 이와 비슷한 도전을 감행한 적이 있었다. 성공 가능성이 낮은 것으로 여겨지던 선루프$^{sun\ roof}$와 연료탱크 제조업에 뛰어들었고, 이를 성공으로 이끌어냈다.

척박한 국내 산업 환경에서 자동차부품부터 완성차로 이어지는 제조 벨트를 구축한 이동호 회장의 개척정신은 현재도 쉼 없이 생동하고 있다. 21세기 자동차산업의 화두인 친환경과 정보기술 시대를 대비한 전장부품 사업을 이미 2009년부터 준비하고 있다. 산업 환경이 빠르게 변하고 경쟁이 치열해질수록 기본이 되는 품질과 기술에서 승부가 갈린다는 것을 그는 누구보다 잘 알고 있기 때문이다.

겸양지덕

이동호 회장은 1938년 1월 경북 영일(현 포항시 청하면)에서 태어났다. 5남 2녀 중 넷째였다. 7남매 대가족이었지만 그는 부족함을 모르고 자랐다. 부친이 넓은 경작지를 갖고 있으면서 오늘날 한약 유통업에 해당하는 한약종상도 경영했다. 덕분에 일제강점 하에서도 살림이 부족하지 않았다.

하지만 불행의 그림자는 그를 비켜가지 않았다. 그가 11세 때 모친이 세상을 떠난 것이다. 한창 어머니의 사랑을 받고 자라야 할 나이였지만 반대로 허전함을 안고 성장해야 했다. 그는 "모친에 대한 기억이 선명하지 않은 것도 어릴 적 이별했기 때문이며, 아버지는 어머니의 빈자리를 메우기 위해 열과 성을 다하셨다"고 말했다. 부친이 가장 신경 쓴 것은 자녀교육이었다. 덕분에 그는 청하국민학교를 졸업한 후 대구 경북중학교와 경북고등학교로 진학했다. 부친은 매사 최선을 다하는 모습을 보이고 모범적인 생활을 함으로써 자식들이 보고 배울 수 있도록 했다. "아버지는 천성이 온화했고 성실하게 사셨습니다. 또한 다른 사람들에게 항상 베풀며 살아왔기 때문에 마을 사람들의 신망이 두터웠습니다. 아버지를 보면서 자연스럽게 '겸양지덕謙讓之德'을 익히고 실천할 수 있었죠. 저도 부친의 뜻을 이어받아 저의 가족들에게 '덕건명립德建名立(항상 덕을 갖고 세상일을 행하면 자연스럽게 이름도 서게 된다)'을 말하고 있습니다."

부친을 존경하고 따랐지만, 그는 자신의 미래에 대한 선택만큼은 양보하지 않았다. 부친은 아들이 대학 졸업 후 좋은 직장을 갖거나 전문직에 종사하기를 바랐다. 이동호의 친구들도 고시 합격, 은행, 신문기자, 외교관 등을 목표로 하고 있었다. 하지만 1956년 경북고등학교를 졸업한 그는 부친의 기대와는 달리 성균관대학교 경제학과에 진학했다. 경제학을 선택한 것은 사업을 하기 위해서 경제를 제대로 공부할 필요가 있다고 판단했기 때문이다. 사업가의 DNA가 부친에 이어 그의 핏속에도 흐르고 있었던 것이다.

사업 아이템을 찾다

대학을 졸업한 그는 대구에서 양복지 상사를 운영하는 친구를 돕기 시작했다. 친구는 고향에서 어린 시절을 함께 보냈기 때문에 서로를 잘 알았다. 그는 이 회사에서 8년 간 일했다. 당시 한국의 주력산업이었던 섬유에 대한 이해를 할 수 있었던 이동호는 일하면서 자신의 사업 아이템도 찾았다. 바로 방직기계부품 사업이었다.

"당시 방직기는 일본이나 영국에서 전량 수입해 썼습니다. 몇 년 쓰다 보면 잦은 고장을 일으키기 때문에 방직기계부품에 대한 수요가 꾸준했죠. 수입에 의존하는 부품들 중 국내에서 직접 만들 수 있는 것들을 제조해 판매하면 사업성이 있다고 판단했습니다."

그는 친구의 회사를 떠나 독립했다. 1972년 부산에서 동승기업을 설립했다. 부산은 항구가 있어 많은 부품과 선진 기술을 접하기가 편했다. 그동안 모은 자금으로 부산 반여동에 공장을 사들인 후 20명의 직원을 채용해 부품을 만들기 시작했다. 주요 부품은 방직기에 쓰이는 동력전달장치, 즉 기어와 샤프트였다. 선반과 밀링머신으로 부품을 깎아 만든 뒤, 섬유회사에 납품했다. 그가 지난 8년간 섬유사업을 해왔기에 고객을 확보하는 작업에 큰 어려움이 없었다. 사업은 순조롭게 자리를 잡았다.

자동차산업에 뛰어들다

그는 방직기계부품 사업에 안주하지 않았다. 새로운 사업을 찾아 나선 것이다. 당시 섬유산업이 활발했기에 회사 운영은 안정적이었지만 미래를 생각하면 새로운 먹거리가 필요했다. 방직기계의 핵심부품이 아닌 소모품으로는 수익성 측면에서도 한계가 있었고 성장 가능성도 불투명했다. 이동호 회장은 도로를 눈여겨봤다. 도로 위를 다니는 자동차를 보면서 그는 생각했다. '그래, 경제가 발전하면 미래에는 자동차의 시대가 될 것이다. 자동차부품을 만들어보자.'

1970년대에는 국내에서 자동차산업이 제대로 형성되지도 않은 태동기였다. 해외에서 부품을 들여와 공장에서 조립해 생산하는 것이 일반적이었다. 그나마 생산과 판매량도 그리 많지 않았다. 하지만 30대의 젊은 사업가 이동호 회장의 눈에는 '기회의 땅'으로 보였다. 그는 "10~20년 뒤에는 물류량의 증가와 소득증대 등으로 자동차산업이 크게 성장할 것으로 전망했다"며 "정부에서도 자동차산업을 적극 육성하고 있었고, 무엇보다 제조기술 국산화에 역점을 두고 있어 발전 가능성이 클 것으로 내다봤다"고 설명했다. 여기에 당시 자동차부품업체가 드물었다는 점도 이 업계에 진출하는 도화선 역할을 했다.

이동호 회장은 먼저 신진자동차의 문을 두드리며 "신진자동차가 생산하는 버스 부품을 생산하고 싶다"고 말했다. 자동차에 대한 지식이 일천했지만 방직기계부품을 만드는 제조업자라는 점을 강조했다. 자동차부품을 만드는 업체가 귀한 시절이었기에, 기계부품을 생산하는 회사에서 자동차부품 사업도 하겠다는 말은 설득력이 있었다. 그의 논리는 통했고, 신진자동차에 버스범퍼와 루프벤트(지붕에 달린 통풍구), 암레스트(팔걸이) 부품을 수주했다. 자동차부품 시장에 진출한 것이다.

1970년대 초반에는 자동차 수요가 그리 많지 않았다. 이에 따라 버스 부품 생산량도 몇십대 수준이었다. 하지만 그는 심혈을 기울여 부품을 만들어 납품했다. "동승기업의 품질이 좋다"는 입소문이 나면서 이동호 회장에게 큰 기회가 찾아왔다. 이듬해인 1973년 현대차가 포드사와 합작해 생산한 '포드 R시리즈'의 부품을 수주하며 승용차로 영역을 확장한 것이다. 이는 2년 뒤인 1975년 말 현대차의 독자개발 과정을 통해 출시한 포니의 부품 생산으로 연결됐다. 이동호 회장은 "포드 R시리즈 부품을 납품한 실적을 인정받아 1975년 12월 현대차의 1차 협력업체로 선정됐고 포니의 범퍼와 머드플랩 등을 납품하게 됐다"며 "또한 포니의 페달 부품을 생산하면서 페달 전문업체로 거듭났다"고 설명했다. 이때 맺어진 현대차와의 인연은 오늘날까지 이어지고 있다.

동승기업은 이후 2003년 동희정공으로 사명을 변경했다. 주력사업도 기존 페달에서 연료탱크와 선루프 등을 추가했다.

모듈 생산으로 한 단계 진화

1986년 이동호 회장은 동희산업을 설립했다. 그리고 2년 뒤인 1988년 동희산업은 현대차로부터 서스펜션 모듈 생산라인을 이관해왔다. 포니엑셀의 미국 출시 직후 판매량이 급증하면서 부품 수요가 늘었기 때문이다. 당시 포니엑셀의 하루 생산량은 1,000대에 달했다. 이와 함께 부품협력업체 이원화 개발정책에 따라 공장규모가 크고 전착도장라인을 갖춘 동희산업 울산공장이 1차 협력업체로 선정됐다. 동희가 자동차의 핵심부품 중 하나인 서스펜션 사업에 진출한 배경이다. 동희산업의 등장은 동희 전체로 봤을 때에도 큰 의미가 있었다. 이전까지는 부품 단품을 생산하던 단계에서 모듈을 조립하는 회사로 한 걸음 더 나아간 것이다. 모듈은 다양한 부품들을 한곳에 모은 것으로 자동차 조립의 전 단계로 보면 된다. 동희가 모듈 생산에 다른 업체들보다 일찍 진출해 노하우를 쌓은 것은 향후 모닝 완성차를 조립 생산하는 초석이 됐다.

거침없는 도전

자동차산업의 생성과 발전기에 각종 부품의 국산화는 경쟁력을 갖추기 위한 필수 단계다. 우리나라는 1980년대에 들어 부품 국산화가 본격화됐다. 동희도 이 흐름을 이끄는 주요 기업 중 하나였다.

   1980년대 중반 이 회장은 새로운 분야로 눈을 돌렸다. 자동차 지붕에 장착된 선루프다. 당시 국내에서 선루프에 대한 선호도가 높지 않았다. 비싼 가격 때문에 사치스러운 옵션이라는 인식이 강했던 것이다. 1985년 현대차가 포니2의 후속모델로 포니엑셀 프레스토를 출시하면서 처음 선루프를 장착한 승용차를 내놨는데, 선루프는 전량 수입해오고 있었다. 그는 여기서 가능성을 봤다. 전부 수입품을 사용했기에 국산화가 된다면 시장을 선점할 수 있을 거라 판단했다. 주변에서 "기술력이 전무한 상황에서 무모한 도전"이라는 지적도 있었지만 그는 1987년 코리아선루프를 설립했다. 회사명 그대로 국내에서 선루프를 생산하는 회사였다. 그는 "선루프를 일본에서 수입해왔기에 가격이 비쌌고 이에 따라 차량 가격도 상승했다"며 "국산화가 이뤄지면 좀 더 많은 사람들이 좀 더 낮은 가격에 선루프를 선택할 수 있기에 과감하게 도전했다"고 설명했다.

코리아선루프는 독일의 베바스토와 합작사 형태로 출범했다. 그리고 같은 해 유리 부분이 자동차 천장 안쪽으로 들어가는 이너슬라이딩inner-sliding 구조의 전동식 선루프를 생산해 엑셀프레스토에 적용했다. 결과는 성공적이었다. 1988년에는 이너슬라이딩 구조와 일정한 각도 안에서 유리가 젖혀지는 기능 틸팅tilting 구조를 결합한 형태의 선루프를 국산화했다. 1992년부터는 기아차에도 제품을 공급하기 시작했다. 또한 선루프 국산화에 그치지 않고 8년 만인 1995년 자체설계 기술을 확보했다. 그는 "고난이도 전자식 페달과 파노라마 선루프 등을 국산화해 연간 4,000억 원대의 수입대체 효과를 거뒀다"고 설명했다.

불량률 제로

제조업에서 100ppm이라는 말이 있다. 100만 개 중 100개, 불량률이 1만 개 중 한 개라는 뜻이다. 그만큼 불량률이 적다는 것을 의미한다. 이는 이농호 회장이 가장 강조하는 '품질경영'과도 맞닿아 있다. 농

독일 베바스토와 합작 미팅을 위한 기념 촬영

승기업은 1994년 현대차의 1차 협력업체 가운데 가장 먼저 전 품목 100ppm을 달성했다. 이어 동희산업과 코리아선루프도 각각 1994년과 1995년에 100ppm을 기록, 동희의 모든 기업이 100ppm 고지에 올랐다. 그는 "현대차의 품질 요구 수준이 까다로운 건 세계적으로도 유명하다"며 "품질 기준을 만족시키기 위해 1991년 기업부설 연구소를 설립해 연구개발과 품질관리 체제를 구축했다"고 설명했다.

품질에 대한 확신은 사업 확장으로 이어졌다. 1986년 사업무대를 부산에서 울산으로 확대하며 '울산시대'를 연 동희는 10년 만인 1995년 충남 아산에 '동희'를 설립하면서 '아산시대'의 막을 올렸다. 동희는 현대차가 자체 생산하고 있던 연료탱크 모듈을 수주해 독자적인 연료탱크 생산라인을 구축했고, 이듬해인 1996년부터 납품을 시작했다. 그는 "연료탱크 모듈 사업은 동희의 매출 성장을 견인하는 중심축 역할을 했다"며 "이후 2000년에 동희정공이 삼아정공을 인수하면서 기아차에도 서스펜션 모듈과 연료탱크 모듈을 공급했다"고 말했다. 품질 관리가 까다로운 모듈 생산에서 품질을 인정받으면서 더 많은 사업 기회를 획득한 것이다.

그가 불량률 '제로'에 도전하고 기술을 혁신하는 등 공장의 생산성과 효율성을 높이기 위해 가장 먼저 실시한 것이 무엇일까. 이 물음에 '정리 정돈'이라는 답이 돌아왔다. 그는 "모든 직원들이 기본에 충실하도록 정리 정돈을 강조했다"고 설명했다. "1983년 일본 자동

1985년도 QC활성화를 위한 사원연수교육

차업체 견학을 가서 공장을 둘러보며 큰 충격을 받았습니다. 공장의 정리 정돈이라는 개념조차 없었던 우리와 달리, 일본의 프레스 업체 현장 바닥은 밥알이 떨어져도 주워 먹을 수 있을 만큼 청결했기 때문입니다. 한국에 돌아와서 가장 먼저 공장 청소부터 실시했습니다. 이런 작은 실천을 시작으로 직원들이 현장 개선을 위해 본인이 스스로 뛰어야 한다는 사실을 깨달을 수 있도록 했죠."

가장 큰 위험은 위험없는 일이다

동희가 생산하는 제품의 품질에 대한 확신은 추가적인 사업 확장의 초석이 됐다. 1995년 현대차는 울산공장에서 쏘나타3 연료탱크를 생산하고 있었다. 하지만 쏘나타3을 생산하는 충남 아산공장에 연료탱크를 보내는 비용이 만만치 않았다. 이에 현대차는 아산공장 근처에서 연료탱크를 생산할 협력업체를 찾는 것이 낫다고 판단했다. 이때 후보로 떠오른 업체가 동희다. 이동호 회장은 연료탱크 사업도 과거 선루프처럼 기회라고 생각했다. 하지만 많은 임원들은 반대 의견을 피력했다. 그들은 "기회는커녕 회사를 곤란에 빠뜨리는 무거운 짐이 될 수도 있다"고 입을 모았다.

그들의 주장에도 일리가 있다. 당시 연료탱크는 자동차부품 기운데 소비자 불만이 가장 높은 것이었다. 연료를 저장하는 부품이기에 부품 결함은 곧장 차량 운행 불가능으로 이어졌다. 덩치가 커 부품 수리 혹은 교체에도 상당한 시간이 걸렸다. 품질을 높은 수준으로 올려놓아야 하는 부품이었지만 쉬운 일이 아니었다. 그러다 보니 1970~80년대 다른 회사에서 현대차로부터 연료탱크 사업을 수주했다가 반납한 적도 있었다. 동희가 사업을 반납한 다른 회사들처럼 실패하지 않는다는 보장도 없었고, 반대 의견을 가진 임원들은 이 위험성을 고려해야 한다고 주장했다. 이 회장 역시 고민을 했지만 결국 사업 진출로 가닥을 잡았다. 그는 임원들에게 말했다. "회사 내부에서 연료탱크 사업에 대해 부정적인 의견이 있는 걸로 알고 있습니다. 과거에 이 사업에 진출했다가 실패한 업체들도 있죠. 하지만 저는 여기서 한 가지에 주목했습니다. 위험이 큰 만큼 부가가치도 높다는 겁니다. 제대로 기술력을 갖추고 좋은 품질을 확보한다면 이 시장은 우리에게 큰 수익원이 될 겁니다. 또한 독보적인 기술을 보유할 수 있습니다. 도전해봅시다."

그의 예상대로 연료탱크 사업은 동희 매출 성장을 견인하며 효자 역할을 톡톡히 했다. 연료탱크 모듈 부문에서 세계적인 기술력도 갖췄다. 특히 소재 부문에서 진화했다. 철에서 고분자 플라스틱으로 다양화한 것이다. 부품 경량화는 자동차 연료소비 효율성을 높이는 데 도움을 준다. 아낀 중량을 다른 부문의 강성 강화에 쓸 수도 있

1991년 태풍 글래디스 영향으로 입은 피해 복구 현장

다. 자동차를 설계할 때 유연성이 높아지는 것이다. 차량에 반드시 장착해야 하고 무게가 무거운 연료탱크는 그만큼 경량화 효과가 크다. 기술력 강화, 신소재 개발을 위해 그는 1991년 울산에 기업부설 연구소를 세웠다. 현재는 울산연구소를 비롯해 3개 연구소에서 200여 명의 연구진을 보유할 정도로 연구개발 역량을 키웠다. 동희는 현재 연료탱크 분야 등에서 국내외 총 70여 건의 특허를 보유하고 있다.

힘들 때는 함께 가라

이동호 회장이 입버릇처럼 "우리 동희는 전 임직원들 덕분에 커온 회사"라는 말을 자주 한다. CEO라면 누구나 하는 말이기도 하지만, 그에겐 특별한 사연이 있다. 40년 넘게 회사를 경영하면서 숱한 위기들을 맞닥뜨렸고, 이를 극복하던 순간에는 언제나 직원들이 함께 있었기 때문이다.

대표적인 예가 1991년 한반도를 강타한 태풍 글래디스다. 부산에 439밀리미터의 기록적인 폭우를 뿌리는 등 큰 피해를 입혔다. 동희도 그중 하나였다. 끝없이 퍼부은 비로 인해 부산공장 전체가 침수됐다. 이 회장은 "1층 천장까지 물에 잠기는 바람에 설비가 물에 젖는 등 아수라장이 됐다"며 "모든 것이 엉망진창이어서 복구를 어디서부터 해야 할지 막막했다"고 회상했다. 부품 생산이 차질을 빚으면 현대차의 전체 완성차 생산라인이 멈춰버릴 수밖에 없는 긴박한 상황이었다. 이때 그는 "사람의 힘은 위대하다"는 말을 실감했다. 전 직원 200명이 합심해 밤잠도 자지 않고 복구 작업에 나선 결과 현대차 생산라인이 1분도 끊기지 않은 것이다. "직원들이 물에 잠긴 철판을 꺼내 기름칠을 했습니다. 설비는 물론 제품 한 개라도 어떻게든 살려보려는 의지가 강했기에 가능한 일이었죠. 일주일간 퇴근은커녕 잠도 못 자고 복구 작업에 매달린 결과 공급 일정에 차질이 생기지 않았습니다. 당시 침수 피해 상황을 알고 있던 현대차도 놀라움을 감추지 못했습니다. '전 직원이 합심하면 극복 못할 게 없다'는 확신을 갖게 됐고, 이는 1997년 IMF 외환위기 때 다시 한 번 빛을 발했습니다."

태풍과 IMF 외환위기가 직원 단결의 교훈을 줬다면, '인도시장의 악몽'은 그가 후일 해외사업을 성공적으로 확장하는 데에 필요한 나침반이 됐다. 1995년 동희는 현대차가 인도에 진출함에 따라 동반 진출을 결정했다. 진출 방식은 현지 업체와의 합작이었다. 동희는 600만 달러를 투자했고, 본격적인 공장 건설은 1997년 시작됐다. 문제는 이때 발생했다. 같은 해 말 IMF 외환위기가 왔고, 엎친 데 덮친 격으로 공장 건설이 마무리 되는 과정에서 현지 합삭사가 공사

대금을 지불하지 않은 것이다. 동희는 이로 인해 공장 건설에 착수한 지 2년 만인 1999년 최종 철수 결정을 내렸다. 이 회장은 "합작사 선정을 신중하게 하지 않은 것이 화를 불렀다"며 "이때부터 '해외사업은 단독으로 추진한다'는 교훈을 얻었고 지금까지 계속 지키고 있다"고 설명했다. 인도 사건 이후로 동희의 모든 해외법인은 모두 국내법인의 100퍼센트 출자를 통해 설립됐다.

모닝 신화

동희를 이야기할 때 반드시 등장하는 단어가 있다. 바로 '모닝 신화'다. 국내 경차 판매량 1위 자리를 굳건하게 지키고 있는 모닝 신화의 뒤에는 동희가 자리 잡고 있다. 2001년 기아자동차와 합작으로 동희오토를 설립한 이후 완성차 모닝을 조립 생산하고 있다. 해외에선 캐나다의 세계적인 부품업체 마그나Magna가 BMW 미니MINI의 컨트리맨과 메르세데스 벤츠의 대형 스포츠유틸리티차량SUV인 G클래스 등을 위탁생산하는 것이 대표적이다. 국내 자동차부품업체 중에선 동희오토가 유일하다.

이동호 회장은 2001년 기아차에서 합작 생산 의뢰를 받았다. 모닝은 다른 차종에 비해 가격이 낮다. 생산비용을 낮춰야만 채산성을 맞

모닝 1호차 생산기념식

출 수 있기 때문에 상대적으로 높은 임금구조를 갖고 있는 기아차로 선 모닝 생산으로 인해 수익을 내기 힘든 상황이었다. 하지만 경차에 대한 수요도 존재하기에 포기할 수는 없는 사업이었다. 이때 도출된 해결책이 협력업체 위탁 생산이다. 기아차 입장에서는 생산비용을 낮출 수 있고, 동희는 부품 생산을 넘어 완성차 생산 영역으로 진출할 수 있다는 장점이 있었다.

하지만 부품사 입장에서 완성차를 생산한다는 것은 부담스러운 일이었다. 생산설비 투자는 물론 수많은 부품들을 효율적으로 모아 차를 조립하는 과정에는 상당한 경험과 노하우가 필요했다. 또한 모닝의 판매실적이 부진하면 공장 가동률이 떨어져 비용을 맞추기가 더욱 힘들어진다. 이동호 회장의 참모진들은 같은 이유로 부정적인 의견을 내놓았다.

"결정했네, 우리 한번 완성차 사업에 도전해보자고." 고민을 거듭하던 이동호 회장은 과감하게 결정을 내렸다. 동희오토를 설립해 모닝을 생산하기로 한 것이다. 위험이 크지만 사업이 안정궤도에 진입하면 동희 전체에 도움이 될 거라 판단했다.

동희오토 설립 자본금 300억 원 가운데 45퍼센트를 핵심 계열사인 동희산업이 맡았다. 기아차도 35.1퍼센트의 지분을 출자했다. 충남 서산에 공장 부지를 마련한 동희오토는 설립 3년째인 2004년 모닝 1호차를 생산하며 첫발을 뗐다. 기대 반, 우려 반의 시선 속에서 동희오토는 생산 첫 해인 2004년 매출 794억 원을 시작으로 국내외 경차 수요 증가와 맞물려 매년 큰 폭의 매출 신장세를 보였다. 모닝이 국산 경차 중 높은 제품 경쟁력으로 경쟁차들을 제치고 경차 부문 1위에 올랐기 때문이다. 2009년에는 매출이 전년 대비 42퍼센트나 증가하면서 1,295억 원을 기록했다. 동희오토의 성장은 여기서 멈추지 않았다. 주력 생산 차량인 모닝이 국내외 시장에서 확실한 스테디셀러카로 자리 잡으면서 고속 성장 행보가 이어졌다. 2011년 매출 1,744억 원을 기록했고 이듬해에는 16퍼센트의 높은 성장세를 달성, 매출 2,000억 원 벽을 돌파했다. 2013년에는 2,037억 원을 기록했다. 2011년 11월에는 경형 다목적카인 박스카 레이를 생산 출시했고, 2011년 12월에는 레이 전기차를 추가했다. 모닝과 레이는 플랫폼(엔진과 트랜스미션 등 기본 골격)을 공유하는 경차다.

  동희오토는 생산 차량을 모두 기아차가 매입하는 사업 구조이기 때문에 높은 수익률을 거두지는 못하지만 안정적인 매출을 보장받을 수 있다는 장점이 있다. 또한 완성차 조립기술 이해를 통해 부품의 품질 수준을 향상시킬 수 있었다. 이것이 바로 현재 업계에선 동희의 완성차 조립 생산 사업 진출을 긍정적으로 평가하고 있는 이유다.

미래는 준비하는 자의 것이다.

환경오염과 에너지 고갈 문제 등과 함께 자동차산업을 둘러싼 경영환경이 급변하고 있다. 이에 따라 기업의 생존 경쟁도 날로 치열해지는 상황이다. 이동호 회장은 이런 상황을 고려해 2009년 '미래사업연구소'를 발족했다. 자동차산업의 패러다임 변화에 능동적으로 대처하기 위해 설립된 이 연구소는 첨단 나노 소재와 응용 제품, 수소연료전지 자동차부품 등의 연구개발을 담당하고 있다. 회사의 10년, 20년 뒤 미래를 내다 본 이동호 회장 특유의 감각을 짐작할 수 있는 대목이다.

사업 항목도 다양화하고 있다. 2011년에는 중고차 매매업체 유카를 인수했다. 유카는 2004년 현대자동차의 사내 벤처 육성 프로그램을 통해 설립했다. 2010년 동희가 이 회사의 최대주주로 올라섰다. 중고차 시장의 향후 전망을 긍정적으로 바라보던 이동호 회장이 신규 사업 진출에 나선 것이다.

이 회장은 계속해서 새로운 사업 영역을 개척하고 준비하는 것에 대해 "운명은 주어지는 게 아니라 개척하는 것이며, 미래는 준비하는 자의 것이라고 믿기 때문"이라고 말했다. "기업은 산업 환경과 소비자들의 인식 변화보다 한발 앞서 준비해야 합니다. 그래야 새로운 시장이 열렸을 때 보조를 맞춰 진입할 수 있죠. 현실에 안주하는 기업은 오래갈 수 없습니다. 한순간 방심하면 어느새 경쟁업체보다 뒤쳐져 있기 쉽죠."

그는 자동차부품의 미래 화두로 친환경과 IT가 접목된 전장화(부품 전자화) 두 부문을 꼽았다. 그는 "이와 관련된 원천기술을 확보해 세계로 무대를 넓힐 것"이라고 강조했다.

그가 처음 자동차 사업에 진출한 1972년 이후 40년이 넘는 세월이 흘렀다. 2011년에는 그동안의 공로를 인정받아 은탑산업훈장을 받기도 했지만 가장 기억에 남는 순간에 대해 물어보자 "특별히 기억에 남는 게 없다"는 답을 들려줬다. 이는 바꿔 말하며 "치열하게 살아온 모든 순간이 나에게 특별했다"는 말과 같다. 열 손가락 깨물어서 아프지 않은 손가락이 없듯, 순간순간 최선을 다해 살아온 그는 평생 동안 쉬지 않고 걸어온 자동차 외길 인생에서 무엇 하나 특별하지 않은 게 없는 것이다.

"숱한 위기와 성취의 순간을 지나왔습니다. 한순간도 마음을 놓지 않았죠. 그리고 저는 어제보다 내일을 봅니다. 지난날을 회상하기보다는 미래를 준비하는 데 전력을 다하고 싶습니다."

COMPANY PROFILE

자동차부품의 빈틈없는 완성을 추구하는 동희

동희는 1972년 동승기업 설립 후 범퍼와 페달을 생산하면서 자동차산업에 진출했다. 현재 서스펜션과 연료탱크, 페달, 바디, 선루프 등을 주력 품목으로 생산하고 있다. 기아차의 경차 모닝과 레이도 조립 생산하고 있다.

1986년 동희산업을 설립해 현대차로부터 서스펜션 생산 라인과 기술을 이전받아 본격적으로 프레스, 용접, 도장, 조립라인 생산체제를 확보했다. 이듬해인 1987년에는 독일의 베바스토그룹과 합작으로 코리아선루프를 설립, 선루프의 국산화를 추진했다. 1980년대에는 고급 인테리어 옵션인 선루프에 대한 수요가 적었지만 경제가 발전하고 소비자들의 소득수준이 상승하면서 선루프에 대한 선호도가 증가했다. 코리아선루프는 2003년 베바스토동희로 사명을 변경했다.

연구개발 역량 강화에도 일찌감치 나서 1991년 기업 부설연구소를 세웠다. 이는 2년 뒤인 1994년 전 제품 불량률 100ppm 달성에 큰 역할을 했다. 다음해인 1995년에는 ㈜동희를 설립한 후 충남 아산에 공장을 세워 현대차의 중형세단 쏘나타의 연료탱크 생산에 나섰다. 품질을 인정받으면서 다른 차종으로 확대했다. 기술개발에도 나서 현재 강철 소재와 함께 고분자 플라스틱을 이용한 연료탱크 생산도 하고 있다.

동희의 사세 확장은 2000년에 들어서도 이어졌다. 완성차 생산에 나선 것이다. 2001년 동희오토를 설립하고 3년간의 준비 끝에 2004년 경차 모닝 1호 차를 생산했다. 국내 유일의 완성차를 생산하는 부품업체. 비슷한 시기인 2003년에 동승기업의 간판도 동희정공으로 교체했다. 2005년에는 자동차용 서스펜션과 연료탱크 모듈 생산을 담당하는 동희하이테크가 등장했다.

해외시장 확대에도 적극적이었다. 해외진출의 첫 무대는 중국이었다. 2004년 장쑤성江蘇省 쑤저우蘇州에 있는 장자강張家港에 공장을 설립했다. 이듬해에는 슬로바키아 스트레치노에 공장을 세웠고, 중국 북경에는 베바스토동희 북경을 설립했다. 이후에도 2007년 체코, 2008년 러시아에 서스펜션, 연료탱크, 선루프 등 글로벌 시장 곳곳에 동희의 생산 거점을 확보했다. 2009년 중국 장쑤성 옌청鹽城에 선루프공장을 세웠고, 2012년에 터키, 2013년에는 미국 앨라베마에 연료탱크공장, 중국 장쑤성 옌청에 서스펜션, 연료탱크공장을 설립했다. 2015년 현재, 멕시코와 중국 텐진에 해외공장을 설립 중이다.

회사의 규모가 커지면서 경영 효율성을 높이기 위한 체계 구축이 필요했다. 이에 2008년에는 ERP 시스템을 도입했고 2009년에는 동희홀딩스를 중심으로 한 지주회사 체제로 전환했고, 공장별로 움직이던 운영체제를 부문별 전문성을 높이기 위해 본부제로 바꿨다. 2011년에 경기도 평택시 안중에 공장을 새로 지어 공장마다 흩어져 있던 페달 생산라인을 한곳에 모았으며 2014년 김천공장에 A/S부품, 사출공장을 설립하는 것도 조직 정비 작업의 일환이었다. 미래 먹거리 확보를 위해 2009년 미래산업기술연구소와 미래자동차부품연구소를 세워 활발한 연구 활동을 하고 있다. 동희는 6개 국내법인 아래 국내 8개 공장, 해외 9개 공장을 보유하고 있으며, 베바스토동희는 국내 2개 공장, 해외 3개 공장을 보유하고 있다.

8
이재구 태진정공 회장

혁신의 노하우는 한 번 더 시도해보는 것이다

이재구

가끔은 혁신을 추구하다 실수할 때도 있다.
하지만 빨리 인정하고
다른 혁신을 개선해나가는 것이 최선이다.

- 스티브 잡스 -

충청북도 충주시 충주산단3로의 충주제1산업단지에 자리잡은 태진정공 본사. 이 건물 2층의 회장실에는 특별한 점이 있다. 이재구 태진정공 회장의 모습을 찾아볼 수 없는 것이다. 이 회장이 실제 업무를 보는 책상은 따로 있다. 바로 1층 공장생산부문 사무실이다. 그는 회장실을 마다하고 이곳에서 20여 명의 직원들과 함께 근무한다. 이 회장은 "팔순이 넘은 회장과 한 사무실에서 근무하는 걸 좋아할 직원은 없을 것"이라며 "하지만 이렇게 직접 직원들과 함께 일해야 걸음걸이만 봐도 그 직원이 어떤 기분인지 알 수 있다"고 말했다. 이는 그가 한평생 한결같이 지켜온 '현장 제일주의'와 연장선상에 있다. 이 회장은 "잘 훈련된 직원들이 우수한 제품을 만들고 생산성도 높다"며 "이를 위해선 직원들과 함께 사무실에서 일하는 게 회장실에 홀로 앉아 있는 것보다 훨씬 효과적"이라고 강조했다.

태진정공은 1962년 냉간단조 설비를 제작하는 신생공업사라는 이름으로 출발해 렌치볼트^{wrench bolt} 등 각종 볼트류 생산에 이어 자동차 조향장치 부품까지 진화해온 55년 역사의 장수기업이다. 이재구 회장이 두 주먹으로 시작해 반백년 넘게 태진정공을 성장시킬 수 있었던 데에는 이유가 있다. 다른 사람들이 시도하지 않았던 제품 개발에 적극 나섰고, 완벽한 품질을 고집했기 때문이다. 또한 끊임없이 새로운 영역을 개척해 기업에 새 먹을거리를 제공했다.

이재구 회장은 어려운 가정 형편과 한국전쟁 등으로 인해 제대로 학업을 마치지 못했다. 하지만 타고난 손재주와 일 밖에 모르는 뜨거운 열정으로 사업을 일으켰다. '기회는 만드는 것'이라는 말이 있다. 그는 실제로 기회를 만들었다. 고도의 기술력을 요구하는 볼트·너트 생산 설비를 직접 제작해 판매하면서 회사의 기반을 다져갔고, '태진'이라는 이름을 자동차 부품산업에 새겨 넣었다. 가난과의 싸움을 이겨낸 이재구 회장이 회사에 입사한 뒤 생산현장에서 제품과 치열하게 싸워가며 쟁취한 결과다.

격동의 시대

1935년 경기도 안성군 대덕면에서 태어난 이재구 회장의 어린 시절은 혼란스러운 시대의 한복판에 있었다. 일제강점기 때 면사무소에서 근무했던 부친이 광복 후 일자리를 잃자 집안이 급격히 기울었다. 초등학생 이재구도 봄, 가을이면 큰집에 가서 농사일을 하는 등 어려운 집안 살림을 돕기 위해 일을 해야 했다. 1948년 초등학교를 졸업한 후 중학교 진학을 포기한 이재구는 본격적으로 생활전선에 뛰어들었다. 산에서 땔감을 해오면 그의 어머님이 동네 다른 집에 적당한 값으로 팔았다. 오늘날 일용직 근로자처럼 일감이 있는 곳을 찾아다니며 돈을 벌었고, 친구 가족이 운영하는 출장 방앗간에서 한 달에 쌀 4말을 받으며 일하기도 했다. 생계와의 전쟁을 치르던 이재구와 그의 가족들에게 또 하나의 거대한 시련이 몰아쳤다. 1950년 한국전쟁이 발발한 것이다. 이재구의 아버님은 인민군에 끌려가지 않기 위해 2남 2년 중 큰 아들인 이재구를 데리고 경북 김천까지 피난을 갔다. 어머님은 남동생과 여동생 둘을 데리고 큰집으로 옮겨 이산가족이 됐고, 이 과정에서 먹고살기 위해 닥치는 대로 일을 했다.

전쟁이 끝난 이듬해인 1954년 이재구는 최전방 보급부대원으로 차출되어 6개월간 임무를 수행하기도 했다. 이재구 회장은 "당시 휴전 상황이었지만 밤중에 철조망을 사이에 두고 총격전이 종종 벌어졌다"고 회상했다. 군대에서 돌아온 그는 5일장을 돌며 행상을 하기도 했다. 곰방대에 넣어 필 수 있는 장수연 담배와 사탕, 미군 부대에서 흘러나온 식료품과 과자 등 닥치는 대로 팔았다. 이재구 회장은 "먹고살기 위해 할 수 있는 선 다했던 시기"라며 "1954년 10월 집안

어른 중 상이군인이 계셨는데 어려운 우리 사정을 아시고 안성읍에 있는 삼창공업사에 일자리를 알아봐 줬다"고 설명했다. 청년 이재구가 처음으로 철을 다루게 된 것이다.

절실하면 통한다

삼창공업사에서 이재구는 밤낮 가리지 않고 일했다. 직장에서 일을 할 수 있고 안정적으로 월급을 받는 게 그에겐 꿈만 같았다. 이재구 회장은 "밀려든 주문을 처리하느라 밤늦게까지 일한 뒤 사장님이 챙겨준 돈 35원으로 사 먹은 뜨끈한 설렁탕 한 그릇의 맛은 지금도 잊을 수 없다"고 회상했다. 이곳에서 '철의 맛'도 본 이재구는 상경을 결심했다. 일에 재미를 느끼자 철을 가공하는 일류 기술자가 되고 싶었고, 이를 위해선 서울에서 일을 하는 것이 좋겠다고 판단했다. 마침 삼창공업사에서 함께 일했던 직원이 먼저 상경해 일을 하고 있었고, 그에게 회사를 소개해줬다. 그는 짐을 싼 뒤 서울로 향했다.

이재구는 서울의 볼트 생산업체인 평화경공업사를 거쳐 1961년 세창공업사로 자리를 옮겼다. 세창공업사 역시 볼트를 생산했다. 제2차 세계대전 당시에 일본인들이 한국에 기계를 들여와 탱크와 포

등 군수물자를 만드는 데 쓰이는 볼트를 생산했다. 이후 일본이 패망하고 우리나라가 해방된 뒤 이 설비를 한국 사람들이 불하받아서 썼다. 세창공업사도 그중 하나였다. 공장에선 볼트의 머리 부분을 성형하는 기계, 나사를 내는 기계 등이 바삐 돌아갔다. 이재구는 선반실에서 일했다. 설비가 고장나면 장비를 들고가 수리를 한 뒤 이상 없이 돌아가는지 확인하는 업무였다. 기계에 대한 정규 교육을 받은 적 없는 이재구는 어깨너머로 기술을 배워 머릿속에 하나씩 담았다. 눈썰미와 손재주가 좋은 그는 금새 기술을 익혔고 빠르게 발전했다. 이재구 회장은 "일이 너무나 재미있어 시간 가는 줄 모르고 기계를 만졌다"며 "밤낮으로 일하고 참고서적을 구해와 공부하면서 '언젠가 나의 기계를 만들겠다'는 꿈을 키워갔다"고 말했다.

설비 제작에 성공하다

청년 이재구의 꿈은 1966년 현실화됐다. 직접 냉간단조 설비를 만든 것이다. 그가 설비를 만든 방식은 독특했다. 설계에 대한 정규교육을 받은 적이 없는 그에게 가장 정밀한 측정 및 분석 도구는 눈과 손이었다. 이재구 회장은 "당시에 세창공업사 공장장에게 양해를 얻은 뒤 볼트를 만드는 설비의 각 부분별 수치를 사세하게 자로 쟀다"며

냉간단조 국내개발 1호기

"기계를 뜯어볼 수 없으니 겉으로만 쟀고, 이 수치를 갖고 방으로 가서 16절지 종이에 실제 크기 그대로 그려 넣었다"고 말했다. 각 부분을 그린 16절지는 풀로 이어 붙였다. 일대일 비율의 도면을 그린 것이다. 이 회장은 "이렇게 그림을 맞춰가니 애매했던 부분도 90%는 답이 나왔다"며 "결국 도면을 완성했고 이를 바탕으로 설비를 직접 제작했다"고 설명했다.

이재구 회장이 당시 설비 제작에 적극 나섰던 이유는 '우리나라 산업구조가 열악한 상황이었지만 산업이 발전하면 돈 버는 일도 생길 것이다'라는 기대 때문이다. 여기에 건강이 좋지 못한 아내의 버팀목이 돼야 한다는 상황도 영향을 미쳤다. 세창공업사에서 받는 월급으로는 부인병으로 고생한 아내의 병원비와 약값을 감당하기 힘들었다. 이에 그는 회사의 허락을 받아 일과 시간이 끝난 후 공장에서 남아도는 부산물을 주워 모아 슬레이트 볼트(주택의 지붕에 슬레이트를 얹고 고정시키는 볼트)를 만들어 내다 팔기도 했다. 하지만 이 정도로는 어려운 상황을 극복할 수 없었다. 결국 그는 아내와 의논해 직접 사업을 시작하기로 결정했다. 이때 아내가 그에게 말했다.

"여보, 부모님이 뚝섬에 있는 가게를 다른 사람에게 세준다고 말씀하신 적이 있어요."

"그래요? 우리가 그곳에서 철공소를 해보면 좋을 것 같군요."

처갓집에선 사위의 요정을 흔쾌히 받아들였다. 그는 1962년 이곳에 '신생공업사'라는 간판을 내걸었다. 82.5㎡(25평) 규모의 작은 가게였다. 당시에는 그의 가게에서 멀지 않은 곳에 버스 종점이 있었다. 낮에 운행을 끝낸 버스들이 수리 및 용접을 받으러 왔다. 뚝섬에서 무, 배추, 시금치 농사를 짓는 농부들도 망가진 농기구를 들고 신생공업사를 찾았다. 이재구 회장은 "뚝섬 근처에 주택들이 점점 많이 들어섰는데, 그때는 도둑이 많아 창문에 철창을 반드시 달아야 했다"며 "그 수요가 많았기에 선반을 갖춰놓고 철창을 만들었다"고 설명했다.

신생공업사가 문을 연 건 1962년이지만 이재구는 1964년까지 세창공업사에서 일했다. 한푼이 아쉬웠던 그가 '투잡'을 뛰며 생활비와 아내 병원비를 벌어야 했기 때문이다. 1964년 그는 설비를 독자적으로 제작하기로 결심하면서 회사를 그만뒀다. 신생공업사의 상호를 일류기공사로 바꾸고 설비 제작에 본격적으로 나섰다.

'서울대 출신 기술자'

일류기공사에 대한 입소문은 금방 퍼졌다. 볼트를 만드는 냉간단조 설비를 직접 제작해 판매하는 이재구 사장에 대해 주변 업계 사이에선 "저 양반, 기계를 만든다. 서울공대를 나왔다"는 소문이 나기도 했다. 이재구 회장은 "난 초등학교만 나왔는데 서울대 나왔다는 얘기를 들으니 기분이 좋았다. 그만큼 나의 기술력이 인정을 받은 것 같았다"고 말했다.

설비는 순조롭게 팔렸다. 냉간단조 설비와 그보다 간단한 구조의 설비도 주문을 받았다. 직경 4mm 또는 6mm짜리 볼트, 굵은 건 8mm도 있었고 12mm 볼트를 만드는 설비를 요구하는 사장들도 있었다. 볼트의 머리 모양과 육각 또는 둥근 모양 등에 따라 설비 구조가 달라졌다. 이재구 사장은 구체적인 스펙에 대한 요청을 받으면 그에 맞는 설비를 척척 만들어내는 기술력도 갖추고 있었다. 그의 꼼꼼한 성격은 품질에도 드러났다. 정밀한 조립품질과 내구성은 설비를 구매한 업체 사장들에게 만족감을 줬다. 그는 "당시엔 별다른 홍보수단이 없었고 가장 중요한 게 업계의 평판과 입소문이었다"며 "제품 하나하나 만드는 데 심혈을 기울여 이를 사용하는 사람들이 최상의 만족을 느끼게 해야 일류 기술자라고 생각했고 지금도 그 생각은 변함이 없다"고 강조했다. 그의 말대로 업계에선 "일륭기공사 기계가 야무지다"는 말이 돌았다. 그는 "열처리를 해서 재질이 강하고 내구성이 높은 고장력 볼트가 있다"며 "일본의 준세이볼트가 이 볼트를 주로 만들었는데 설비를 제작할 때 고철기계에서 나온 준세이볼트를 구해다가 중요한 부분에 끼워 넣은 게 비결 중 하나"라고 귀띔했다.

그의 노력에도 불구하고 1968년부터 설비 주문이 눈에 띄게 줄었다. 이때부터 1970년까지 경공업 산업에 불황이 오면서 설비 수요도 하락한 것이다. 이재구 회장은 "업계 상황을 살펴보니 새로 기계를 사려는 사람은 없지만 우리 회사에서 기계를 만들어간 사람들은 돈을 잘 벌었다"며 "이러다 안 되겠다 싶어 설비 제작과 함께 직접 볼트·너트를 생산해 팔기로 했다"고 말했다.

먼저 어떤 제품을 만들지 결정해야 했다. 검토 끝에 먼저 너트를 만들기로 했다. 당시 4mm 너트 가격이 개당 15원까지 나갔다. 철 소재로 육각 모양을 내고 너트를 완성했다. 이걸 들고 나가 주변 철물점을 돌면 돈이 들어왔다. 이재구 회장은 "처음엔 수익률이 좋았지만 몇 달 후 개당 가격이 13원에서 12원, 10원으로 뚝뚝 떨어졌다"며 "자초지종을 알아보니 당시 한 업체가 일본에서 4~8mm 너트 만드는 설비를 대거 들여왔기 때문"이라고 설명했다. 수요는 큰 변화가 없는데 공급이 큰 폭으로 늘어나니 가격 떨어지는 건 시간문제였다. 결국 너트 가격은 6원까지 떨어졌다. 레드오션이 돼버린 것이다.

다른 너트 생산업체라면 이때 공장 문을 닫거나 울며 겨자 먹기로 제품을 원가 이하에 판매하는 등 심각한 경영난을 겪었을 것이다. 하지만 이재구 사장은 달랐다. 직접 설비를 제작할 능력이 있기 때문이었다. 생산할 제품을 재선정하고 이에 맞는 설비를 만들면 다시 시작할 수 있었다. 그는 너트 대신 렌치볼트를 만들기로 했다. 이미 세창공업사에서 만들었던 부품이고 설비 제작 경험도 있었기에 이재구 사장은 자신 있게 작업화 끈을 고쳐 맸다.

경공업 산업 불황의 끝자락인 1970년, 때마침 이재구 사장은 사업 확장을 위한 결정적 계기를 맞았다. 경기회복을 감지한 한 업체가 일륭기공사를 찾아와 12mm, 16mm짜리 육각 볼트를 생산하는 설비 4세트를 발주한 것. 당시 한 세트 가격이 1,450만원, 4세트면 5,800만원이라는 거금이었다. 그는 "예상치 못하게 큰 규모의 주문이 들어와 계약금 1,000만원을 받아들고 기존 공장 인근의 규모가 더 큰 2,314㎡(700평)짜리 공장을 샀다"며 "주문 받은 기계를 만들면서 렌치볼트 설비도 제작해 생산 준비에 나섰다"고 말했다.

일본에 역수출하다

이재구 사장이 렌치볼트를 선택한 이유는 당시 국내에 이 제품을 생산하는 경쟁업체가 적었기 때문이다. 1971년 공장과 설비를 갖춘 일륭기공사는 렌치볼트 생산에 돌입했다. 품질이 균일하고 납기일을 철저하게 지키는 일륭기공사의 렌치볼트는 전국으로 팔려나갔다. 경기가 회복되자 렌치볼트에 대한 수요는 증가했다. 일륭기공사는

태진기업사 준공식

기계가 문제를 일으켜도 생산 차질로 이어지지 않았다. 이재구 사장이 장비를 챙겨들고 가서 문제점을 파악하고 수리하면 다시 힘차게 돌아갔다.

하지만 시간이 지날수록 렌치볼트도 계속 블루오션으로 남아있진 않았다. 하나둘 새로운 업체들이 진입하면서 경쟁이 치열해졌다. 이재구 사장은 다른 업체들보다 한발 앞서 나갈 방안을 연구했다. 그때 그의 머릿속에 '고장력 볼트'가 스쳐 지나갔다. 당시 국내에서 유통되는 렌치볼트는 모두 연강으로 만들었다. 일반적인 설비에 사용하는 데에는 문제가 없지만 진동이 심하거나 하중을 견뎌야 하는 중요 부위에선 약하다는 지적을 받고 있었다. '그래, 경쟁사와 확실하게 차별화된 렌치볼트를 만들자. 원가 상승은 불가피하지만 품질을 고급화하면 단가가 다소 높아도 업체들이 우리 제품을 선택할 것이다.' 이렇게 생각한 이재구 사장은 1974년 회사명을 일륭기공사에서 태진기업사로 변경했다. 그리고 고장력 볼트 개발에 나섰다.

고장력 볼트를 만들기 위해선 일본의 선진 기술에서 아이디어를 얻어야 했다. 1977년 그는 일본행 비행기에 몸을 실었다. 그리고 일본 업계를 둘러봤다. 그의 예상대로 일본 설비 제작 업체들은 한발 앞서 나가 있었다. 냉간단조 설비도 짧은 시간에 복잡한 형상을 만들 수 있도록 진화해 있었다. 그는 벤치마킹을 할 설비를 한 대 들여오면서 재료도 조사했다. 이재구 회장은 "역시 일본에선 고상력 볼트가 일반화되어 있는 걸 보고 연강으로는 경쟁력이 없다고 판단했다"며 "국내에선 이 소재를 공급하는 업체가 없었기에 일본에서 소재를 수입하기로 결심했다"고 말했다.

한국으로 돌아온 그는 곧바로 고장력 렌치볼트 생산 준비에 나섰다. 일본에서 들여온 설비를 꼼꼼하게 살펴본 뒤 단점을 개선해 '이재구표 설비'를 제작했다. 여기에 일본에서 수입한 합금강을 투입해 고장력 렌치볼트를 생산하여 태진기업사의 'TJ' 마크를 새긴 고장력 렌치볼트 판매에 나섰다. 그의 예상대로 업계의 반응은 뜨거웠다. 기존의 연강으로 만든 볼트와의 품질 차이를 확인한 전국의 업체들이 태진기업사에 앞다퉈 발주를 한 것. 태진기업사의 고장력 렌치볼트는 말 그대로 '없어서 못 파는' 제품이 됐다. 처음에 합금강 100톤을 주문한 이재구 사장은 수입 물량을 300톤으로 늘렸다. 태진기업사는 전국을 석권했다. 이재구 사장이 국내 볼트 제조 역사를 새로 쓴 것이다.

그는 여기에서 멈추지 않았다. 치열하게 고민하고 문제점을 찾아내 개선했다. 이재구 회장이 지금도 늘 강조하는 "생산현장에서 제품과 싸워라"는 말은 과거 그가 직접 온몸으로 부딪혔던 경험에서 나온 것이었다. 전국에서 유일하게 고장력 렌치볼트를 생산하는 업체가 됐지만 이재구 사장의 목표는 더 높은 곳에 있었다. 그는 일본 제품과 비교해도 절대 뒤지지 않는 고품질을 원했다. 이후 일본을 수시로 오가며 설비 발전 동향을 살폈다. 뛰어난 설비가 등장하면 망설임 없이 들어와 벤치마킹했다.

그 결과 1985년 태진기업사는 고장력 렌치볼트를 일본에 역수출하는 성과를 올렸다. 그동안 왕래했던 일본 안스코ANSCO에 12mm짜리 고장력 렌치볼트를 보낸 뒤 "우리가 제안한 가격이 마음에 들면 구매하라"고 제안했고 안스코가 이를 받아들인 것이다. 이재구 회장은 "납품을 하다가 환율이 하락(원화가치 상승)하면 납품 단가를 낮춰주는 방식으로 환리스크를 해소해줬다"며 "이런 인연으로 안스코와는 지금까지 좋은 관계를 맺고 있다"고 설명했다.

볼트에서 자동차 부품으로

1987년에 태진기업사는 서울 성수동을 떠나 경기도 안산 반월공단으로 옮겼다. 준공업지역이었던 성수동이 점차 주거지역으로 변하면서 밤낮으로 공장을 돌릴 수 없게 됐기 때문이다. 반월공단 내 태진기업사의 공장 부지는 5,000㎡(1,500평)로 성수동 공장보다 두 배 이상 컸다.

기존의 성수동 시대를 마감하고 안산 시대를 맞은 태진기업사는 새로운 성장의 계기를 맞았다. 1989년 자동차 부품사 민도와 기래를 시작하면서 자동차 산업으로 사업영역을 확대한 것이다. 이재구 회장이 만도가 생산하던 자동차 부품의 생산기술을 혁신한 것이 결정적 계기가 됐다. 태진기업사를 자동차 산업으로 이끈 부품은 자동차 조향장치의 핵심부품인 IBJ&OBJ ASSY(자동차 방향전환에 사용되는 부품 조립체)이었다. 만도에서는 원소재를 절단한 뒤 불에 달구고 이를 프레스 작업을 통해 가공하는 열간 작업을 했다. 이재구 회장은 "1994년 만도 경영진으로부터 IBJ&OBJ 생산 과정에 대한 설명을 들은 뒤 그걸 열을 가하지 않고 가공하는 냉간단조 방식으로 만들어주겠다고 제안했다"며 "만도 경영진은 내 제안을 듣고 믿지 않았지만 그동안의 경험을 바탕으로 설비를 구성해 한 달 만에 제품을 생산했다"고 설명했다.

이재구 사장이 만든 제품을 받아 본 만도는 깜짝 놀랐다. 그의 아이디어로 열간단조를 냉간단조로 바꿈으로써 생산 과정 단순화, 열처리 비용 감소로 인한 원가절감 등 다양한 부수효과를 얻을 수 있었다. 이를 그가 비용 한푼 받지 않고 개발해준 것이다. 제품의 품질에 만족한 만도 경영진은 태진기업사에 IBJ&OBJ ASSY를 발주했다. 공급 계약을 맺은 태진기업사는 1995년 자동차 부품 생산을 위해 일류기공을 설립했다. 이재구 회장은 "당시 태진기업사가 개인회사였는데 만도 측에선 법인과 거래하기를 원해 자회사로 일류기공을 법인으로 설립했다"며 "IBJ&OBJ ASSY에 들어가는 부품 단품은 태진에서 생산하고 이를 일륭기공에서 가공 조립해 만도로 공급했다"고 설명했다.

일륭기공의 경영은 설립 초기부터 아들 이상원 대표가 맡았다. 일륭기공은 이후 자동차 부품 전문 제조사로 거듭났다. IBJ&OBJ ASSY는 부품까지 직접 생산하는 일괄 생산 체계를 갖췄고, U/Joint SUB ASSY(스티어링휠의 조작력을 기어에 전달하는 부품), 샤프트 등으로 생산 품목을 확대했다. 일륭기공 매출도 지난 20년간 큰 폭으로 상승했다. 2016년 일륭기공의 연간 매출액은 760억 원으로 태진정공(550억 원)보다 많다.

일도 일이고, 취미도 일

기존의 태진기업사와 함께 일륭기공까지 두 개의 회사를 운영하게 된 이재구 사장은 더욱 바삐 움직였다. 만도를 계기로 한라그룹과의 거래도 활발해졌다. 1990년 당시 한라그룹의 차량용 공조장치 제조 계열사였던 한라공조(현 한온시스템)에도 컴프레셔(공기 압축기)용 부품을 공급하기 시작했다. 경남 창원의 자동차 부품사 센트럴에도 조향장치를 공급했다.

이재구 회장이 회사를 성장시킨 원동력은 단단한 기술력과 우수한 품질을 갖춘 제품이었다. 고객사가 특정 스펙의 제품을 요구하면 적극적으로 개발에 나섰다. 그리고 성공이나 실패로 결론이 날 때까지 끈질기게 달라붙었다. 그는 "품질을 최우선으로 생각했기에 원가 부담이 크고 손해를 본다 하더라도 완벽한 품질을 구현할 수 있다면 투자를 아끼지 않았다"며 "하자 없는 품질, 납기일 준수 등 약속을 지키기 위해 최선을 다하는 모습으로 신뢰를 쌓아갔던 것이 나의 유일한 경영 방식"이라고 소개했다.

실제로 이재구 회장은 별다른 취미가 없다. 그는 "일도 일이고, 취미도 일"이라고 말했다. 그의 부인 최병옥 여사도 일만 아는 남편을 적극적으로 내조했다. 성수동 공장 시절부터 사내 식당을 직접 맡아 임직원들의 식사를 챙겼다. 현재도 부부가 매일 함께 회사에 출근해 회사 안팎을 챙긴다.

회장 부부의 헌신은 회사가 위기를 극복할 수 있는 든든한 버팀목이었다. 1997년 IMF 외환위기 때 상황은 심각했다. 주거래 업체였던 만도가 부도났고 한라공조는 미국의 비스테온으로 넘어갔다. 태진기업사와 일류기공은 납품 대금을 받지 못해 자칫 흑자도산을 할 수도 있었다. 이재구 회장은 "렌치볼트가 아니었다면 정말 회사가 쓰러질 수도 있었다"며 가슴을 쓸어내렸다.

"만도에선 납품 대금 대신 만도가 생산한 에어컨 등 물품으로 받아온 뒤 이를 판매해 자금을 마련하고 직원들과 나누기도 했습니다.

그리고 렌치볼트 생산을 멈추지 않았기에 버틸 수 있었습니다. 기계가 돌아가는 한 렌치볼트에 대한 수요는 계속 있기 때문이죠."

렌치볼트 판매가 자금 융통에 도움을 주긴 했지만 회사 경영을 정상화시키기엔 한참 부족했다. 때문에 오랜 기간 함께했던 직원들 일부는 회사를 떠나야 했다. 남은 직원들은 모두 허리띠를 졸라매고 일했다. 추운 겨울에 난로도 제대로 때지 못하는 상황에서 제품을 하나라도 더 팔기 위해 동분서주 했다. 그 결과 8개월 만에 상황을 수습할 수 있었다.

다듬을수록 가치가 올라간다

기술로 회사를 일으키고 위기를 극복한 이재구 회장이 직원들에게 항상 강조하는 말이 있다. "생산현장에서 제품과 싸워라"는 말이다. 그는 "어떤 것이든 그 제품과 싸우지 않으면 안 된다는 신념을 갖고 있다"며 "현실에 안주하지 말고 치열하게 고민하고 개선점을 찾아야 기술 혁신도 가능해진다"고 강조했다.

"오래전 고향에서 농사를 지을 때 반드시 논과 밭을 맸습니다. 농작물이 잘 자라도록 잡풀을 뽑는 것이죠. 논밭을 매는 것과 그렇지 않은 건 큰 차이가 있습니다. 나중에 수확을 해보면 양이 다르죠. 제조업도 똑같습니다. 좀 더 좋은 품질의 제품이 좀 더 많이 생산될 수 있도록 끊임없이 신경 쓰고 가꿔야 합니다. 다듬을수록 가치가 올라갑니다. 고객사가 제품을 받아보면 그 차이를 확실히 알 수 있죠."

이재구 회장은 직원들의 기술역량을 키우기 위해 일본 연수 프로그램도 가동했다. 일본의 신기술과 품질관리 기법을 배우고 돌아와 회사의 발전에 공헌하도록 유도하기 위해서다. 1994년 일본 미즈노 철공소와 품질 및 품질지도 협정을 체결하고 10여 년간 직원들을 꾸준히 보냈다. 연수 기간도 일주일짜리 단기 연수부터 3개월 단위까지 다양했다.

기술력 향상과 비례해 회사 경영도 갈수록 단단해졌다. 2000년대 들어서면서 피니언(pinion, 스티어링휠의 회전력을 전달하는 부품)을 개발했다. 처음에는 냉간단조품을 생산했고 이후 선삭가공, 기어가공 등으로 공정을 늘려 완성품으로 생산하고 있다. 지금은 조립부품인 IPA(Input Pinion Assy)까지 만들고 있다. 피니언으로 생산품목 확대는 IBJ & OBJ ASSY 개발에 이은 또 하나의 쾌거였다. 회사는 성장가도를 달렸고, 이재구 사장은 2006년 태진정공을 설립하면서 기업의 DNA를 자동차 부품 회사로 완전히 바꿨다. 그는 딸 이윤희 사장을 경영 전면에 내세운 후 회장에 취임했다. 이재구 회장은 1997년 광풍이 몰아친 후 11년이 지난 2008년 글로벌 금융위기가 터졌을 때 한층 능숙하게 대처했다. 운도 따라줬다. 당시 일륭기공은 늘어나는 생산량을 감당하지 못해 2002년 비좁은 안산공장에서 나와 강원도 문막에서 생산공장을 운영하고 있었다. 이재구 회장은 "태진정공의 공장을 확장 이전하기 위해 2007년 충주공장 부지를 매입해놓은 상황이었다"며 "공사 시작을 앞두고 미국 발 금융위기가 터지자 모든 작업을 중지시키고 상황을 지켜봤다"고 말했다. 그의 '촉'은 적중했다. 전 세계적으로 극심한 불황이 찾아온 것이었다. 이때도 이재구 회장은 가슴을 쓸어내렸다. 충주공장 건설에 투입할 예정이었던 건설자금을 회사의 긴급경영 자금으로 활용할 수 있었기 때문이다. 경영진과 직원들도 직책수당과 성과급 반납 등 회사를 지키기 위해 적극적으로 나섰다. 그는 "1년을 버텨내자 2009년부터 글로벌 자동차 업계에서 한국 부품에 러브콜을 보내는 업체들이 늘어났다"며 "환율 효과 등으로 한국산 부품에 대한 매력이 높다는 것을 파악한 뒤 자금을 끌어모아 선제적으로 설비 투자를 감행, 생산량을 늘렸다"고 말했다. 그는 2008년 5월 태진정공 기술연구소도 설립했다. 생산량이 늘어날 때 공정개선과 기술혁신에 적극 나서야 한다는 경험에서 비롯한 결단이었다.

2007년 태진정공은 플러그 볼트와 주력생산품이 된 피니언을 TRW에 공급을 시작했다. 글로벌 금융위기를 극복한 무렵인 2009년 9월부터 하루도 못 쉬고 2~3년 간 회사를 100% 가동해야 할 정도로 많은 주문을 받았다. 2010년 센트랄이 글로벌 자동차부품사로부터

2012년 2월 일본 바이어 안스코사 회장과 함께 일륭기공 현장 지도

혁신의 노하우는 한 번 더 시도해보는 것이다

수주한 IBJ & OBJ ASSY의 단품인 볼핀$^{Ball\ Pin}$과 볼하우징$^{Ball\ Housing}$을 냉간단조에서 가공까지의 공정으로 생산하게 되면서 안산공장이 공간 부족으로 어려움을 겪을 정도였다. 이에 공사가 잠정 중단된 충주공장이 2014년 5월, 첫 삽을 뜬 뒤 11개월 후인 2015년 4월, 부지 4만 1,329㎡$_{(1만\ 2,500평)}$에 건물 4개동 건축면적 1만 2,589㎡$_{(3,800평)}$ 규모로 준공했다. 쾌적한 환경의 새로운 충주공장으로 모두 이전해, 안산 시대를 마감하고 충주 시대를 열었다.

월급 500만 원 받는 회장님

태진정공과 일륭기공 두 회사의 연 매출액이 1,300억 원인 부품사의 회장은 월급을 얼마나 받을까. 이재구 회장은 500만 원을 받는다. 일륭기공을 설립할 때인 1995년에도 500만 원이었다. 이때부터 20년 넘게 월급이 월 500만 원으로 고정되어 있는 것이다. 그는 "태진기업사에서만 월급을 받았고 일륭기공에서 주는 월급은 반납했다"며 "이후 태진정공으로 법인 설립을 했을 때에도 월급 변동은 없었다"고 설명했다.

이유는 간단했다. "500만 원이면 충분하기 때문"이었다. 이재구 회장은 "어린 시절 지독한 가난을 경험한 탓에 근검질약하는 습관이

생산 현장에서 직원들과 대화를 하고 있는 이재구 회장

혁신의 노하우는 한 번 더 시도해보는 것이다

몸에 배어 있다"며 "사업이 궤도에 오른 후에도 나에게 반드시 필요로 한 게 아니면 지갑을 열지 않았다"고 전했다.

"삼창공업사에 첫 취직을 했을 때, 아침에 보리밥 한술 뜨고 나갔습니다. 밥은 아침이 전부였죠. 점심에는 어머니께서 쑥을 뜯어다 만들어주신 개떡 두 개를 먹었어요. 이렇게 하루를 버텼습니다. 지금은 월급 받아서 우리 부부가 하루 세끼 잘 먹습니다. 차와 기사는 회사에서 제공해주고 하루 종일 회사에 있으니 500만 원이면 충분합니다. 오히려 남죠."

월급 500만 원의 용도는 따로 있다. 격려금과 회식비, 경조사비다. 이재구 회장은 회사 직원들 가족의 건강이 악화되어 병원에 입원했다는 말을 들으면 남몰래 직원을 찾아가 금일봉을 준다. 직원의 집안 사정 등에 따라 수십 만원에서 수백 만원까지 금액도 다양하다. 직원들의 경조사비도 모두 월급으로 지급한다. 이 회장에게 나오는 판공비에는 일절 손대지 않는다. 설비에 문제가 있어 늦게까지 남아 수리를 한 직원들, 열심히 일해 목표를 초과 달성한 직원이나 부서에는 격려금을 전달한다. 이재구 회장은 "직원은 가족이고 가족이 힘든 일을 겪는다면 가장으로서 돕는 게 도리"라며 "직원이 있기에 회사가 있다는 사실을 알고 있기에 돈을 쓰는 것이 전혀 아깝지 않다"고 말했다.

남이 걷지 않은 길로 가라

이재구 회장이 반백년 기업을 이끌어온 또 다른 비결 중 하나는 차별화다. 계속 변화에 변화를 거듭해야만 생존할 수 있다는 것을 기술혁신을 통해 증명했다. 그는 창업 초기 동종 업계에 있는 다른 이들이 할 수 없었던 설비 제작에 나서 사업 기반을 다졌다. 렌치볼트의 재질도 당시 국내에선 일반적이었던 연강에서 합금강으로 소재를 변경했다. 합금강으로 만든 고장력 렌치볼트로 전국을 석권했다. 이후 국내 굴지의 자동차 부품사 만도가 미처 시도하지 못했던 조향장치 냉간단조 기술과 설비를 개발했다. 이는 자동차 부품 산업으로 기업의 DNA를 바꾸는 결정적 계기가 됐다. 이재구 회장은 "어떠한 환경에서도 굴복하지 않고 어떻게 싸워야 이길지 고민하면서 환경을 바꿔야 한다"며 "노력과 패기, 끈기만이 목표를 이룰 수 있는 힘의 원천이라는 사실을 깨달아야 한다"고 당부했다.

기술 개발뿐 아니라 회사 경영 측면에서도 중소 부품사가 생각조차 할 수 없었던 일을 했다. 1987년 안산시대를 연 직후 주 5일제 근무체계를 도입한 것. 주어진 시간에 열심히 일한 뒤 저녁에는 가정에 충실할 수 있도록 배려한 것이다. 이 회장은 "가족들을 제대로 돌보지 못하고 밤낮 없이 기계에 매달렸던 것이 삶에서 가장 후회되는 부분 중 하나"라며 "직원들은 나와 같은 후회를 하지 않도록 주 5일제 근무를 강조했다"고 설명했다. 태진정공은 설비를 직접 제작했기에 주문이 늘어나면 야근과 주말 특근을 늘리는 대신 그만큼 설비를 새로 만들었다. 주 5일제 근무체계는 지금도 이어지고 있다. 그는 "당시 직원들이 정말 좋아했지만 업계 사장들에게 원망의 대상이었다"고 웃으며 말했다.

신생공업사로 출발해 오늘날의 태진정공으로 이어진 50여 년의 역사를 관통하는 키워드는 '혁신'이었다. 이재구 회장은 주어진 환경을 탓하는 대신 이를 극복하기 위해 부단히 노력했다. 위기를 기회로 만들기 위해 일에 몰입하고 끈질기게 답을 찾았다. 이재구 회장은 "시대가 변하고 산업이 발전해도 본질은 변하지 않는다"며 "문제를 찾고 해결하는 과정에서 혁신이 일어나고, 이를 통해 남보다 한 걸음 더 나아갈 수 있다는 것을 항상 명심해야 한다"고 강조했다.

COMPANY PROFILE

자동차 부품 산업으로
기업의 DNA를 바꾼 태진정공

태진정공의 뿌리는 50여 년을 거슬러 올라간다. 신생공업사는 전쟁의 상흔이 가시기 전인 1962년 서울 성수동의 82.5㎡(25평) 규모의 작은 공장에서 설립됐다. 철공소일을 하던 이 회사는 일륭기공사로 상호를 변경하고 50여 년 전 제조업의 불모지나 다름없던 시대에 냉간단조 설비를 제작해 볼트와 너트, 스크루를 생산하는 기업으로 성장했다. 볼트는 기계에서 빼놓을 수 없는 요소다.

1966년 일륭기공사는 볼트와 너트, 스크루를 생산하는 설비를 제작해 판매했다. 1970년까지 설비 판매에 주력하던 이 회사는 1968~1970년 경공업 산업 불황으로 설비 수요가 감소하자 볼트와 너트 생산으로 방향을 바꿨다.

일륭기공사는 1974년 태진기업사로 회사명을 변경했다. 이와 함께 그동안 수입에 의존하던 고장력 렌치볼트를 국산화하면서 국내시장을 선점했다. 이후 1985년 일본에서도 품질을 인정받으면서 일본 안스코ANSCO에 고장력 렌치볼트를 수출하기도 했다. 이런 실적을 바탕으로 태진기업사는 국내 대표적인 부품사 중 하나인 만도와 거래를 시작했다. 만도를 통해 한라그룹과 신뢰를 쌓은 태진기업사는 1990년 한라공조의 컴프레셔(공기 압축기) 부품을 공급하기 시작했다. 1994년에는 만도가 생산해 현대자동차에 납품하던 IBJ & OBJ ASSY(자동차 방향전환에 사용되는 부품 조립체)를 냉간단조 방식으로 생산하는 기법을 개발, 만도와 이 부품의 공급계약을 맺었다. 이를 기점으로 태진기업사는 자동차 부품 기업으로 변모하기 시작했다. 1995년 태진기업사는 자회사 일륭기공을 설립했다. 일륭기공은 태진기업사가 만든 자동차 부품들을 가공·조립해 만도에 납품했다. 이후 일륭기공은 IBJ&OBJ ASSY 외에 U/Joint SUB ASSY(스티어링 휠의 조작력을 기어에 전달하는 부품) 등으로 생산 품목을 확대했다.

자동차 부품 회사로 기업의 속성을 바꾸는 과정에서 기술 개발에 대한 투자도 아끼지 않았다. 1994년 일본 미즈노 철공소와 품질 및 품질지도 협정을 맺고 10여 년간 기술, 품질 제휴를 이어갔다. 2000년대 들어서 피니언(pinion, 스티어링휠의 회전력을 전달하는 부품)을 개발 냉간단조품 생산을 시작으로 선삭가공품, 기어가공품으로 공정을 늘리면서 완성품 및 조립품 IPA(Input Pinion Assy)으로 생산을 확대하고 있다. 2008년에는 기술연구소를 세웠고, 이듬해인 2009년 9월 기술력을 인정받아 한국항공우주연구원의 인공위성특수볼트 개발제조업체로 선정됐다.

태진기업사는 1987년 서울 성수동에서 경기도 안산 반월공단으로 본사와 공장을 옮긴 뒤 이곳에서 2006년 태진정공을 설립했다. 일륭기공은 1995년 안산에서 설립된 뒤 늘어난 생산량을 소화하기 위해 2002년 강원도 문막공장을 신축했다. 만도와의 거래 확대로 회사 규모는 더욱 커졌고 2008년 본사와 공장을 강원도 횡성으로 이전했으며 해외 시장으로 영역을 넓혀 2016년 9월 폴란드에 공장을 준공했다. 만도 폴란드 공장에 공급하기 위한 부품을 생산하는 공장으로 2017년 5월부터 양산 체제를 가동했다.

태진정공은 2015년 부지 4만 1,329㎡(1만 2,500평)에 건물 4개동 건축면적 1만 2,589㎡(3,800평) 규모의 충주공장으로 둥지를 옮겼다. 2017년 현재 태진정공의 직원은 165명, 일륭기공은 200명이다. 2016년 태진정공은 550억 원, 일륭기공은 760억 원 등 총 1,310억 원의 매출을 올렸다. 2017년 태진정공은 자동차 조향장치 핵심 부품인 피니언, 볼핀, 볼하우징의 제조경쟁력을 확보하고 세계 1등 제품 생산 준비를 갖춰가고 있다. 또한 최근 주목받고 있는 전기자동차의 선두주자인 테슬라에 피니언 조립품인 IPA를 생산 공급하기 시작했다.

9

이중아 대동시스템 회장

한결같이 부지런하면 세상에 어려운 일이 없다

이중아

100권의 책에 쓰인 말보다
한 가지 성실한 마음이 세상을 움직인다.

-벤자민 프랭클린-

SMALL GIANTS

인천광역시 남동구 남동대로 419번지 대동시스템 본사. 건물 2층으로 올라가 사무실 입구로 들어서면 가장 먼저 '회장실'이 보인다. 일반적으로 회장실은 사무실 가장 안쪽에 자리 잡기 마련이지만, 이중아 대동시스템 회장의 생각은 달랐다. "대외업무가 많으니 드나들기 쉽고, 입구에 있으니 직원들과 소통하기 좋지요." 관계사를 합쳐 연매출 규모가 총 5,000억 원에 달하는 중견기업을 이끌고 있는 팔순 회장의 말처럼 들리지 않는다. 벤처기업의 20대 젊은 CEO가 하는 말 같다. 하지만 이 회장의 말과 행동에는 가식이 없었다. 실제로 그는 비서도 두지 않았다. 젊은 시절부터 모든 일을 직접 챙기고 직원들과 함께 해결하는 습관이 몸에 배어 있기 때문이다.

이 회장의 밝고 천진난만한 미소는 그의 긍정적인 면모를 보여준다. 억지 미소가 아닌 자연스러운 표정이었다. 인터뷰를 진행하는 사이사이 직원들에게 슬쩍 물어보니 "평소에도 그렇게 잘 웃으신다"고 귀띔해줬다. 그는 "느긋한 사람 중 나쁜 사람 없고, 부지런하면 세상

이중아

에 못할 일이 없어요. 저는 그렇게 믿고 삶을 긍정적으로 살아왔습니다."라고 강조했다.

제주도에서 태어난 이중아 회장은 일찍 부친을 여의고 가난한 어린 시절을 보냈다. 생계를 위해 학업과 일을 병행해야 했던 그는 전파사에서 기계들을 다루며 내공을 키웠다. 이런 경험을 바탕으로 직접 특수 케이블 연구개발에 나섰고 수년에 걸친 노력 끝에 차량용 케이블 국산화에 성공했다. 근면함과 긍정의 힘을 믿는 그였기에 가능한 일이었다.

왕손의 혈통

이중아 회장을 소개할 때 빼놓을 수 없는 것이 혈통이다. 그는 왕손王孫이다. 선친 이창하는 조선시대 9대왕 성종대왕의 둘째 아들인 계성군의 16대손이다. 계성군은 연산군의 이복 동생이자 중종의 이복 형이기도 하다. 왕손인 그의 고향이 제주도인 것은 왕실 내 갈등으로 인해 귀양길에 오른 선조들이 제주도에 터를 잡았기 때문이다.

그는 1936년 제주도 제주시 화북리에서 태어났다. 6남 2녀, 8남매 중 막내였다. 부친은 조부를 닮아 한학과 한시에 능했다. 화북사립보통학교에서 한문 선생님으로 9년간 재직했고, 국비 장학교사로 선

명륜학원에서 한학을 공부하던 이중아 회장의 선친 이창하(李昌厦)
(뒷줄 왼쪽에서 세 번째)

발돼 서울 성균관 내에 설치된 유림학문 교육기관인 명륜明倫학원에서 1년 동안 한학을 공부하기도 했다. 하지만 막내였던 그는 아버지와 일찍 작별해야 했다. 일본에서 한학연구와 관련해 초청을 받은 부친은 유학을 떠난 지 1년 만인 1939년 세상을 떠났다. 병명은 페디스토마. 그는 "술을 좋아했던 아버님이 안주로 회를 종종 드셨는데, 그중 민물생선회가 문제였다"며 "병에 걸린 지도 모른 채 일본에서 유학 중에 갑작스레 돌아가셨다"고 말했다. 당시 그의 나이는 3세에 불과했다.

가장을 잃자 가난한 집안은 더 기울었다. 그럴수록 모친은 막내아들의 학업을 적극적으로 지원했다. 그는 서당에서 회초리를 맞아가며 한문 공부를 한 뒤 초등학교에 진학해 공부했으며, 3학년 때까지 일본인 교사 밑에서 일본어로 교육을 받았다. 한글 교육은 광복 후부터 받기 시작했다. 그는 제주동초등학교에서 5학년까지 마친 후 서울로 올라갔다. 부친을 따라 일본으로 떠났던 5형제 중 3형제가 현지에서 남아 일을 하며 자금을 모았고, 광복 후 서울로 돌아와 사업을 시작했기 때문이다. 그들은 서울 충무로3가 대원호텔 옆에 소규모 창고를 매입하고 그곳에 '대동정공합명유한회사'를 설립했다. 주요 사업은 냉간 성형 코일 스프링과 박판薄板 스프링, 방직기 부품, 열처리 부품 등을 생산 판매하는 것이었다. 3년 뒤 사업이 안정되자 이중아는 상경해 서울 은평초등학교로 전학을 갔다.

굶주림과 피난

1949년 7월 초등학교를 졸업한 그는 서울 마포구 아현동에 있는 경기공업중학교로 입학했다. 당시 정부는 실업학교 우선 육성 정책을 펴고 있어서 상업, 공업중학교는 1차로 시험을 보도록 하고, 서울중학교와 경기중학교 등 인문중학교는 2차로 입학시험을 치렀다. 1차 시험에 합격해 같은 해 9월 중학교에 진학한 이중아에게 다시 한 번 시련의 시기가 찾아왔다. 중학교 2학년으로 올라간 해인 1950년 6월 25일 한국전쟁이 발발한 것이다. "6월 25일이 일요일이었어요. 볼일이 있어 종로에 갔는데 트럭을 탄 군인들이 돌아다니며 '북한이 침공했으니 휴가 장병들은 빨리 부대로 복귀하라'고 소리를 질렀죠. 그런데 다음 날인 26일 조간신문에 '국군이 북한군을 물리치고 있으니 시민들은 안심하라'는 기사가 가득했어요. 그걸 보고 피난 가지 않는 바람에 빠져나갈 수 있는 시기를 놓쳤습니다. 결국 서울은 북한에 점령당했고, 가족들은 숨어 지낼 수밖에 없었죠."

같은 해 9월 유엔UN군이 서울을 다시 탈환할 때까지 3개월은 굶주림의 시기였다. 한 달 만에 비축해뒀던 식량이 바닥났다. 팔아서 돈이 될 만한 가재도구와 시계, 옷 등을 모두 처분했다. 그 돈으로 쌀은커녕 잡곡도 살 수가 없었다. 밀가루를 만들고 남은 껍질 찌꺼기인 밀기울을 샀다. "호박잎이나 산나물, 가시 등을 넣어 밀기울 재소죽을 만들었어요. 이걸로 하루 두 끼씩 먹으며 연명했죠. 당시 계절이 여름철이었기에 망정이지, 추운 겨울이었으면 아마도 굶어 죽었을 겁니다."

1950년 9월 맥아더 장군의 인천상륙작전이 성공하면서 서울은 다시 유엔군 산하로 들어왔다. 하지만 4개월 후인 1951년 1월 4일에는 우리 군이 서울을 다시 내어줘야 했다. 이때는 서울 시민 대부분이 전쟁 상황을 파악하고 있었기에 피난길에 올랐다. 부산행 열차는 부산으로 가고자 하는 사람들을 실어 나르기엔 턱없이 부족했다. 그는 짐 보따리를 들고 가족들과 화물열차 한 컨의 좁은 공간에 비집고 들어갔다. 화물열차마다 종착지가 달라 중간중간 내려서 기다리다가 다른 화물열차로 옮겨 타야 했다. 부산까지 가는 데 5번을 갈아탔고, 총 12일이 걸렸다. 부산에서 일주일을 머문 뒤 다시 부산-제주 정기 여객선을 타고 고향인 제주도로 피난 갔다.

아침 청소가 만든 기회

피난은 왔지만 먹고 살아야 하는 삶의 굴레에선 벗어날 수 없었다. 생계를 위해 돈을 벌어야 했다. 그는 15세 때 제주도로 온 직후 일할 곳을 찾았다. 그리고 이웃집의 소개로 제주시에 있는 광문인쇄소 급사로 취직을 했다. 인쇄소 직원 규모는 직공 13명, 사무직원 한 명에 그도 포함해서 총 15명이었다. 인쇄소는 제주도 내 읍면사무소와 관공서, 일반회사에서 쓰는 인쇄물을 주문 받아 생산 납품했다. 그는 급사로 잔심부름을 했지만 10일 후부터 사무직원의 일을 도맡아 했다. 그가 입사한 지 10일 만에 그 사무직원이 건강상의 문제로 회사를 떠났기 때문이다. 그는 물품구매, 수주, 납품, 인쇄 작업, 원고 교정 등을 혼자 해냈다. 그의 첫 번째 직장이었다.

당시 인쇄소 앞마당과 도로는 비포장이었다. 트럭과 같은 차가 지나가면 흙먼지가 뿌옇게 일어났다. 그는 매일 아침 6시 전에 일어나 출근했다. 우물에서 물을 퍼 올린 후 양동이에 담아 대로변까지 들고 가서 물을 뿌렸다. 이 작업을 20~30차례 한 뒤 빗자루로 회사 안팎을 쓸고 나서야 아침 청소가 끝났다. 그는 집으로 돌아가 아침 식사를 한 뒤 8시에 다시 출근했다. 입사 한 달 후 이 모습을 기특한 눈으로 바라보던 인쇄소 사장이 그를 불렀다. "앞으로 아침에 밥을 먹으러 집에 가지 말고 나와 함께 먹자. 그리고 너 공부 계속하고 싶지 않니?"

학교에 다시 다니는 건 그에게 꿈만 같은 일이었다. 사장은 오현중학교 교장선생님을 만나 이중아가 야간반에 다닐 수 있도록 했다. 그는 "학교에 다시 다닐 수 있게 됐다는 말을 듣고 얼마나 기쁘고 고마웠는지 모른다"며 "마치 친자식의 간절한 소원을 들어주는 아버지처럼 사려 깊고 따뜻한 정을 느낄 수 있어 눈시울을 붉혔다"고 설명했다.

공부의 효과는 반드시 돌아온다

오현중학교는 집과 직장에서 그리 멀지 않았다. 걸어서 다닐 만했다. 학교 가는 길에 라디오와 전기기구 등을 판매하는 전파사가 하나 있었다. 그는 학교를 오가면서 시간이 날 때마다 이곳에 들러 구경했다. 이 전파사에서 마침 학교 선배가 일하고 있어 친하게 지냈다. 이 회장은 "학교 공부도 문과나 예체능보다는 수학과 다른 이과 과목들이 재미있었다"며 "전파사를 구경하면서 라디오와 전기 기술에 흥미를 갖기 시작했고 이 방면으로 공부하기 시작했다"고 말했다.

그는 라디오와 전기 기술에 관한 청소년용 입문서를 구했지만 찾을 수 없었다. 대신 조응천 박사가 쓴 《무선전자공학無線電子工學》이라는 책을 구해 읽었다. 조응천 박사는 1928년 미국 인디애나대학교와 동 대학원에서 공부했고 '3극 진공관의 출력조건'이라는 논문으로 한국 최초로 미국에서 이학박사 학위를 받은 인물이다. 1957년 체신부 차관을 지냈고, 1964년에는 광운전자공과대학 초대학장도 역임했다. 그는 이 책을 몇 번이나 되풀이해서 읽었다. 하지만 전기 전자에 대한 기초 지식이 없는 중학생이 이해할 수 없는 내용들이 많았다. 전파사에서 일하는 선배에게 도움을 요청했다. 선배는 그에게 "전파사에 매월 일본의 무선과학잡지와 라디오 전기기술 서적이 들어오거든. 너가 읽을 만한 라디오 전기 입문서도 있어서 빌려 볼 수 있어. 그런데 이 책들이 모두 일본어야."라고 말해줬다.

이중아 회장은 초등학교 3학년까진 일본어 교육을 받았지만 광복 후 세월이 흐르면서 거의 다 잊은 상태였다. 그는 일본어를 새롭게 공부하기로 결심했다. 일본 글자부터 다시 공부하니 어렸을 때 배웠던 기억들이 하나둘 살아났다. 반년 정도 지나자 쉬운 일본어 책을 읽을 수도 있게 됐다. 전파사 사장에게 부탁해 《우리들의 라디오; 일본어 청소년용 라디오 전기 입문서》를 빌려 읽었다. 일본어와 라디오 전기 전자에 대한 기초 이론과 지식들을 함께 배울 수 있었다. 입문서에 이어 무선과학 잡지도 탐독했다. 그는 "이때 쌓은 지식들이 공대에 입학해 공부하고 엔지니어로 활동하는 밑바탕이 됐다"며 "특히 일본어 실력은 일본의 앞선 기술을 살펴볼 수 있는 중요한 역할을 했다"고 설명했다.

인쇄소와 학교에서 일하고 공부한 지 3년이 지났을 때 사장이 그를 불렀다. "너 요즘 사무실 비우고 어디를 돌아다니는 거야!" 입사 후 처음으로 사장의 호통소리를 들었다. 그렇지 않아도 그는 몇 개월 전부터 전파사로 이직하려고 마음을 정하고 있었다. 하지만 사장에게 차마 말을 하지 못하는 상황이었다. 며칠 뒤 사장에게 찾아가 말했다. "그동안 친자식처럼 돌봐주셔서 정말 감사드립니다. 제가 하고 싶은 일이 생겼습니다. 과학기술자가 되고 싶습니다."

그의 이야기를 묵묵히 듣고 있던 사장은 며칠 후 이직을 허락했다. 새롭게 하고 싶은 일이 있다면 직장을 옮겨도 좋다는 말과, 더 열심히 공부하라는 격려도 잊지 않았다.

공부는 배신하지 않는다

이중아 회장은 오랫동안 갈망하던 직장으로 옮겼다. 무선전파사의 상호는 '고인선高仁善 전파사'였다. 3년을 독학했으니 실무에 적응하는 건 어렵지 않았다. 전파사에서 하는 일은 진공관 라디오 조립 판매와 전기 기구 수리, 방송용 엠프 조립 판매, 야전용 소형 발전기(2.5킬로와트) 수리와 임대 등이었다. 회사 책장에는 매달 일본에서 배송되는 〈월간 무선과학〉 등 수준 높은 최신 기술공학 서적이 가득했다. 그는 일하면서 책을 보며 공부할 수 있으니 마냥 행복했다. 실력도 나날이 늘어 입사 후 8개월이 지났을 때에는 홀로 클래식 음악 감상실의 엠프 교체 작업을 진행하기도 했다.

학교에 다니며 2년 동안 전파사에 근무한 이중아 회장의 기계 다루는 실력은 수준급이었다. 훌륭한 과학기술자를 꿈꾸며 부지런히 주경야독을 한 결과였다. 그는 1956년 1월 학교 졸업과 함께 전파사도 그만뒀다. 서울로 올라가 대학에 진학하기 위해서다.

이중아 회장의 형들은 전쟁이 끝난 뒤 서울로 돌아와 집과 공장을 복구해 운영하고 있었다. 1956년 1월 상경한 그는 형님 집에서 살며 대학 입시를 준비했고 한양공대 기계학과에 입학했다. 1학년을 마친 뒤에는 군 입대를 해 만기 전역했고, 복학을 하면서 또다시 주경야독을 시작했다. 형편이 여의치 않아 일을 해야 했기 때문이다.

 그의 세 번째 직장은 형들이 창업한 대동정공합명회사였다. 이 회사의 주 업무는 냉간 코일 스프링과 열처리 부품, 방직기와 소형 프레스 부품 등을 만드는 것이었다. 대동정공에서 일하며 자연스럽게 그의 전공도 기존의 무선, 전자, 전기에서 금속으로 바뀌었다. 특히 특수강 열처리에 관심이 많아서 일본 서적을 뒤져가며 공부했다. "잘 정리된 책을 읽으면 새로운 것들을 알게 됨으로써 얻은 희열이 정말 짜릿했습니다. 감동하면서 밤새워 공부하던 기억들이 아직도 생생합니다."

 그가 공부한 내용들은 곧이어 실전에 적용됐다. 당시 현장에서 가장 골머리를 앓고 있던 부분은 열처리 불량률이었다. 즉, 품질이 균일하지 않다는 것이었다. 형들이 일본 공장에서 일하며 체험으로 배운 현장기술이었기에 그럴 수밖에 없었다. 그는 책에서 공부한 열처리에 관한 이론들을 바탕으로 품질을 개선시켰다. 생산성도 덩달아 올라갔다. 제주도에서 5년간 직장생활을 한 경험은 서울에서도 빛을 발했다. "현장 근무와 관리를 하는 데 별 어려움이 없었어요. 1년 쯤 지나서는 대동정공 공장의 작업관리는 물론 영업과 경영 전반에 대한 책임을 맡고 회사 경영을 하게 됐습니다."

케이블을 국산화하다

대학을 졸업한 뒤 이중아 회장은 국립공업시험원 연구원 연수과정에 들어가 1년 동안 금속 열처리 가공에 대한 연구를 하기도 했다. 이런 경력을 인정받아 1968년부터 1972년까지 4년간 서울 노원구 월계동에 있는 광운전자공대(현 광운대학교) 기계과 강사로 금속재료와 기계재료에 대한 강의도 했다.

 그가 경영을 맡고 있던 대동정공도 사업 영역을 넓혔다. 자동차부품으로 확대한 것이다. 1963년에는 기아산업의 2륜 오토바이의 쇼크업소버 스프링과 T-1500 모델의 콘트롤 케이블을 만들어 납품했다. 1966년에는 신진자동차와도 거래를 시작했다. 신진자동차는 오늘날 한국GM의 전신이다. 이중아 회장은 1960년부터 1972년까지 12년을 대동정공에서 일한 뒤 독립했다. 자신만의 사업을 하기 위해서다. 그는 서울 강서구 등촌동에 소규모 공장을 지었다. '대동케이블산업'이라는 케이블 전문생산 회사를 설립해 경영을 시작했다.
"자동차산업의 미래를 봤을 때 스프링보다는 케이블 부문에서 더 좋은 사업 기회를 찾을 수 있을 거라고 생각했습니다. 몇 년 뒤 이탈리아, 미국, 일본 등 전 세계의 자동차산업 현장을 돌아다니면서 제 판단이 옳았음을 확인했죠."

창업 초기에는 대동정공에서 자동차용 콘트롤 케이블을 일부 수주 받아 조립 생산했다. 콘트롤 케이블은 당기는 인장력을 이용해, 기기 장치나 문을 열고 닫는 등의 작동을 할 수 있도록 힘을 전달해 주는 장치. 이외에 출력축의 회전력을 전달하는 자동차용 스피드미터 speedmeter 케이블이 있었다. 자동차 생산량이 늘면서 수요가 증가했지만 스피드미터 케이블은 국산화가 돼 있지 않아 수입에 의존하고 있었다. 케이블을 구성하는 와이어를 가공하는 기술이 없었기 때문이다. 여러 가닥의 가는 와이어를 동시에 감아야 했다. 이중아 회장은 케이블의 구조를 면밀하게 분석한 뒤 이 작업을 진행할 설비를 직접 제작했다. 그가 고안한 설비 중 일부는 지금도 인천 공장 생산라인에서 돌아가고 있다. 스피드미터 케이블 외에도 국산화 개발이 이어졌다. 압축과 인장력을 이용해 작동하는 푸시 풀 push pull 케이블과 이너 와이어 로프 inner wire rope 외부를 평선으로 감아서 스웨이징 swaging(금속 압축가공)한 아모레드 케이블 amored cable 등을 국산화 개발하면서 성장의 기틀을 마련했다. "사업 초기 단계였으니 제조부터 경영까지 모두 저의 몫이었죠. 모르는 부분은 책을 찾아 공부했고, 배운 것을 바탕으로 실전에 응용했어요. 부품을 만드는 설비까지 자작自作해야 했기에 밤낮없이 일을 해야 했습니다."

1966년 가족들의 축하를 받으며 올린 결혼식

대동시스템 본사 전경

뒤로 물러서는 건 실패가 아니라 포기다

1972~76년은 정부가 제3차 경제개발 5개년 계획을 추진한 기간이다. 자동차, 기계, 조선, 철강 등이 주요 성장 산업으로 전면에 나섰다. 방위 산업도 정부의 강력한 육성 정책에 힘입어 방산품의 국산화에 열을 올리고 있었다. 이중아 회장과 대동케이블산업에 또 한 번의 큰 기회가 찾아온 것도 이 시기였다.

"이중아 회장님 계십니까?" 1974년 어느 날 등촌동 공장으로 한 남자가 찾아왔다. 그가 내민 명함에는 '국방과학연구소^{ADD} 박세근 연구원'이라는 글씨가 적혀 있었다. 박 연구원은 "규모는 작지만 특수 케이블을 개발해 만드는 업체가 있다는 말을 듣고 찾아왔다"며 미 공군 방산품인 '공중표적 견인 케이블^{tow target cable}' 국산화를 제안했다. 공중표적 견인 케이블은 전투기 조종사가 공중에서 공대공^{空對空} 사격을 할 때 맞추는 표적을 연처럼 끌고 다니는 데 사용하는 것이다. 비행기가 공중에서 표적인 벌집 모양의 허니컴^{honey comb}으로 만든 항공 표적을 매달고 날아가는 만큼, 이를 버티는 외장 케이블은 인장 강도가 매우 강하고 직선 회복력이 높은 특성을 갖고 있었다. 박 연구원은 케이블 견본과 영어로 된 '군 규격^{military spec}' 책자를 함께 갖고 왔다. 규격에 관한 설명만 40페이지에 달했다.

"쉽지 않은 일이군요. 알겠습니다. 해보겠습니다." 대동케이블산업은 ADD의 개발 의뢰를 받아들였고, 곧장 제품 분석에 들어갔다. 이중아 회장은 "공중표적견인 케이블을 처음 보는 마당이라 참고가 될 만한 자료나 공정, 설비도 없이 혼자 구상하고 설계했다"며 "평선을 코일로 만드는 기계인 와인딩winding 머신과 케이블을 공구 사이에서 압축 성형하는 스웨이징swaging 머신, 교정기, 와이어 내구성 시험기 등을 하나씩 구상해나갔다"고 설명했다.

설비가 하나씩 완성됐고, 케이블 내부에 들어가는 선은 고려제강 기술진과 협의해 피아노용 선재wire rod를 일본에서 가져와 가공했다. 셀 수 없는 시행착오를 통해 설비를 개선했고 소재도 규격에 맞춰갔다. 개발을 시작한 지 3년 만인 1977년에 견본품이 나왔다. 시험만 통과하면 완성이었다. 기대와 불안 속에 시험을 진행했더니 다른 항목은 군 규격을 만족했으나 굴곡내구성 항목에서 기준에 미치지 못했다. 군 규격이 요구하는 수치의 94~95퍼센트 수준이었다. 이 회장은 "혹시나 해서 미국 제품을 시험해봤더니 굴곡내구성이 군 규격의 93~94퍼센트 수준이라는 결과가 나왔다"며 "우리 제품과 비슷한 수치이기에 1차로 우선 항공기에 부착해 견인 시험을 했고 별다른 문제없이 비행견인 시험은 완료했습니다."라고 자세하게 설명했다. 굴곡내구성이 군 규격에 미달해 개선 작업을 계속하던 중 국방과학연구소에서 미국국방과학연구원에 내구성과 관련해 검토를 의뢰했고, "굴곡내구시험 조건이 변경됐다"는 답변을 받았나. 변경된 조건에서 이 회장이 개발한 케이블은 규격을 만족했다. 이에 국방조달본부에 등록하고 납품계약을 체결했다. 1차 계약 물량을 생산해 납품한 해는 1979년, 그가 개발에 나선 지 꼭 5년 만이었다.

"열악한 환경에서 5년이라는 장기간에 걸쳐 개발을 진행하며 수많은 난관에 부딪혔습니다. 하지만 포기하지 않고 끊임없이 도전해 멋진 결과를 도출했습니다. 특수케이블 방산품 국산화와 군납품은 대동케이블산업의 성장에 날개를 달아주는 계기가 됐고, 대동시스템 설립의 기반을 마련해줬습니다."

열정은 현재진행형

제2차 오일쇼크가 일어난 1979~82년 전 세계는 치솟은 유가로 인해 경제 성장에 제동이 걸렸다. 한국도 예외는 아니었다. 제2차 오일쇼크로 자동차업계는 직격탄을 맞았다. 연간 생산량이 1980년 20만 대에서 이듬해인 1981년 12만 대로 주저앉았다. 자동차산업에 대한 정부의 구조조정이 실시됐고 자동차부품 업체들 중에서도 문을 닫는 곳들이 속출했다.

혼돈의 시기였지만 대동케이블산업은 소용돌이에서 한 발짝 비켜서 있었다. 공중표적 견인 케이블 개발로 인해 군납품이 안정적으로 이뤄졌고, 1981년 기아자동차에서 개발해 선풍적인 인기를 끌었던 봉고에 변속기용 푸시 풀 케이블을 납품했기 때문이다. 이 역시 이 회장이 처음으로 국산화를 한 덕분이었다. 대동케이블산업은 봉고를 통해 기아차와 맺은 인연을 계속 이어가 1984년 일본 마쯔다와 제휴해 생산한 소형차 프라이드에 케이블 전량을 공급했다.

이중아 회장이 방산용 특수케이블 연구에 여념없을 때, 장조카(이용형)가 운영하던 대동정공(주)의 케이블사업부가 분사 형태로 그에게 넘어왔다. 대동정공은 이 회장이 경영에서 손을 뗀 뒤 1974년 1차 오일쇼크 등을 겪으면서 회사가 경영난에 빠졌기 때문이다. 이 회장은 "케이블사업부를 맡아서 경영해달라"는 이용형 사장의 제안을 받아들였고 두 회사를 함께 경영하다가 두 회사가 한 회사로 합쳐 '대동케이블산업주식회사'로 공식 출범한 건 1980년 7월 31일이었다. 방산 특수케이블 개발에 성공해 1차 납품한 후 받은 대금이 사업의 밑천이 됐다.

출범 당시 서울 성동구 성수동에 터를 잡은 회사는 이후 1983년 인천시 부평에 대지 3,300제곱미터(1,000평), 건물 2,310제곱미터(700평) 규모의 공장을 매입했고, 본사를 이전했다. 이곳에서 본격적인 성장대로를 밟은 회사는 1985년 일본 케이블 시스템 전문업체인 TSK(현재 하이렉스코퍼레이션)와 기술제휴를 맺었고, 1985년 부평 공장 부지를 1,980제곱미터(600평) 추가로 넓히는 등 사세 확장에 적극 나

2015년 4월 1일 중국 청도 4공장 준공

섰다. 1987년에는 자동차부품 국산화에 적극 나선 공로를 인정받아 자동차부품 우수 국산화 기업 대통령 표창을 수상했고, 1992년에는 은탑 산업훈장을 수상했다. 지금의 인천 남동공단 본사는 1990년 신축 이전했다. 6년 후인 1996년에는 사명을 대동시스템으로 변경했다.

이 회장의 연구개발에 대한 열정은 여전히 현재진행형이다. 2014년 말에는 본사 맞은편에 연구소도 새로 지었다. 24명이 연구원이다. 전체 직원 규모가 270명(국내 기준)이니 10명 중 한 명이 연구인력인 셈이다. 해외사업의 확장세는 더 빨랐다. 중국 청도 공장은 부지 규모가 6만 6,000제곱미터(2만 평), 직원 수가 1,000명에 달한다. 중국 외에 유럽 지역에 폴란드 공장이 있고 멕시코에도 공장을 건립 중이다.

시련은 있어도 패배는 없다

부품 국산화를 통해 오일쇼크의 터널을 잘 버티며 지나간 이 회장도 IMF 외환위기 때 어려웠던 시기를 생각하면 지금도 울컥한다. "1980년대 들어 기아자동차를 중심으로 거래를 했는데 부도가 났습니다. 두 번째로 거래규모가 큰 업체가 대우자동차였습니다. 역시 부도가 나면서 부품을 납품해도 대금을 받을 수 없었죠. 납품 후 3~4개월 후에 3

개월짜리 어음을 끊어주다 나중에는 그것마저도 주지 않았습니다."

이 회장이 매일 아침 출근해 책상에 앉으면 이번 주 안에 막아야 할 자금에 대한 압박이 밀려왔다. 은행은 어음 교환 할인 받기를 꺼렸다. 이 회장은 "외환은행장과 기업은행장을 직접 찾아가 수금을 못 하고 있는 상황"이라며 "이 상태로 가면 흑자도산 할 수 있으니 자금을 지원해달라고 요청했다"며 지난 일을 떠올렸다.

자금 문제를 해결하기 위해 동분서주한 뒤 회사로 돌아오는 길에 차창 밖으로 한창 건설 중인 외곽순환도로가 눈에 들어왔다. 이 회장은 서울 강남구 서초동 자택에서 출발할 때 제2경인고속도로를 통해 출근하고 있었다. 그는 '저 도로가 완공되면 전보다 출근길이 한결 수월해지겠구나'라고 생각하면서도 한편으로는 '내가 이 도로가 완공될 때까지 버텨낼 수 있을까'라는 걱정을 떨칠 수 없었다. 미래를 확신할 수 없을 정도로 각박한 상황이었다.

이 회장의 노력과 함께 직원들의 합심은 위기를 극복하는 힘이 돼줬다. 그가 직접 은행장과 면담까지 한 끝에 은행에서 어음 담보 대출도 받아줬다. 회사에선 임원부터 현장 근로자까지 모두 합심해 상여금을 반납하고 임금 지급 시기를 미루는 등 회사 정상화를 위해 적극적으로 나섰다. 회사가 어려워진다면 자신들의 일자리 또한 사라진다는 걸 그들 스스로도 잘 알고 있었던 것이다. 그는 "전 직원이 합심하지 않았다면 회사가 위기를 극복하기 힘들었을 것"이라며 "외환위기를 통해 위기관리 능력을 키웠고 무엇보다 직원들과 함께하면 이겨내지 못할 것이 없다는 확신을 갖게 됐다"고 강조했다.

미래는 전장부품이 답이다

이중아 회장이 견문을 넓힌 경험은 여느 사람들과 다르게 특별했다. 1978년 자동차부품사 CEO들은 유럽 각국의 자동차 회사들을 단체 견학했다. 마지막 일정으로 이탈리아의 피아트 공장을 본 뒤 일행은 한국으로 돌아갔다. 하지만 이 회장은 박인철 리한 회장과 함께 미국으로 넘어가 뉴욕에서 10일 정도 머물렀다. 뉴욕에서 박 회장과 헤어진 그는 홀로 다시 LA로 옮겼다. 미국 자동차 시장을 두루 살펴본 그는 일본의 차량용 케이블 회사를 둘러보기 위해 비행기를 타고 도쿄로 향했다. 일본 공장까지 견학한 뒤 집에 돌아오니 총 43일을 해외에서 체류했다. '43일간의 세계 일주'였다. "영어 실력도 변변치 않은 상황에서 배낭여행하듯 돌아다녔어요. 전 세계 이곳저곳을 두루 살펴보니 세상이 달리 보였습니다. 해외 진출에 적극 나서게 된 것도 이때의 경험이 크게 작용했습니다."

이 회장은 자동차산업의 역사와 미래에도 관심이 많다. 역사와 세계를 씨줄과 날줄처럼 엮어서 보면 앞으로 산업이 어떤 방향으로 갈지 예측해볼 수 있다. 그에게 10년 후 회사의 모습을 묻자 '전장부품'이라는 답이 돌아왔다.

이 회장은 "2002년 전장 사업 부문을 담당하는 대동모벨시스템을 설립했다"며 "이곳에서 차량에 쓰이는 모터와 전자, 전기기기 등을 개발·생산하고 있다"고 설명했다. 이미 13년 전부터 미래 사업에 대한 구상을 단계적으로 실현하고 있는 것이다. 그는 "현대·기아차, 현대모비스와 함께 연구개발도 진행 중"이라며 "인천시 서구 검단에 공장을 지어 본격 가동 준비 중에 있다"고 덧붙였다.

"자동차산업의 과거를 비추어 미래를 생각해봅시다. 20~30년 전만 해도 전자·자동차·조선 분야에서 일본이 세계 제일이었지만 한국이 추격을 해서 따라잡았습니다. 지금은 중국이 우리를 쫓아오는 상황입니다. 중국보다 한 발 앞서 제품을 개발하고 해외 수출망을 확대해야 합니다. 자동화 센서와 IT기술을 융합한 공정 최적화 스마트 공장 관리로 품질, 기술, 원가관리라는 3가지 측면에서 경쟁력을 한층 더 키워야 살아남을 수 있죠."

근면과 긍정의 힘

이중아 회장은 회사의 경영 이념을 제정하는 데 오랜 시간 공을 들였다. 현재의 경영이념은 대동케이블산업주식회사를 설립한 1980년보다 2년 뒤에 확정했다. 보람 있는 직장(자기계발, 선인 육성), 발전하는 회사(회사의 안정 유지와 발전, 우리 생활의 안정과 향상), 양심 있는 회사(정도 합리 경영, 사회적 책임과 공헌)가 그것이다. 이 경영이념을 정하는 데 2년이라는 기간이 걸린 것에 대해 이 회장은 "다른 회사의 경영이념을 참고하지 않고 진정으로 나 자신이 실천할 수 있는 항목으로 구성했다"며 "35년이 지난 지금 봐도 단 한 글자도 수정하고 싶은 생각이 없다"며 만족감을 보였다.

이 회장의 경영 이념이 실제로 회사에 적용된 사례들은 많았다. 1989년 설립한 노조는 지금까지 단 한 번도 파업을 하지 않고 협력적인 관계를 이어오고 있다.

근면함을 자식들에게도 강조했다. 1남 1녀를 둔 이 회장은 장남 이수형이 서강대학교 전자공학과 졸업을 앞뒀을 때 이렇게 말했다. "중소기업에서 일하는 것은 힘들다. 고생할 각오를 단단히 할 거라면 회사 들어와서 일해봐라. 그렇지 않다면 대기업에 취직해서 일하는 게 나을 것이다."

고민 끝에 1995년 회사에 입사한 장남은 일본 합작사인 TSK 기술연수를 시작으로 대동시스템 기획부문 차장, 생산1본부 이사, 전무 등을 거치며 직원들과 함께 일했다. 10년 넘게 현장에서 경영 수업을 받은 뒤 2006년 사장으로 승진했다. 이 회징은 아들을 포함힌

2015년 3월 2일 팔순 축하 기념 사진

전 직원에게 "이럴 때일수록 근면하면 못할 게 없고, 걱정이 없다"고 강조한다. "사업에 도전할 때나 백지에서 시작할 때 이를 악물고 생각했어요. '그래, 내가 이거 하다 실패하면 지게를 지고, 리어카를 끌어서라도 가족을 먹여 살리겠다. 아이스크림을 팔아도 남들보다 더 맛있는 것을 더 열심히 팔면 성공할 수 있다. 일단 열심히 해보는 거다.' 그 결과가 오늘날의 대동시스템입니다. 저는 근면과 긍정의 힘을 믿습니다. 21세기에도 앞으로 이 가치는 변하지 않을 겁니다."

COMPANY PROFILE

자동차용 콘트롤 케이블 선두주자, 대동시스템

자동차용 콘트롤 케이블 등 동력전달장치 부품을 생산하는 대동시스템의 역사는 1972년으로 거슬러 올라간다. 이중아 회장이 서울 강서구 등촌동에 '대동케이블산업'을 설립했다. 이후 대동정공의 케이블사업부를 인수해 한 회사로 합치면서 1980년 7월 31일 '대동케이블산업주식회사'가 출범했다. 서울 등촌동에서 성동구 성수동으로 이전한 공장은 다시 인천시 부평으로 옮겨 1990년까지 운영됐다. 부평시 규모가 확대되면서 공장 지대가 주거지역에 포함되자 인천시 남동구 남동공단으로 이전했다. 사명은 1996년 대동시스템으로 변경했다.

1988년 일본의 콘트롤 케이블 회사인 하이렉스코퍼레이션과 자본 합작을 했다. 합작 후 지분 구조는 대동시스템이 70퍼센트, 하이렉스가 30퍼센트다. 1993년 기술연구소를 설립했고 1997년 중국 청도에 진출해 생산공장을 세웠다. 2002년 전장 사업부문을 분리해 대동모벨시스템을 설립했다. 2003년에는 차량 유리 개폐를 담당하는 윈도우 레귤레이터 window regulator 사업부문을 분리해 일본 하이렉스코퍼레이션과 합작(40대 60)으로 대동하이렉스를 설립했다.

2007년 폴란드 공장을 설립했고, 2009~2010년에는 미국GM으로부터 '올해의 협력업체 상'을 2년 연속 수상하며 북미시장에서 인지도를 높였다. 대동시스템의 사업 확장은 현재진행형이다.

2014년 말 기술연구소를 신축했으며 2015년 4월에는 중국 청도에 제4공장을 건설했다. 대동시스템은 2014년 매출이 1,230억 원이다. 대동모벨시스템과 대동하이렉스 등 관계사의 매출까지 합치면 5,000억 원에 달한다. 2014년에는 '1억불 수출탑'을 수상했다.

10

최오길 인팩 회장

꿈꾸는 자가 창조한다

최오길

성공하려면 실패를 두려워하는 마음보다
성공을 원하는 마음이 더 커야 한다.

― 빌 코스비 ―

SMALL GIANTS

기업경영자는 너나 할 것 없이 어제보다는 오늘이, 오늘보다는 내일이 좀 더 성장, 발전된 모습으로 변해가길 기대하고 경영한다. 다시 말해 우량기업으로 발돋움하여 종업원에게 좀 더 풍성한 삶을 구가하게 하고, 회사는 투자와 확대 재생산을 통해 부를 창출하여 국가와 사회에 이바지하려는 목표를 꿈꿔야 한다.

그러면 우량기업이 되는 조건은 무엇일까?

QCD^{Highest Quality, Lowest Cost, On time Delivery}는 기본이며 기술을 중시하고, 인재를 중시하며, 국제화에 뛰어나야 한다. 또한 미래를 보는 혜안과 변화의 의지, 변신의 능력을 갖춰야 한다. 큰 꿈을 꾸고 큰 비전을 가져야 한다. 꿈꾸는 이상으로는 절대 이룰 수 없다. 꿈꾸는 자가 창조한다는 진리를 각인하고 PDCA^{Plan, Do, Check, Action} 사이클을 돌려가야 한다.

'ATTACK 100, VISTOL 5, ZOOM 5, PROACT 13, DO BEST 18' 다소 공격적이고 진취적으로 보이는 문구다. 이는 지난 25년간 인백

에서 수행한 중장기 5개년 계획의 캐치프레이즈다. 꿈이나 비전이 허수나 실언이 되지 않도록 중장기 계획을 5년 단위로 수립하여 매년 실적을 평가했다. "마음에 품지 않는 미래는 절대로 실현되지 않으며 미래는 미래가 있다고 믿는 자에게만 다가온다"는 톨스토이의 말처럼 인팩은 오늘도 미래를 계획하며 준비하고 있다.

최오길 인팩 회장은 자동차 부품업계에서 가장 미래에 대하여 철저하게 준비하는 최고경영자로 알려져 있다. 철저한 계획과 검토를 통하여 미래를 예측하기 위해 노력한다. 이 예측을 토대로 회사가 나아갈 방향을 제시했다. 그리하여 누구보다 한발 앞서 해외사업을 적극 추진했다. 앞으로 세계화의 시대가 올 것을 알았기 때문이다. 실패에 대한 두려움 없이 기술 개발에 매진했다. 기술 개발만이 회사의 미래가 될 것을 누구보다 잘 알고 있기 때문이었다. 그리고 세계화, 기술 개발은 인재가 있어야만 가능하다는 확신도 갖고 있었다.

대학교 4학년 때 공인회계사 시험 수석 합격, 월급쟁이 CEO를 거쳐 경영난을 겪던 회사 인수, 회사를 굴지의 자동차 부품사로 성장시킨 최오길 회장. 그는 미래를 예측하고, 인재를 중용하며, 그들의 시행착오와 실패를 기꺼이 용납하면서 오히려 실패를 기업 발전의 열쇠로 삼았다. 덕분에 인팩은 자동차용 케이블 제조사에서 출발해 솔레노이드 밸브, 액츄에이터, 안테나, 전자제어식 현가장치[ECS], 전자식 파킹브레이크[EPB], 혼[Horn]까지 사업 영역을 넓혔다. 최 회장의 인본

주의, 기술중심 경영은 반백년의 역사를 가진 인팩이 영속성 있는 기업으로 뻗어나갈 수 있는 양질의 토양이기도 하다.

숫자에 밝은 소년

'명석한 두뇌와 지칠 줄 모르는 열정이 만나면 못 이룰 것이 없다'는 말의 실제 사례를 찾는다면 최 회장이 적임자일 것이다.

강원도 강릉에서 나고 자란 그는 산을 닮았다. 푸근한 미소를 갖고 있고, '허허' 소리를 내며 호탕하게 웃는다. 어린 시절 그는 부친으로부터 "신의를 바탕으로 '감자바위' 처럼 순진함과 온순함으로 남을 배려하며 살라"는 가르침을 받았다. 감자바위는 강원도와 강원도 사람을 친근하게 부르는 말이다.

그의 부친은 정미소(방앗간)를 운영했다. 덕분에 1942년 6남매 중 3남으로 태어난 그는 큰 경제적 어려움을 겪지 않았다. 그는 고향에서 고등학교까지 마쳤다. 밥 굶을 걱정은 없었지만 그가 공부한 환경은 열악했다. 한국전쟁이 발발한 시기였기 때문이다. 초등학교는 천막 교실을 세워 촛불을 켜놓고 수업했다. 중학교는 집에서 10km를 걸어가야 했다. 왕복 20km는 걷기 힘든 거리였지만 그는 결석을 몰랐다. 겨울에는 추위에 손발이 얼어 갈라지기도 했지만 포기하지 않았다. 공부가 그의 인생을 바꿀 수 있는 가장 확실한 방법이라는 걸 알았기 때문이다.

특히 그는 숫자에 밝았다. 셈에 밝은 건 집안 내력이었다. 그의 삼촌과 형님들은 선만(鮮滿, 조선과 만주) 주산대회에서 우승을 한 적도 있었다. 사업을 하는 부친도 셈이 정확하고 빨랐다. 그도 예외는 아니었다. 초등학교부터 주산과 암산에 남다른 재능을 보였다. 강릉상업고등학교 시절에는 교내 주산대회에서 많은 상을 받았다. 가감승제, 전표, 암산 등 전 종목에서 우승을 독식했다. 그는 전국 주산대회에도 참가해 많은 상을 휩쓸었다. 주산 대회 입상 경력 덕분에 그는 고교 졸업 때 은행 입행 기회도 얻었다. 최오길 회장은 "넉넉한 월급과 안정된 직장이 보장된 은행 취업이었지만 고사했다"며 "대학에 가서 더 공부를 하고 싶었고, 부모님도 이해해주셨다"고 말했다.

대학 진학은 만만치 않았다. 이미 최오길의 형님 두 분이 대학을 다니고 있었다. 부친이 정미소를 운영했지만 동시에 아들 셋의 대학 등록금을 낼 형편은 아니었다. 고려대학교 경영학과에 입학한 그는 대학 등록금은 물론 숙식도 해결해야 했다. 최 회장은 "학비와 생활비 부담이 클 것이라는 점을 이미 알고 결정한 일"이라며 "돈을 벌기 위해 가정교사와 사이다 공장 경리 보조 등 닥치는 대로 일을 했다"는 얘기를 들려줬다.

인생을 바꾼 수석합격

1968년 7월 1일 월요일자 고대신문 3면에 기사가 났다. 제목은 '공인회계사 시험 본교생 14명 합격'이었다. 기사 본문에는 이런 문장이 있었다. '특히 이번 공인회계사 시험에서 최오길(4학년)군이 수석을 차지하여 작년과 금년 2년에 걸쳐 본교에서 수석을 차지하는 기염을 토했다.' 최 회장은 "1966년 군 전역 후 2학년 2학기 복학 때부터 공인회계사CPA 자격 취득을 목표로 공부를 했다"며 "열심히 공부한 끝에 수석합격을 했고 이것이 인생의 큰 전환점이 됐다"고 회고했다.

'공인회계사 합격'을 목표로 삼은 그는 공부에 몰입했다. 새벽 6시에 대학 도서관으로 향해 가장 구석자리에 자리를 잡았다. 수업시간과 식사시간, 5시간도 안 되는 취침시간을 제외하고 그는 도서관 자리를 떠나지 않았다. 공부에 공부, 또 공부에 몰두했다. 과정은 힘들었지만 열매는 달디 달았다. 결국 그는 2년 뒤인 1968년 6월 수석합격증을 받았다.

최 회장의 수석합격을 말할 때 빼놓을 수 없는 숨은 조력자가 있었다. 바로 그가 머물던 하숙방 할머니다. 최 회장은 "한마디로 '대단한 할머니'"라고 말했다. "군대 다녀와서 하숙을 했어요. 그런데 하숙집 할머니가 엄청나게 엄했어요. 항상 정숙함을 유지했죠. 친구들이 놀러와서 시끄럽게 하면 예외 없이 쫓아냈어요."

할머니의 엄격한 규율 속에서 자연스럽게 면학 분위기가 조성됐다. 덕분에 하숙방 동기들은 하숙방에서도 공부를 할 수 있었다. 그래서일까. 국가시험에 합격한 학생이 최 회장만이 아니었다. 하숙방 동기들도 고시에 합격했다. 윤진식 전 산업자원부 장관(제12회 행정고시 합격)과 주선회 전 헌법재판관(제10회 사법시험 합격), 이근웅 전 사법연수원장(제10회 사법시험 합격)이 최 회장의 '하숙방 동문'들이다. 특히 주선회 전 헌법재판관은 수석으로 사시에 합격했다. 최 회장은 "이렇게 많은 수의 하숙생들이 고시에 합격한 하숙방은 흔치 않을 것"이라며 "어머니처럼 우리를 돌봐주셨고 시험에 합격하면 친아들의 일처럼 기뻐하셨다"고 회고했다.

대학 재학 중에 공인회계사에 합격하는 건 결코 쉽지 않은 일이다. 게다가 수석은 일반 합격과 달랐다. 그는 '수석 합격'이라는 수식어 덕분에 4학년 재학생으로 고려대 부속 기업경영연구소에 입소했다. 당시 지도교수인 조익순 교수가 그를 '특채'로 선발한 것이다.

최오길은 연구소 기업진단부로 배치 받았다. 이곳에서 그는 기업진단, 경영지도, 기업분석, 원가계산, 재무조사 등의 실전 경영업무를 두루 익혔다. 최 회장은 "이곳에서 신진자동차 차량의 가격 책정을 위한 원가계산, 기아자동차의 3륜차 원가계산, 한국베어링 기업

진단 등 다양한 기업들을 분석하면서 회사 경영의 민낯을 볼 수 있었다"며 "향후 기업을 경영하는 데 귀중한 자양분이 됐다"고 강조했다. 자동차산업에 대한 인연도 이 무렵 시작됐다. 당시 그는 신진자동차가 일본 도요타 자동차와 손잡고 국내 출시한 국산화율 20%의 코로나에 대한 원가계산 작업을 했다. 최 회장은 "신진자동차의 설립자인 김제원, 김창원 회장과 소주도 한잔하고 여러 얘기를 들었다"며 "학생 신분으로 기업의 CEO들을 직접 보면서 강한 인상을 받았다"고 말했다.

최오길은 연구소에서 일을 하며 대학원도 졸업했다. 조 교수의 추천으로 장학금을 받았기에 집에 손을 벌릴 필요도 없었다. 대학원에서 그는 석사학위는 물론 세무사와 경영진단사 자격증도 취득했다. 이후 그는 강원도 춘천의 강원대학교에 시간강사로 교단에 서기도 했다. 전임강사 제의도 받았다. 하지만 그는 이를 고사했다. 그는 평화스럽지만 고여 있는 연못보다 세차게 흐르는 강물을 원했다. 최 회장은 "대학 강사나 연구소 연구원의 박봉으로는 넉넉하지 못한 삶을 살 거라 생각했고 무엇보다 한계에 도전하고 싶었다"며 "이직을 고민하다 1969년 한국산업은행 기업분석부에 입사, 월급쟁이 인생이 시작됐다"고 설명했다.

월급쟁이 20년, 기업을 인수하다

산업은행 기업분석부 업무는 고려대 기업경영연구소와 비슷했다. 정부의 자금지원을 받은 수많은 기업에 대한 경영진단과 기업분석, 원가계산 등을 담당했다. 경영 이론과 실무를 모두 익힐 수 있는 기회였다. 이곳에서 3년간 근무한 그는 자신도 모르게 현재 자리에 안주하려 한다는 것을 느끼자 미련 없이 자리를 옮겼다. 1972년 그는 고려원양 기획실로 이직했고, 또 다시 3년 뒤인 1975년 직장을 옮겨 대신증권 인수부장으로 입사했다. 최 회장은 "1970년대 주식시장은 현재와 비교도 할 수 없을 만큼 열악했다"며 "상장종목과 거래금액도 적었고 신규발행에 대한 증권사의 인식도 저조했다"고 지적했다.

최 회장은 대신증권 인수부에서 기업공개 업무와 회사채 발행 등 발행시장 업무에 집중했다. 그는 많은 우량기업을 성공적으로 상장시켰고, 발행시장에서 독보적인 입지를 다졌다. 회사도 그의 실적을 높이 평가해 37세라는 젊은 나이에 상무이사로 임명했다.

30대에 기업 핵심부서의 임원 자리에 앉는다면 대부분 그동안의 성취를 뿌듯해하며 만족할 것이다. 그러나 그는 그렇지 않았으며 여전히 도전하고 싶어했다. 대신증권에서 5년간 근무한 그는 1980년 샐러리맨들의 꿈인 CEO 자리에 올랐다. 동신제지공업의 대표이사를 맡은 것. 그는 이 회사에서 전문경영인으로 10년을 근무했다. 한 기업에서 CEO로 10년을 일했다는 건 그만큼 최 회장의 업무능력을 대내외적으로 인정받은 것이라 할 수 있다. 실제로 그는 아무도 눈여겨보지 않던 회사를 키웠고 증시에 상장시켰다. 뛰어난 숫자 감각과 다양한 기업을 분석하고 접하며 쌓은 직간접적인 경험과 지식들, 여러 기업을 거치며 익힌 실전 감각 등 성공적인 CEO로 일할 수 있는 능력을 두루 갖춘 덕분이었다.

그러나 최 회장에게 또 다른 도전을 생각하게 한 계기가 생겼다. 1989년 3월 서울대학교 경영대학 최고경영과정^{AMP} 29기로 입학하여 원우들과 연구과정에 참여하면서 전문경영인과 오너^{Owner} 경영자의 차이를 절감했다. 최 회장은 "기회가 있으면 언젠가는 명실공히 오너이자 CEO가 되어 우량기업을 만들어봐야겠다는 강한 충동을 받았다"고 말했다. 기회는 우연히 찾아왔다. 1989년 말경 동신제지 업무로 미국 출장길에 올랐을 때 과거 대신증권에서 함께 근무했던 전 보험개발원 원장 박성욱 씨를 만나게 됐고, 그 분의 소개로 연로한 세 분의 주주로 구성된 '삼영케뷸㈜'를 인수해 경영해보지 않겠느냐는 제안을 받았다. 물론 세 주주의 의뢰를 받고 전한다고 귀띔했다.

1969년 신양산업사로 출발한 삼영케뷸은 사명처럼 자동차에 들어가는 케이블을 생산하는 업체였다. 납품처는 현대차였다. 우량한 회사와 거래하고 있었지만 삼엉케뷸의 경영난은 심각했다. 이유는 노사갈등이었다. 최 회장은 "1980년대와 1990년대 초반까지 국내에 노동운동이 극심했고, 노사갈등을 빚고 있는 기업들이 많았는데 삼영케불도 그중 하나였다"며 "제안을 받고 기업분석을 한 결과 노사갈등 외에 다른 부분은 괜찮다는 결론을 내리고 인수를 결심했다"고 말했다. 당시 삼영케불의 매출은 68억 원, 직원은 100명 정도였다. 최 회장이 이끈 동신제지는 직원수가 500명이었다.

화목한 기업 분위기 조성에 자신 있었던 최 회장은 1991년 1월 1일 사장으로 취임했다. 인수 직후 경기도 안산 공장의 분위기는 냉랭했다. 공장 가동 중단까지 갈 정도로 경영진과 직원들 사이에 뿌리 깊은 불신이 있었다. 최 회장은 "깊이 들여다보니 경영진과 직원들 간 소통이 부족했고, 직원 월급도 굉장히 낮은 수준이었다"며 "직원들의 애사심도 없는 상황이었기에 이를 먼저 해소하려 노력했다"고 설명했다.

굳게 잠긴 문을 여는 열쇠는 대화였다. 최 회장은 직원들에게 친근하게 다가갔고 생산 현장에서 함께 일했다. 월급도 파격적으로 인상해줬고, 직원들의 요구 사항도 적극 수용했다. 최 회장은 "공장을 돌아보니 시설이 너무 낡아 안전사고 위험도 높았고 직원들이 일할 맛을 느낄 수가 없었다"며 "과감하게 설비를 새로 교체해줬다"고 말했다.

최 회장의 솔직한 성품에 신뢰를 받은 직원들도 이내 마음의 문을 열었다. 생산성은 수직 상승했고, 생산 과정에 문제가 생기면 직원들이 밤샘 작업을 해서라도 해결했다. 공장 가동 중단 사태까지 갔던 삼영케불은 7년만인 1997년 품질혁신 부분 대통령상을 수상했다. 그는 "나 스스로를 불태우면서 진심을 갖고 일하면 직원들도 함께 동화되어 헌신적으로 일하게 된다"며 "1990년까지만 해도 노사갈등이 극심했던 회사 분위기가 점차 가족처럼 끈끈해졌고 1997년, 2005년, 2009년 3회에 걸쳐 노사문화우수기업으로 선정될 정도로 기업문화가 바뀌었다"고 말했다.

20년 넘게 쌓아온 최 회장의 경영 능력도 직원들의 마음을 돌리는 데 한몫했다. 그는 원가분석과 현장경영을 통해 회사의 문제점을 진단하고 수익성을 개선시켰다. 수익성이 개선되니 회사에 자금 여력이 생겼고 직원들에게 임금을 더 줄 수 있게 됐다. 여기에 아시아자동차, 쌍용차 등 국내고객뿐만 아니라 GM, 크라이슬러, 혼다, 마쯔다, 이스즈, 북경기차, 길리자동차 등 해외로까지 공급망을 확대했다. 회사가 발전하면서 사업 영역이 넓어지자 사업 무대도 국내가 아닌 세계 시장이 됐다. 케이블 전문회사로 여겨지는 사명을 바꿀 필요가 있었다. 최 회장은 2004년 사명을 '인팩^{INFAC}'으로 변경했다.

대륙으로 향한 눈

인팩INFAC은 '무한한'이라는 뜻의 인피니트INFinite와 '정확도'라는 의미의 액큐러시ACcuracy를 합친 단어다. 우리말로 바꾸면 '무한정밀'이라고 할 수 있겠다. 한 치의 오차도 허용하지 않는 품질과 기술력을 목표로 한 최 회장의 기업 운영 방침과 맞닿아 있다. 사명을 바꾼 그 해 9월 인팩은 1994년 코스닥에 상장한 이래 10년 만에 코스피 시장으로 승격하여 상장됐다. 인수 당시 연 매출 67억 원에 불과했던 인팩은 매년 20~40%대의 높은 성장률을 기록했다. 이에 2004년 매출액은 736억 원으로 11배 불어났다.

자동차용 케이블 전문 제조사로 출발한 인팩은 현재 케이블과 액츄에이터(구동장치), 안테나, 혼(경음기) 등 다양한 자동차 부품을 생산하고 있다. 경기도 안산에서 출발한 회사는 현재 서울로 본사를 이전했고 충남 천안과 목천, 충북 충주와 음성, 경기도 수원 등지에 공장을 운영하고 있다. 해외에는 중국과 인도, 미국, 베트남, 멕시코 등지에 생산 거점을 마련했다.

최 회장은 해외 진출의 첫 무대로 중국을 선택했다. 중국 랴오닝성 선양에 공장을 지었다. 주목할 만한 점은 당시 현대차는 중국에 진출하지 않았다는 것이다. 현대차는 10년 뒤인 2002년 중국에 공장을 세웠다. 최 회장은 발 빠르게 움직였다. 삼영케불을 인수하자마자

1년 만에 중국 시장에 뛰어들었다. 1991년 12월 심양삼영기차부건유한공사를 설립했다. 당시 중국 자동차 산업의 수준은 낮았는데, 최 회장은 이를 기회로 여겼다. 그는 "자동차 산업 태동기에 가장 만들기 어려운 부품 중 하나가 케이블"이라며 "중국 현지에 진출한 글로벌 제조사와 현지 제조사들의 케이블 수요가 급증할 것으로 내다보고 진출했다"고 회고했다.

최 회장의 예상대로 중국은 현재 세계 최대 자동차 시장으로 성장했다. 인팩은 선양 외에 1994년 중국 베이징에도 북경삼영연축유한공사를 설립해 자동차용 케이블 등을 생산했다. 한중 수교 전이었던 당시에 중국에 진출한 중소기업은 찾아보기 힘들었다. 삼영케불의 중국 행보에 많은 사람이 고개를 가로저었다. 하지만 1997년 외환위기가 닥쳐오자 상황이 달라졌다. 많은 국내 기업이 구조조정에 몸살을 겪었지만 중국의 저렴한 인건비로 제품을 생산할 수 있었던 삼영케불은 안정적인 생산이 가능했다.

여기에 2002년 현대·기아차가 중국에 진출하면서 인팩의 성장세는 더욱 가팔라졌다. 인팩은 북경에 있는 공장을 크게 확장 이전했으며, 중국 칭다오에 계열사인 청도성일전기유한공사 공장을 인수했고, 2014년 5월에는 장쑤성에 강소인파극기차부건유한공사를 추가로 설립했다.

최 회장은 1998년에 또 다른 대륙인 인도로 눈을 놀렸다. 인도 첸

북경 신공장 이전 기념 행사

인팩 베트남 직원들과 함께

조익순 은사님과 함께

인팩 묵미 장학금 수여식

나이에 공장을 세워 케이블 등을 생산하고 있다. 이때는 현대차와 함께 진출했다. 최 회장은 "중국에 조기 진출한 것 외에 다른 곳은 현대·기아차의 해외 생산기지를 따라갔다"며 "세계 최대 자동차 시장 중 하나인 북미 시장(2008년)과 멕시코(2016년)도 현대·기아차와 동반 진출을 통해 뿌리를 내렸다"고 말했다.

인팩의 성장에는 인수합병M&A도 중요한 역할을 했다. 2003년 케이블 제조사인 성신테크를 인수해 인팩케이블로 사명을 바꿨다. 2004년 11월 일본의 ㈜요코오와 50：50의 합작투자법인 인팩요코오㈜를 설립하기도 했다. 자동차용 안테나와 피더케이블을 생산하는 이 회사는 이후 인팩이 요코오의 지분을 전액 취득, 2009년 인팩일렉스로 간판을 바꿔 달았다.

2010년에는 차량용 혼(경음기) 제조사 성일산업을 인수했다. 이 회사가 지금의 인팩혼시스템이다. 숫자에 밝은 최 회장에게 기업분석과 가치평가는 전문분야다. 덕분에 기업을 인수할 때 적정 인수가를 도출할 수 있다. 최 회장이 제시한 가격보다 높으면 그는 미련 없이 고개를 돌린다. 무리해서 인수한다면 자금 부담은 인팩 전체로 돌아올 수 있기 때문이다. 신중하고 정확한 그의 판단력은 회사가 안정적으로 성장하는 데 큰 역할을 했다.

사람과 기술이 미래다

최오길 회장은 무선호출기와 깊은 인연이 있었다. 무선호출기는 휴대폰이 일반화되기 이전 통신수단으로 '삐삐Pager'라 불렀다. 전화로 디지털 메시지를 전송하면 삐삐를 통해 이를 확인하고 다시 회신하는 방식이었다. 삐삐가 새로운 통신수단으로 각광받을 때인 1996년 최 회장도 미국 뉴저지에 ㈜SELECT라는 전자회사를 설립해 이를 생산·판매했다.

결과는 실패였다. 최 회장은 "사업 다각화 차원에서 신사업으로 추진했는데 시기가 맞지 않았다"며 "제품을 시장에 출시하자 사람들이 휴대폰을 들기 시작했다"고 말했다. 결국 삐삐사업은 대금회수를 못한 채 막을 내렸다.

하지만 끝이 아니었다. 최 회장은 갈 곳이 없어진 삐삐사업부 인력들의 전자사업에 대한 경험과 노하우를 바탕으로 인팩의 미래 먹거리를 연구하는 전자선행연구실을 신설했다. 그리고 이 신설조직은 전자식파킹브레이크EPB, 전자제어식현가장치ECS 등 인팩의 주요 신제품을 개발하는 데 결정적 역할을 수행했다. 사람과 기술을 중시하는 최 회장의 경영철학이 빛을 발한 순간이었다.

기술은 사람에게서 나온다. 최 회장이 인재 영입에 신경을 곤두세우는 이유다. 그는 항상 "기업은 곧 사람이다"라고 말한다. 사람의 역량에 따라 기업이 달라질 수 있다는 게 그의 '인재론'이다. CEO는 이런 인재를 발굴해 적재적소에 배치하고, 그가 최대한의 능력을 발휘할 수 있도록 지원하는 것이라고 최 회장은 생각한다.

성공사례는 셀 수 없이 많다. 최 회장은 1998년 아시아자동차 사장에서 물러난 김광순 사장을 영입, 당시 PCB를 생산하여 삼성전자에 납품하는 ㈜백산전자의 사장으로 임명했다. 그는 삼영케불이 아시아자동차에 부품을 납품하는 데 결정적 역할을 했다. 아시아자동차는 이후 기아자동차에 흡수합병 되면서 삼영케불은 자연스레 기아차에도 부품을 공급할 수 있게 됐다.

2015년 문을 연 수원 통합기술연구소는 최 회장의 기술우선주의를 가장 잘 알 수 있는 곳이다. 전세계 국경없는 무한 경쟁의 시장에서 인팩이 진정 글로벌 경쟁력을 갖춘 초우량 자동차 부품기업으로 또 한번 비상하기 위해서는 독보적 연구개발 기술력 보유가 필수라는 것을 최 회장은 누구보다도 잘 알고 있었기 때문이다. 인팩은 통합기술연구소 설립으로 첨단 연구네트워크 시스템 구축과 연구개발 기반 시설을 확충하여 글로벌 자동차 부품업체로의 도약을 위한 기반을 구축할 수 있게 됐다.

안테나(인천), 케이블 및 액츄에이터(천안, 안산), 혼(천안) 등 흩어져 있는 연구 인력을 수원에 집중시켰다. 각 지방에 분산돼 있는 연구 인력을 한곳에 모아 시너지 효과를 낼 수 있도록 한 것이다. 또한 현대차 그룹에서 전장 및 메카트로닉스 분야의 기술력과 풍부한 경험, 자동차 부품산업이 미래에 나아가야 할 방향에 대한 식견이 뛰어난 인사를 영입하여 통합기술연구소를 진두지휘하게 했다. 이러한 노력으로 통합기술연구소는 인팩의 미래 핵심부품개발 방향을 결정하고 경쟁력을 갖춘 제품의 선도적 개발에 중추적인 역할을 담당하고 있다.

인팩은 제조업이라 생산직 인력이 가장 많은 비중을 차지한다. 하지만 현재 신규 채용 인원수는 연구 인력이 가장 많다. 최 회장은 "회사가 장기 성장을 위해서 연구개발R&D 분야에 투자 비용을 늘려야 한다"며 "연구 인력은 매년 늘어나고 있다"고 말했다. 인팩은 지난 10년간 연구개발비 투자가 연평균 11.6%씩 증가하고 있다. 글로벌 경기침체로 위기경영에 나선 상황에서도 R&D 예산에는 손을 대지 않았다. 최 회장은 "연구인력이 연구를 하다 보면 성공할 때도 있지만 실패하는 경우도 많다"며 "당장 성과가 나지 않는다고 연구개발을 축소시키거나 중단하면 기업의 미래도 함께 멈추는 것"이라고 강조했다.

최 회장은 연구개발에 있어서 '성공하기 위해 실패한다'는 말을 자주 한다. 연구개발의 결실이 인팩의 새로운 성장 동력 역할을 하고 있기 때문이다. 대표적인 사례가 2011년 문을 연 충북 충주공장이다. 2만 3,760m²(7,200평) 규모의 공장에서 전자제어식현가장치ECS, 전자식 파킹브레이크EPB, 각종 액츄에이터, 전기자·하이브리드차용 배터

2014년 11월 설립된 수원 통합기술연구소 전경

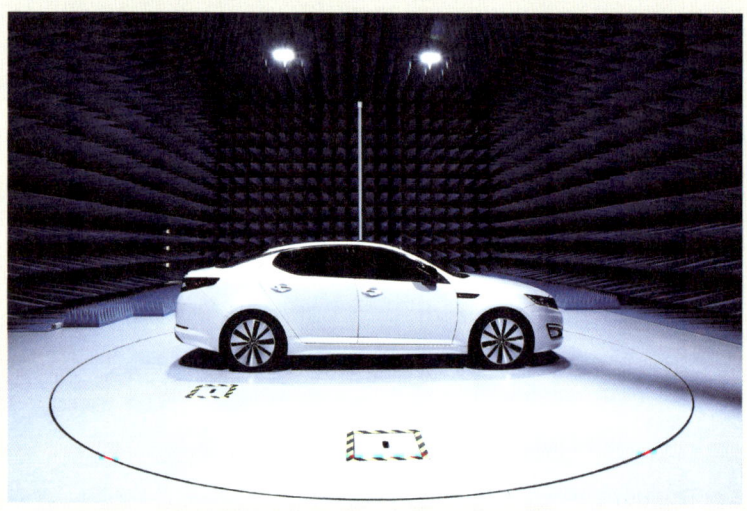
통합기술연구소 전자파 무향실

충주공장 전경

충주공장 생산라인

최오길

리 팩 모듈^{BMA} 등을 생산하고 있다. 2007년부터 현대자동차, 현대모비스와 함께 연구개발을 시작해 5년여 만에 신기술 개발에 성공한 것. 공장도 자동화를 통해 생산성 향상, 품질 안정화 두 마리 토끼를 모두 잡았다. 이전까지 대부분의 EPB는 독일 부품사가 독점 공급하고 있었다. 최 회장은 "신기술을 국산화하게 되면 제품의 원가 절감은 물론 시장을 확대할 수 있다"라며 "이런 기술들은 오랜 시간 인내심을 갖고 연구원들을 지원해야만 확보할 수 있는 것"이라고 말했다.

사람을 중시하는 최 회장의 철학은 위기를 극복하는 원동력이었다. 리먼 브러더스 사태로 촉발된 2008년 글로벌 금융위기는 견실한 인팩에게도 큰 위기였다. 현대·기아차도 판매에 타격을 입었고 GM은 파산 직전까지 갔다. 인팩도 강풍을 맞았다. 2009년 상반기 매출이 전년 반기 대비 40% 급감했다. 회사가 어려움에 처하자 묵묵히 일하던 직원들이 회사 돕기에 나섰다. 자율적으로 급여 삭감에 동참하고 생산직은 보너스까지 반납했다. 임원들도 급여를 삭감하는 등 전 직원들이 힘을 합쳤다. 최 회장은 "6~7개월 이후 현대·기아차 판매량이 회복하면서 인팩의 경영도 정상궤도를 밟았다"며 "위기 때 발 벗고 나서준 직원들에게 희생에 대한 보상을 해주는 것을 잊지 않았다"고 말했다.

2차 중장기사업계획(VISTOL 5) 워크숍

직원들과 함께하는 야유회

장학금 주는 회장님

최오길 회장이 '평생의 은인'으로 꼽는 사람이 있다. 국내 회계학계의 산 증인으로 불리는 조익순 고려대 명예교수다. 그는 2016년 '회계인 명예의 전당'의 첫 헌액인으로 선정됐다. 1924년생(93세)인 조 명예교수는 회계 학계에서 존경 받는 인물이기도 하지만 최 회장과는 더욱 각별한 인연을 맺고 있다.

공인회계사 시험에 수석 합격한 최오길의 재능을 알아보고 학생 신분으로 학교부설 기업경영연구소에서 석사학위를 받을 때까지 학업과 직장생활을 병행할 수 있도록 배려했다. 조 명예교수는 이후 최오길 회장의 결혼식 주례로 단상에 서기도 했다. 그가 연구소를 떠날 때 산업은행을 추천한 이도 조 명예교수다.

지금도 최오길 회장의 서울 방이동 사무실에는 조 명예교수와 함께 찍은 사진이 걸려 있다. 조 명예교수는 최 회장과 같은 훌륭한 제자를 여럿 사회에 진출시켰다. 김승유 전 하나금융그룹 회장(현 학교법인 하나학원 이사장)과 어윤대 전 KB금융지주회장(현 고려대 명예교수) 등이 조 명예교수의 제자다. 최 회장은 "정말 많은 도움을 받은 평생의 은사이자 은인"이라며 "회사를 다니고 CEO로 새로운 도전을 할 때도 항상 '정직하고 공정하게 일하라'는 조언을 아끼지 않았다"고 회상했다.

최 회장은 조 명예교수에게 받은 은혜를 사회에 다시 돌려주고 있다. 대학시절 학비가 없어 고생했던 자신에게 장학금 기회를 준 조 명예교수처럼, 최 회장도 학생들에게 장학금을 주는 사회적 책임활동을 26년째 해오고 있다. 최 회장은 "공장이 들어서면 주변 학교 장학금을 준다"며 형편이 어렵거나 성적이 우수한 학생들이 장학금을 받으면서 공부에 매진할 수 있도록 돕는 것"이라고 말했다.

 최 회장은 장학금 지원 활동을 단 한 해도 거르지 않았다. 중국 선양에서 주변 학교 장학금 지급을 시작으로 인도, 중국 베이징, 베트남, 미국 켄터키까지 확대했다. 물론 충주, 천안, 수원 등 국내 공장도 주변 중·고등학교, 대학교에 해마다 장학금을 전달한다. 최 회장은 "경영자의 사회적 책임이자 기업도 사회구성원이기에 지역 사회를 위해 당연히 해야 할 일"이라고 말했다. 이러한 사회공헌에 대한 남다른 관심과 애정은 대외적으로도 그 공로를 인정받아, 인팩은 중견기업으로서는 보기 드물게 '2016년 글로벌스탠다드 경영대상 Global Standard Management'에서 사회공헌 부문 대상을 수상하기도 했다.

 "이런 활동에 대해 우리 직원들도 자부심을 느낍니다. 앞으로도 계속 장학금 지원 활동을 할 겁니다. 제가 받은 분에 넘치는 은혜를 조금이나마 갚아나가는 방법입니다."

비즈니스 다이어리

언제나 겸손한 마음가짐을 잃지 않는 최오길 회장이 유일하게 자랑하는 것이 있다. 바로 다이어리다. 소문난 메모광인 최 회장은 대학 졸업 후 지금까지 한 해도 거르지 않고 매일 다이어리를 작성했다. 항상 곁에 두고 있다가 수시로 어제와 오늘, 내일을 정리했다. 매일 만난 사람들도 일일이 적었다. 중요한 사람은 명함과 사진을 수첩에 붙이기도 했다. 시간이 모자랄 때는 단체 기념촬영 사진을 통째로 수첩에 넣어두기도 했다. 최 회장이 회사를 빈틈없이 경영하는 비법이다. 지금도 최 회장의 사무실 책장 하나를 그가 30년 넘게 작성한 다이어리들이 차지하고 있다. 그는 "주요 일정은 물론 그 당시 발생했던 주요 사건들도 빠짐없이 기록해 보관하고 있었다"며 "몇 년 전 이사를 하면서 1980년 이전 다이어리를 잃어버렸다"고 아쉬워했다.

몇 해 전 현대자동차로부터 자동차 부품사 2세 경영자들을 위한 강연을 의뢰 받았을 때에도 최 회장은 다이어리를 펼쳤다. 1980년부터 2013년을 1년 단위로 한 페이지씩 정리해봤다. 한국의 자동차 산업과 인맥이 발전해 온 과정을 한눈에 볼 수 있었다. 최 회장은 "1인당 국민총생산GDP이 1980년 1,686달러에서 2013년 2만 5,998달러로 상승했고, 1980년 월급은 20만 원 수준이었고 예금이자율이 21.7%, 대출이자율이 29.3% 였다"며 "이런 기록들을 볼 때마다 한국이 많이 성장했구나 하는 생각이 들었고 감회가 새로웠다"고 말했다.

최 회장 외에 또 한 명의 메모광이 있다. 바로 부인 정인자씨다. 최 회장도 혀를 내두를 정도로 꼼꼼하게 가계부를 기록한다. 그는 "연말 가장 큰 선물이 아내가 원하는 가계부를 사다 주는 것"이라며 "매일 수입과 지출을 정리하니 검소함이 몸에 뱄고, 덕분에 월급쟁이 생활을 하면서 분수를 지키며 부족함 없는 삶을 살 수 있었다"고 설명했다.

최 회장이 사회에서 CEO까지 올라간 후, 기업을 인수하는 등 역동적인 삶을 살아갈 수 있었던 이유 중 하나는 아내의 따뜻한 내조 덕분이었다. 최 회장은 "지금도 새벽 5시에 먼저 일어나 인삼 달인 물을 준비해놓고, 출근할 양복을 다려준다"며 "이젠 여유가 있으니 가정부를 두라 해도 고사하고 청소, 음식 등 모든 집안일을 도맡아 한다"고 말했다.

"저는 아버지로서 낙제생입니다. 회사 일을 돌보느라 정작 집안은 잘 챙기지 못했죠. 집안 살림과 두 아들의 학업 등 모든 걸 아내가 챙겼습니다. 저는 스스로 분에 넘치게 인복이 많은 사람이라고 생각을 하는데, 그중 으뜸은 바로 아내입니다."

COMPANY PROFILE

최고의 기술과 품질 달성을 위해
혁신과 도전을 계속하는 인팩

인팩은 자동차용 케이블의 국산화 공급을 위하여 1969년 설립됐다. 현재는 초기 주력사업인 차량용 콘트롤 케이블뿐 아니라 액츄에이터, 솔레노이드 밸브, 안테나, 혼 등의 다양한 부품을 생산하고 있다.

인팩은 사세 확장에 적극적인 기업이다. 2001년 이튼 오토모티브의 솔레노이드밸브, 액츄에이터 사업 부문을 인수했다. 2004년 인팩요코우 설립(현 인팩일렉스)을 통하여 안테나 사업을 시작했다. 2010년에는 성일산업(현 인팩혼시스템) 인수를 통해 혼 사업에 진출하는 등 사업 영역을 꾸준히 확대했다.

해외에서도 한중 수교 이전인 1991년 중국 선양에 첫 해외공장을 설립할 정도로 적극적이었다. 그 후에도 1994년 중국 베이징, 1998년 인도 첸나이에 생산거점을 설립했다. 2000년대 들어서는 중국 강소, 북미, 베트남, 멕시코, 유럽에 생산 및 기술 거점을 추가로 구축했다. 현재 인팩은 국내 6개, 해외 8개의 생산공장과 국내외 3개의 연구소로 이루어져 있다. 이는 전세계 주요 자동차 시장 대부분을 공략할 수 있는 글로벌 네트워크를 확보한 것이다. 이를 토대로 기존에 거래하던 현대·기아차, 마쯔다, 혼다 외에도 GM, 크라이슬러, 폭스바겐, 북경기차, 길리차 등 해외 유수 완성차 업체와의 거래도 크게 확대했다.

인팩은 1992년 기술연구소를 설립한 이후 R&D 역량 강화에 힘쓰고 있다. 지속적인 R&D 투자를 바탕으로 품질과 원가의 혁신을 이루어냈으며, 전량 수입에 의존하던 능동형 안테나와 전자식 파킹브레이크^{EPB}의 국산화 개발에 성공했다. 차세대자동차 부품개발에도 힘써 하이브리드 자동차$^{hybrid\ vehicle}$, 전기 자동차$^{electric\ vehicle}$에 들어가는 부품을 개발하여 현대·기아자동차에 납품하고 있으며, 그 외에도 수소연료전지 자동차$^{fuel\ cell\ vehicle}$, 자율주행 자동차$^{self\text{-}driving\ car}$에 들어가는 부품 개발에도 전력을 다하고 있다.

이러한 성과를 바탕으로 인팩은 싱글 PPM 은탑산업훈장(2007년 5월), 크라이슬러 우수협력사(2008년 4월), 현대차그룹 자동차부품산업대상(2010년 12월), 지식경제부 '월드 클래스 300' 지원기업 선정(2012년 5월), GM 우수협력사 3년 연속 선정(2010년~2012년), GM 품질우수상(2014년, 2016년), 11년 연속 현대모비스 우수협력사상(2003년~2013년)을 수상하는 등 높은 품질과 기술력을 인정받고 있다.

인팩은 1997년 외환위기를 제외하고는 1990년 이래 단 한 번의 매출 정체도 없이 꾸준히 성장해오고 있다.

11
함상식 엠알인프라오토 회장

신뢰가 답이다

함
상
식

강한 신뢰를 쌓아가는 데는 기술과 더불어
10년이라는 시간이 필요하다.

-톰 피터스-

건강하고 강인해보이는 한 그루의 나무가 있었다. 하지만 겉보기와 다르게 나무는 점점 쇠약해갔고, 겨울이 다가와 바람이 불자 심하게 흔들렸다. 다른 나무들이 그런 자신을 얕보는 것 같아 나무는 더욱 강하고 멋있게 보이기 위해 새로운 가지를 내는 데 애를 썼다. 이때 갑자기 태풍이 몰아쳤고, 나무는 뿌리째 흔들리기 시작했다. 간신히 옆 나무에 기대어 살아난 나무는 모진 태풍 속에서도 자신을 도와줄 힘까지 지닌 그 나무의 비결이 궁금했다.

대강 짐작되는 동화 속 결론은 잠시 아껴두자. 태풍을 이겨낸 나무의 비결은 한 남자의 경영철학과 닮았기에, 이를 통해 살펴볼 가치가 있다.

자동차부품을 제조하는 주식회사 엠알인프라오토^{MR Infraauto}(이하 엠알)의 함상식 회장은 직원들의 가려운 곳을 누구보다 잘 안다고 자부한다. 1976년부터 시작한 10년의 직장생활은 '봉급쟁이' 생활에 대한 애환과 고달픔을 이해하기에 충분한 시간이었다. "직원늘이 스트

함상식

레스 없이 일할 수 있도록 최대한 배려해야 한다." 그가 말하는 첫 번째 경영철학이다.

회사 분위기만 좋다고 실력과 명성이 저절로 오진 않는 법. 엠알은 세계적 수준의 기술력과 설비를 갖추고 있다. 이 회사는 변속기 부속품Transmission parts과 브레이크 패드Break pads 도어를 닫힌 상태로 유지시키는 도어록 부품Door Lock parts, 시트 리클라이너Seat Recliner 등 자동차의 안전과 직결된 부품을 생산하고 있다. 높은 정밀도의 가공기술을 요구하는 파인블랭킹Fine Blanking 제품이다. 엠알은 이 부문에서 세계 최고의 기업이 되겠다는 목표를 갖고 있다. 함상식 회장의 왼쪽 주머니에는 항상 조그마한 다용도 칼이 들어 있다. '스위스 아미 나이프Swiss Army Knife(스위스 군용 칼)'로 불리는 제품 하나로 세계를 정복한 빅토리녹스Victorinox의 전략은 "한눈팔지 말고 한 우물을 파야 한다." 그가 말하는 두 번째 경영철학이다.

함상식 회장의 방은 사무용 책상 하나와 회의용 테이블이 전부다. 깨끗하긴 하지만 시간의 흔적이 느껴지는 회의용 테이블은 산 지 16년이 넘었다.

직원들의 사무용 가구는 가장 좋은 브랜드 제품을 사용하게 하지만 정작 본인은 브랜드 상관없이 가구들을 깨끗이 관리하며 오랜 기간 사용한다. 국내 파인블랭킹 부문에서 가장 우수한 기술력을 갖춘 중소기업 회장의 방이라고 느껴지지 않는다. 그가 늘 강조해온 검소와 정직의 삶을 엿볼 수 있다. 맨주먹으로 일궈낸 결과물인 만큼 더 많이 베풀며 살고 싶다는 게 그 이유다. 이렇게 베푼 사랑은 부메랑이 되어 언제든 되돌아온다는 믿음에서 시작된 또 하나의 경영철학이 바로 나눔의 삶이다.

함상식 회장의 경영철학을 통해 앞서 말한 동화 속 결론을 어렵지 않게 유추해볼 수 있다. 태풍을 이겨낸 나무의 이야기를 들어보자. "그건 아주 간단한 일이야. 네가 새로운 가지를 만들기에 온 정신을 집중하고 있는 동안, 나는 뿌리를 깊숙이 내리고 다지는 데 온 힘을 다했어. 그렇게 다져진 힘으로 나 자신이 버텨내고, 내 주변을 돌보기에 충분했지."

태풍을 이겨낸 나무

함상식 회장에게 직장이란 무엇일까. 황금 같은 시기에 하루 12시간 이상 자신의 젊음을 바쳐 일하는 곳. 때로는 어려운 일들로 힘들고 고달프기도 하지만 동료들과 힘을 합해 일터를 성장시키며 보람을 찾는 곳. 무엇보다 나와 내 가족의 소중한 삶을 이어가게 하는 귀한 터전이다.

함 회장의 10년 직장생활은 한 조직을 이끌어나가는 대표자로서 회사와 직원에 대한 남다른 책임감을 갖도록 했다. 직원들 대부분이 회사 역사와 경력을 같이할 정도로 이직률이 적고, 창업 이래 월급은 물론 보너스 한 번 밀린 적이 없다. 또한 직원들에게 해외연수와 유럽여행 기회도 주고 있다. 사내에 체력단련장을 마련해 직원들이 건강을 유지할 수 있도록 했고, 건강관리가 필요한 직원들을 위해 6개월간 건강 증진 게임을 진행한다. 목표를 달성한 직원들에겐 격려금을 준다. 직원들의 직장생활뿐만 아니라 삶 전체를 생각한 배려다.

사업에 뛰어든 함 회장은 두 눈을 한곳에 집중했다. 국내 최고 기업이 되기 위해 과감하게 투자했다. 엠알은 파인블랭킹 부문 세계 최고의 설비 제작사인 스위스 파인툴Feintool의 설비 18대를 운영하고 있다. 아시아 최대 규모. 소재의 불필요한 부분을 기계적으로 제거하는 기술인 인-툴 디버링In-Tool deburring 금형 등 첨단기술도 확보해, 품질과 함께 생산성 수익성도 개선하고 있다.

직원 대부분이 영어를 구사할 수 있고, 일본어와 중국어를 현지인처럼 구사하는 우수한 인재들도 있다. 이에 현재 세계 2위 자동차부품회사인 캐나다의 마그나Magna를 비롯해 미국의 길Gill과 보그워너Borgwarner, 터키의 게이츠Gates 등 세계 굴지 회사들을 거래처로 두고 있다. 캐나다, 중국, 미국, 터키, 브라질, 일본, 폴란드, 루마니아 등 전 세계에 수출을 함에 따라 내수와 수출 비중이 50대 50의 균형을 이루고 있다.

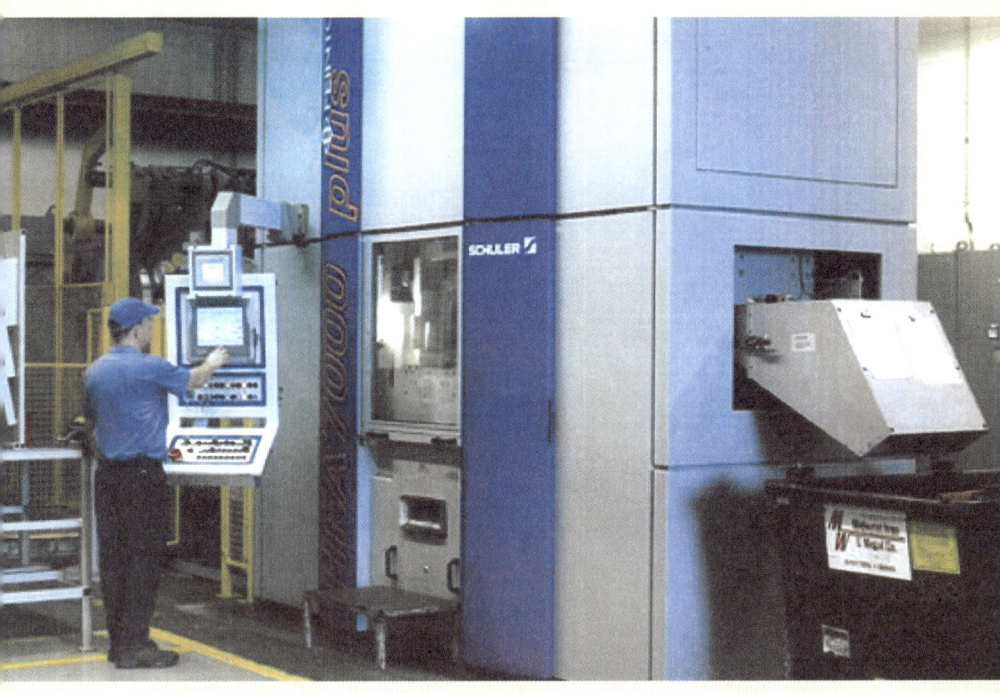

높은 정밀도의 가공기술을 요구하는 파인블랭킹 제품 제조 현장

이 회사는 2015년 매출액이 500억 원을 넘어설 전망이다. 그동안 직원들을 가족과 같이 아끼는 배려와 기술과 품질 그리고 인재를 중시하는 함 회장의 열정과 의지를 회사경영에 적극 반영한 결과다.

함 회장은 새로운 공장을 건립하면서 분주하게 움직이고 있다. 최근 경기침체로 제조업이 대부분 어려움을 겪고 있는 시점에도 엠알은 충청북도 진천에 2만 3,461제곱미터(7,100평)의 부지를 확보했고 1차로 1만 1,124제곱미터(3,400평)의 공장을 건설하고 있다. 우수한 기술력으로 가격 경쟁력을 꾸준히 개선시켜온 점을 해외에서 인정받아 신규 수주가 꾸준히 이어지고 있기 때문이다. 스위스 파인툴로 임원들을 파견해 최신기술을 습득하게 하고, 현지 기술자들을 국내로 초청해 직원들이 첨단기술을 전수받도록 한 것도 큰 보탬이 됐다. "최근엔 영업망을 늘리는 방법보다 고객이 요청하는 물량을 어떻게 예정된 일정에 맞추어 공급하느냐에 더 많은 고민을 하고 있습니다. 영업망을 확대해 더 많은 매출과 수익을 내는 것도 중요하지만 기존 고객들이 우리 회사를 신뢰하고 주문을 하고 있는 만큼, 그들과의 신뢰를 지키면서 좋은 품질의 제품을 적기에 납품하는 것도 중요하기 때문입니다."

신뢰는 신뢰를 낳는다

'지부작족知斧斫足'이라는 말이 있다. 흔히 "믿는 도끼에 발등 찍힌다"는 말로 해석한다. 신뢰하던 사람에게 배신 당할 수 있음을 경계한 말이다. 많은 직원들을 이끌고 기업을 운영하는 CEO라면 특히 유념해야 할 리더의 조건으로 여겨진다. 함상식 엠알 회장은 이 말에 동의하지 않는다. 그는 "진심으로 상대방을 믿는다면 결코 배신하는 일이 없다"고 말했다. 이는 함 회장의 경영철학이자 인생관이기도 하다. 헌신적인 부모의 사랑은 그에게 믿음이라는 가치관이 자연스럽게 스며들 수 있는 토양이 됐다. 단단한 믿음의 토양에서 기회의 나무가 자랐고 성공이라는 열매를 맺었다. 회사와 가정 양쪽에서 튼실한 과실을 가꾼 것이다.

가난을 비관하지 않고, 성실함으로 자신을 단련하며, 기회가 왔을 때 놓치지 않는 결단력을 보인 것은 1970~90년대 한국경제 성장기에 기업을 일군 창업주들의 공통점이다. 함 회장은 여기에 '무한신뢰'라는 항목을 더했다. 월급쟁이에서 자동차용 필터를 수출하는 무역상으로 변신한 후, 정밀한 가공기술을 요구하는 파인블랭킹 제조업까지 진출하며 자신의 영역을 넓혀온 함 회장은 "사람을 믿으면 반드시 보답한다"는 신뢰경영을 가장 명확하게 보여주고 있다.

꿈을 생생하게 꾸면 이뤄진다

그가 자라 온 환경은 그리 부유하지 않았다. 그 시대를 살아온 사람들 대부분 그러하듯 가정은 화목했지만 가난은 피할 수 없었다. 부모님은 밤낮을 모르고 일했지만 주인 있는 논밭을 일궈 6남매를 먹여 살리는 건 결코 쉬운 일이 아니었다. 어린 함상식도 이 사실을 잘 알고 있었다. 초등학교 졸업 후 중학교에 가고 싶었지만, 가정 형편을 생각하면 언감생심 꿈을 꿀 수도 없었다. 그는 5~6학년 담임이었던 박만길 선생님을 찾아가 말했다. "선생님, 제가 중학교에 가지 못할 것 같습니다. 진학을 포기하겠습니다."

그 말을 들은 박 선생님은 그의 손을 잡고 청안초등학교 바로 옆에 있는 청안중학교 교장실로 향했다. 그리고 정천일 교장선생님에게 "함상식이가 저의 제자인데 이 아이는 꼭 공부를 해야 한다"며 "중학교에 다닐 수 있도록 장학금을 달라"고 부탁했다. 바로 옆 초등학교 소식을 듣고 있던 정 교장도 함상식을 알고 있었다. 그는 함상식이 중학교에 다닐 수 있도록 도왔다.

중학교 입학 후, 충청북도에서 선발하는 도비 장학생 시험에 응시했다. 여기에 합격해 장학생으로 선발되면 3년 동안 장학금을 지원받을 수 있었다. 가난한 학생은 많고 선발인원은 적었기에 경쟁은 치열했다. 시험을 보려면 청주까지 가야 했다. 새벽같이 일어나 아버지의 손을 잡고 청주로 향했다. 차가운 날씨 속에서 손으로 전해지는 아버지의 따뜻한 온기를 느끼며 그는 굳게 다짐했다. '반드시 장학생이 돼야 한다.'

시험은 청주공업고등학교에서 열렸다. 각 학교에서 성적 상위권을 기록한 학생들이 모여들었다. 함상식도 그들 중 하나였다. 그리고 그는 도비 장학생에 합격해서 3년 동안 장학금을 받으며 중학교를 다닌 후 청주상업고등학교를 거쳐 청주대학교 경제학과(71학번)로 진학했다. 청주상업고등학교와 청주대학교에서도 줄곧 장학금을 받아 어려운 가정환경 속에서도 학업을 무사히 마칠 수 있었다.

나를 키운 고난의 시간

청년 함상식은 졸업을 앞두고 취업에 나섰다. 다양한 산업이 태동기를 맞던 시기라 일자리를 구하는 건 어렵지 않았다.

첫 직장은 칠표연탄이었다. 당시 청주대학교 김준철 이사장이 칠표연탄의 안원종 회장과 고려대 경영대학원 동기였다. 안 회장이 김 이사장에게 인재 추천을 부탁했다. 그는 이사장의 추천으로 면접을 봤고 합격했다. 하지만 3개월 후 사표를 냈다. 칠표연탄은 탄광사업을 하고 있었고 원양어업을 하는 유니코산업을 계열사로 거느리고 있었는데, 그를 유니코산업의 중남미 원양 어업기지인 파라마리고로 발령 내려 했기 때문이다. 부모님을 모셔야 했던 그는 선택의 여지없이 칠표연탄을 나와야 했고, 롯데공업(현 농심)으로 자리를 옮겼다. 롯데공업 경리부에서 6개월간 일한 그는 다시 효성그룹의 계열사인 대전피혁으로 이직하게 되면서 무역 업무를 접하게 됐다.

1977년 5월 대전피혁 서울사무소 경리부로 발령을 받은 그는 일주일 내내 하루도 쉬는 날 없이 출근하는 강행군을 했다. "매주 월요일 간부회의를 하는데 회의 자료 준비를 제가 해야 했어요. 수출 실적 집계, 지난주 실적, 이번 주 계획 등을 표로 만들어 40명이 볼 수 있도록 만들어야 했죠. 당시에는 지금처럼 성능 좋은 복사기가 없어서 일일이 손으로 문서작업을 했어요. 문제는 이와 관련된 자료가 영업부와 수출부로부터 매주 토요일 늦은 시간에 넘어왔던 것이죠. 일요일에 출근해서 하루 종일 이 작업을 했습니다."

회의 자료 준비가 힘들어 회사를 그만둔 사람이 있을 정도로 고된 일이었지만, 그는 이를 악물고 견뎠다. 이와 함께 외환, 금융 업무를 이해하기 위해 신문과 무역 관련 잡지를 탐독했다. 외환, 금융 관련 기사는 모두 스크랩했고 이와 관련된 교육에도 빠짐없이 참석했다. 모르는 내용은 물었고, 들은 내용은 잊지 않으려 철저히 메모한 후 몇 번을 다시 보면서 암기하려 노력했다.

고된 노력은 알찬 결실을 맺었다. 그는 입사동기들보다 2년이나 먼저 과장 자리에 올랐다. 하루도 쉬지 않고 일한 모습을 곁에서 지켜본 동기들은 진심 어린 축하를 아끼지 않았다. 그는 외환 금융 업무 전문가로도 인정받을 수 있었다. 1980년 우리나라 환율이 고정환율제에서 변동환율제로 변경됐을 때 이를 미리 예상하고 대비한 것이다. 당시 많은 기업들은 환율 인상으로 인해 손해를 입었다. 효성그룹도 효성물산, 한국타이어 등 전 계열사가 환율 인상으로 막대한 손해를 봤지만, 유일하게 그가 외환관리를 해오던 대전피혁만 거액의 환차익을 올렸다. 그는 그 공로를 인정받아 경영진으로부터 포상을 받았다. 함 회장은 "그 일 이후로 효성그룹에서 외환 금융관련 1인자로 인정받았다"고 말했다.

믿을 수 있는 사람

대전피혁에서 5년간 근무한 함상식 과장은 1982년 서흥캅셀로 자리를 옮겼다. 대전피혁 입사 동기 중 한 명이 서흥캅셀 회장의 둘째 아들인 양주환 전무와 경복고등학교 동창이었다. 사업 확장 차원에서 고려특수밸브를 인수할 계획을 세웠고, 이 업무를 맡길 믿을 만한 사람을 찾고 있었다. 입사 동기의 추천 덕분에 금융과 재무 쪽으로 경력을 쌓아온 그는 서흥캅셀로 옮겨 인수팀장을 맡았다. 그는 고려특수밸브의 인수 실무를 맡았고, 인수 회사의 사명을 서흥금속으로 변경한 뒤 새로운 성장기를 만들어나갔다. 이후 단조 주물공장인 삼광금속도 추가로 인수했다.

이직한 지 4년이 지난 1985년 함 사장을 포함한 직원 7명이 갑작스레 회사를 나오게 됐다. 차남인 양주환 사장 대신 장남에게 서흥금속의 경영권이 넘어갔기 때문이다. 예상치 못하게 일자리를 잃은 함상식은 약 1년 동안 야인 생활을 했다. 아침 일찍 집을 나가 직장을 구하러 다니고 친구들도 만났다. 같은 마을에 살던 친한 여동생으로 만나 결혼을 하게 된 아내는 그런 남편의 지갑에 말없이 용돈을 채워줬다.

이듬해인 1986년, 전화 한 통이 왔다. 서흥금속 시절 그의 직장 상사였고, 당시 자동차용 오일필터를 생산하는 강남필터에서 공장장으로 근무하고 있던 고상언 상무였다. 강남필터의 거래처였던 미국의 로마노우Romanow 그룹의 경영진이 자동차용 필터를 미국으로 수출할 '믿을 만한' 중개상을 찾고 있었고, 고 상무는 깔끔하게 업무를 처리하던 함상식을 떠올리고 연락하게 된 것이다. 로마노우그룹은 미국 보스톤에 위치한 수입자동차부품 유통회사다. 이 회사는 당시 일본에서 필터 제품을 수입해왔고, 엔화가 강세로 전환됨에 따라 한국에서 제품을 수입하고자 준비했다. 연락받은 그는 서울 장충동 신라호텔에서 로마노우그룹의 로마노우 회장과 모스 사장, 벨라스톡

Bellastock 구매담당 부사장을 만났다. 그들의 이야기를 들은 함상식은 두 가지 이유를 들어 거절했다. 무역을 해본 경험이 없다는 게 첫 번째 이유, 자동차용 필터를 모른다는 게 두 번째 이유였다. 로마노우 그룹의 경영진은 그에게 재차 부탁했다. 로마노우 회장이 입을 열었다. "비즈니스에서 가장 중요한 건 신뢰입니다. 저희가 보기에 미스터 함은 믿을 수 있는 사람입니다. 필터는 고 상무가 잘 알고 있으니 문제가 안 됩니다. 필요한 사무실 개설 비용도 저희가 모두 지원해드리겠습니다. 일을 꼭 함께하고 싶습니다."

이틀 후, 고민을 거듭하던 그는 로마노우 회장의 제안을 받아들였다. 전혀 모르는 분야에서 사업을 시작하는 건 분명 위험부담이 큰일이었지만, 로마노우 경영진의 말에 신뢰가 갔다. 진심으로 자신을 필요로 하고 있었기에 사업 초기 체계만 잘 구축한다면 가능성이 있다고 판단했다. 무역은 외환, 금융 부문이 중요한데 그간의 직장생활을 통해 이에 대한 충분한 경험을 갖고 있었기 때문에 자신 있었다.

"그래, 해보자." 그는 두 주먹을 불끈 쥐었다. 자신만을 바라보는 아내와 자식들을 생각해서라도 사업을 성공시켜야 한다고 결심했다. 서울 강남구 논현동 리츠칼튼 호텔 맞은 편 건물에 작은 사무실을 얻었다. 그는 엠알트레이딩 MR Trading 사장으로 자신의 사업에 첫발을 떼는 순간이었다.

회사명인 엠알트레이딩은 함 회장이 직접 지었다. 사명부터 사람에 대한 신뢰가 짙게 배어 있었다. "저에게 사업을 제안한 모스Morse 사장과 로마노우Romanow 회장의 이름 첫 글자인 M과 R을 따서 회사 이름을 지었습니다. 저를 믿고 기회를 준 그들에 대한 감사하는 마음을 잊지 않으려는 뜻이 담겨 있습니다. '엠알MR'이라는 사명은 이후 제조업으로 사업을 확대할 때에도 계속 유지했습니다."

품질 또 품질

함 사장이 사업 초기에 한 업무는 강남필터에서 생산한 제품을 미국으로 수출하는 무역업이었다. 초기에는 월 5만 달러정도의 작은 규모로 시작했다. 그는 오일필터 한 품목에 그쳐서는 경쟁력이 약하다고 판단했다. 함 사장은 오일필터에 이어 에어필터를 사업 항목에 추가하고, 플라스틱 사출을 통해 '플라스틱 패널 에어 필터Plastic Panel Air Filter'를 국내에서 처음으로 개발했다. 이후 연료필터, 중장비용 필터로 영역을 확대했고, 적용되는 차종별로 제품도 다양화했다. 필터 제조업체도 강남필터에서 영동필터, 광진산업, 경일필터, 대부필터로 공급선을 다변화시켰다. 제품 종류를 확대하는 단계에서 가장 신경 써야 할 부분은 품질이었다. 품질에 대한 신뢰가 무너질 때 수출길도 함께 닫히는 건 불 보듯 뻔한 일이었다. 제조사에 품질의 중요성을

다양한 필터 제품

수시로 강조하고 수출하기 전 제품을 직접 검수하기도 했다. 로마노우에 수출한 필터에 불량이 발생했다는 연락은 한밤중에도 걸려왔다. 잠을 자다가 이와 같은 전화를 받은 함 사장은 곧바로 제조사 사장에게 전화를 걸었다. 제조사 사장들이 "알았으니 제발 그만하라"고 애원할 때까지 품질에 대한 주의를 줬다. "아무리 좋은 기계를 사다가 첨단 제품을 만들어도 품질이 균일하지 못하면 시장에서 외면 받습니다. 경쟁이 치열한 필터 사업도 예외는 아니죠. 품질의 중요성은 아무리 강조해도 지나치지 않습니다."

그의 제품 확대 전략은 미국시장에서 크게 인정받았다. 품질이 우수하고, 원가 경쟁력이 강하니 제품에 대한 수요가 급속하게 늘어난 것은 당연한 일이었다. 주문은 계속 늘었고 함 사장은 더욱 바쁘게 뛰었다. 한 해에 그가 미국으로 보내는 물량이 40FT, 컨테이너 200개에 달했다. 엠알트레이딩의 실적은 꾸준히 상승했고, 사업을 시작한 지 8년째 되는 해인 1994년에는 총 1,400만 달러 규모의 수출 실적으로 '1,000만불 수출 탑'을 수상했다.

윈–윈 win-win 전략

무역업으로 어느 정도 자금을 확보한 함 사장은 새로운 사업을 모색했다. 신사업 기회는 뜻하지 않은 경로로 찾아왔다. 그간 함 사장은 미국을 오가며 '부품 재제조' 사업에 관심을 갖고 꾸준히 검토해왔다. 부품 재제조 사업이란 쉽게 말해, 수명이 다한 부품을 폐차장 등에서 수집해 분해와 세척, 그리고 재가공 작업을 거쳐 신품과 비슷한 품질의 부품으로 만들어 판매하는 사업이다. 미국이나 유럽 등지에선 이런 재생 부품 사업이 일찍부터 발달했고 시장 규모도 컸다. 로마노우도 다이나믹스Dynamics라는 재생 부품공장을 운영하고 있었기에 수출길도 어렵지 않게 확보할 수 있었다. 그는 "이제 직접 부품을 만들어보자"라는 포부를 밝히며 부품 재제조 사업을 위한 준비를 시작했다.

인천 남동공단에 부지를 매입하고 공장 건물을 지었다. 재제조 부품 품목으로는 등속조인트를 점찍었다. 부품을 가공하기 위한 설비들도 가계약 단계까지 갔다. 사업 준비가 완성 단계에 가까워졌을 때 함 사장은 뜻하지 않는 난관에 봉착했다. 국내에서 부품 재제조 사업을 하는 것이 불가능하다는 법적 규제 때문이다. 그는 "설비들을 들여오려고 준비하는 과정에서 우리나라 자동차안전관리규정 상 해당 품목들을 폐차장에서 가져다 재제조를 하는 것이 금지돼 있다는 것을 알았다"며 "꿈에도 생각하지 못한 규제 때문에 추진하던 사업을 접고 다시 처음부터 고민을 해야 했다"고 설명했다.

예상치 못한 걸림돌로 인해 신사업은 중단됐다. 공장 건물은 완공

된 채로 1년 동안 비어 있었고, 부품 재제조 사업만을 검토하던 그는 마땅한 신사업 아이템을 찾지 못했다.

부품 재제조 사업을 접은 지 1년이 지난 1995년 그는 뜻밖의 제안을 받았다. 자동차용 안전벨트를 생산하는 창원소재 삼송의 안성실 공장장으로부터 록 기어Lock Gear 부품을 제조해달라는 요청을 받은 것이다. 함 사장은 "미국 수출을 중개해주던 대화브레이크에서 알고 지내던 안성실 상무가 삼송에서 공장장을 한 것이 인연이 됐다"며 "오래 전부터 서로에 대한 신뢰가 쌓여서 새로운 사업을 제안했고 나 역시 이를 적극적으로 수용하고 추진했다"고 말했다.

당시 삼송은 벨트에 들어가는 록 기어를 일본에서 수입해오고 있었다. 일본산이라 가격 부담이 컸고 당시 일본산의 제품 품질도 그다지 만족스럽지 않아 골머리를 앓고 있던 차였다. 국내에서 이 부품을 조달하게 되면 삼송은 원가를 절감할 수 있고 함 사장은 새로운 사업을 안정적인 공급처와 함께 시작할 수 있어 양쪽 모두 이익을 보는 '윈-윈Win-Win 전략'이었다.

파인블랭킹

록 기어는 파인블랭킹 프레스 가공기술로 만드는 제품이었다. 파인블랭킹이란 한 번의 공정으로 소재 전단면을 정밀하고 깨끗하게 절단하는 기술을 말한다. 밀링이나 연삭, 드릴링 등과 같은 2차 가공 공정을 생략할 수 있어 가공 시간이 단축된다는 장점도 있다. 하지만 설비가 고가이고 이를 잘 아는 전문 인력이 기계를 다뤄야만 안정적인 품질의 제품을 생산할 수 있다. 그는 "파인블랭킹은 정밀기계 가공기술이기 때문에 '고성능 기계와 정밀한 금형, 이를 잘 아는 사람' 이렇게 3가지 요소가 충족돼야 한다"며 "당시에 과감한 투자와 인재 영입으로 사업 초기부터 안정적인 품질을 확보해야 한다고 판단했다"고 강조했다.

파인블랭킹 설비 시장 1위 업체는 스위스의 파인툴^{Feintool}이었다. 세계 시장 점유율이 70퍼센트에 달했다. 함 사장은 삼송을 통해 기계 설비를 전문적으로 수입하는 오트라 무역의 유상열 상무를 소개받았다. 유 상무 역시 대화브레이크 출신이었다. 함 사장은 그를 통해 250톤 파인블랭킹 프레스 한 대와 록 기어 금형 3벌을 턴키$^{Turn-Key}$ 방식(투자에 대한 타당성 검토, 설계, 시공과 감리시운전까지 일괄수주하여 사업주가 최종단계에서 키만 돌리면$^{Turn\ Key}$ 모든 설비가 가공되는 상태로 인도하게 되는 계약)으로 주문했다. 여기에 15억 원의 비용이 들어갔다. 이 과정에서 그의 신뢰경영을 보여주는 에피소드가 있다.

"그때 유 상무에게 '최선의 가격으로 계약서를 작성해서 가져오세요'라고 했죠. 그가 가져온 계약서에 두말없이 서명했습니다. 유 상무가 놀라며 '가격을 조정할 생각도 하지 않고 바로 서명하느냐'고 말했습니다. 제가 답했죠. '제가 상무님께 최선의 가격으로 가져오라고 하지 않았습니까. 저는 당신을 믿고 서명했습니다.'"

그는 서명하며 유 상무에게 한 가지를 더 요구했다. "이 기계를 잘 다뤄서 좋은 제품을 생산할 수 있는 사람과 이 제품을 갖고 영업할 사람을 소개시켜 달라"는 것이었다. "오트라 무역을 통해 기계와 금형을 샀으니 끝까지 책임지라고 했습니다. 유 상무가 대화브레이크에서 함께 근무했던 주영준 차장이 금형과 기계를 잘 안다며 소개시켜 줬고 영업 담당은 동양기공의 박용신 과장을 추천했습니다. 두 사람을 만나 함께 일하자고 했더니 선뜻 이직을 하겠다고 나서더군요. 1995년 9월 이들이 입사하면서 본격적인 생산이 시작됐습니다."

창립 멤버였던 박용신 과장과 주영준 차장은 그 후로도 20년간 함께 일했다. 박 과장은 상무까지 승진한 뒤 작년에 개인 사정으로 퇴직했고, 주영준 차장은 현재 부사장으로 재임 중이다.

파인블랭킹으로 만든 록 기어는 1995년 말부터 생산해 삼송에 납품했다. 국산화는 공급처와 납품처 양쪽에 이득이 됐다. 좋은 설비와 금형을 통해 안정적인 품질의 부품이 생산됐고, 납품 가격은 일본의 절반 이하 수준이었다. 삼송은 원가부담을 덜었고, 엠알은 출범 첫해부터 수익을 내게 됐다. 그의 과감한 투자는 이후에도 지속됐다. 그는 "주간 근무시간을 기준으로 실제 생산량이 최대 생산 가능량의

70퍼센트 수준에 올라서면 신속하게 새로운 설비를 주문했다"며 "기술과 품질에 자신이 있었기에 추가로 수주를 해도 납기일을 정확하게 맞출 수 있도록 생산능력을 계속 확대했다"고 설명했다. 현재 엠알인프라오토MR Infraauto의 파인블랭킹 설비는 국내 16대, 중국 2대 등 총 18대. 1995년부터 매년 한 대씩 새로 들여온 셈이다. 함 회장은 "현재 총 40여개 업체에 파인블랭킹 제품을 납품한다"며 "이들 중 20개 업체가 해외업체"라고 소개했다.

사람의 가치가 기업의 가치

함 회장은 사업성을 검토할 때는 매우 신중하지만 일단 의사결정이 이루어지면 그 실행은 매우 신속하게 진행시켰다. 파인블랭킹 사업에 뛰어들 때에도 마찬가지였다. 그는 스스로 "지금까지 의사결정을 해서 실패한 경우가 거의 없다"고 말한다. "사람을 믿었습니다. 신뢰하는 사람의 제안이면 긍정적으로 검토하고, 가능성이 있다 싶으면 바로 시행했죠. 직원들에게도 한번 믿음을 주면 그 일에 대해 권한과 책임을 부여했습니다. 제가 믿는 만큼 직원들은 좋은 성과로 보답을 해줬죠."

2007년 필터 사업부문을 엠알필트레이션MR Filtration이라는 회사로

톰 벨라스톡 사장에게 감사패를 증정하는 함상식 회장

독립시켰다. 이 부문은 함 회장의 동생인 함상선 사장이 경영을 맡고 있다. 오랜 기간 이 부문을 맡아온 동생에게 계열 분리를 한 것이다. 미국의 필터 유통 사업에도 직접 진출해 사세를 키웠다. 기존에 거래하던 로마노우가 다른 곳으로 인수합병M&A됨에 따른 조치였다. 함 회장과 톰 벨라스톡Tom Bellastock 사장이 공동 설립한 엠알 오버시스MR. Overseas가 미국 내 유통 역할을 담당하고 있다. 이 회사의 경영은 톰 벨라스톡 사장이 맡고 있다. 그는 로마노우에서 구매담당 부사장으로 일했던 인물이다. "벨라스톡 사장은 나와 30년 이상 함께 동고동락했기에 이젠 형제와 같다"고 설명했다. 사람을 한번 믿으면 변하지 않고 오랜 기간 함께하는 함 회장의 신뢰경영에 대한 철학을 잘 보여주는 대목이다.

직원들과의 소통도 매우 중요하게 여긴다. 특히 젊은 직원들에게 힘을 실어줘야 기업이 발전한다고 믿고 있다. 변화와 혁신의 발상은 창의적인 인재에게서 나오는데, 창의성은 젊은이들이 월등하다는 논리다. 직원들과의 의견을 교환하기 위해 함 회장은 카카오톡과 같은 소셜네트워크서비스SNS도 활발하게 사용한다. 그는 "새로운 지식으로 무장한 젊은 인재의 창조적 발상은 기업이 새로운 성장동력을 확보하는 데 큰 도움이 된다"고 말한다.

사람을 믿고 따르는 인재경영을 중시하기에 젊은 직원들의 대기업 이직 현상에 대한 아쉬움도 토로했다. "신입사원으로 들어와서

팥빙수를 먹으며 현장의 소리를 듣는 시간

한마음체육대회에서 직원과 함께 2인 1조 장애물 경기에 참가한 함상식 회장

경력만 쌓고 대기업으로 이직하는 직원들의 사정도 충분히 이해합니다. 하지만 그렇게 되면 중소기업은 또 다시 큰 인재 공백 속에서 업무를 진행해야 합니다. 직원들이 진정으로 자신이 속한 기업의 가치와 그 안에서 자신이 맡고 있는 업무의 중요성을 충분히 인지하게 된다면 그러한 인재들이 속한 기업은 진정한 강소기업이 될 것이라 생각합니다."

엠알인프라오토^{MR Infraauto}는 2014년 470억 원의 매출액을 기록했다. 2015년은 이보다 10퍼센트 이상 성장할 것으로 보인다. 내수와 수출 비중이 각각 절반으로 매출 구조가 안정적이며, 진입장벽이 높은 정밀기계 사업이기에 회사 매출은 중장기적으로 꾸준히 늘어갈 것으로 예상된다. 그는 직원들에게 이런 점을 강조하며 '작지만 강한 기업', '사람 중심의 따뜻한 기업'이라는 가치를 실현하고자 최선의 노력을 기울이고 있다.

그는 후배들에게 데일 카네기의 말을 들려주고 싶다고 했다. "데일 카네기는 '진실한 마음으로 상대를 대하면 상대방 또한 진실한 마음을 알아줄 것'이라고 말했습니다. 저는 아버지를 통해 이를 배웠고, 이제 제가 아들과 직원들에게 그 가치에 대해서 알려줄 차례입니다."

COMPANY PROFILE

고도의 금속 가공 기술력을 갖춘
엠알인프라오토

고도의 정밀도와 기능을 요하는 자동차, 전기, 전자, 기계 부품 등에 필요한 파인블랭킹 제품을 생산하는 업체다. 1986년 9월 10일 엠알트레이딩이라는 이름으로 설립됐다. 국내에서 생산된 자동차용 필터를 미국에 수출하는 무역업으로 시작한 뒤 1995년 제조업으로 사업을 확대했다. 2007년 필터 수출부문을 분리, 엠알필트레이션을 설립했고, 엠알인프라오토로 사명을 변경했다. 자동차의 엔진과 브레이크, 변속기, 시트, 안전벨트 등 주요 부분에 들어가는 정밀 가공 부품을 제조해 국내외 자동차부품회사로 공급한다. 금형개발과 설계, 제작까지 파인블랭킹과 관련된 전 과정의 기술력을 갖추고 있으며 자동차용 시트 관련 부품의 특허 등으로 국내는 물론 해외에서도 기술력을 인정받고 있다. 현재 중국에 한 개의 현지법인을 두고 있으며 진천에 제2공장을 건축 중에 있다.

파인블랭킹은 일반 금속 가공법으로는 생산하기 어려운 부품을 제조하는 데 사용하는 고도의 정밀 기술이다. 한 번의 공정으로 형상이 복잡한 부품을 효율적으로 생산하는 기술이다. 밀링과 연삭, 드릴링 등 2차 가공을 생략할 수 있다는 것도 큰 강점이다. 소재 가공기술에 대한 글로벌 기업들의 경쟁이 치열해지면서 R&D 투자에도 적극 나서고 있다. 이 회사는 2004년 R&D 센터를 설립해 독자 기술을 개발하고 있다. 현재 이 회사가 제조하고 있는 부품 수만 500여 종에 달한다.

12
홍성종 남양공업 회장

경영의 처음과 끝은
현장에 있다

홍성종

경영의 최전선이 나를 더 나은 리더로 만든다.
강한 리더 매일매일 전투가 펼쳐지는
현장의 최전방에 서야 한다.

-칩 버그-

 '현장경영'은 CEO들이 대부분 입버릇처럼 하는 말이다. 사무실에서 회사의 미래 경영전략을 논의하는 것도 중요하지만, 좀 더 정확하고 효율적인 경영전략을 수립하기 위해서라도 현장을 잘 알아야 한다. 이렇게 결정된 경영전략이 적용되는 곳도 현장이니, 결국 '처음과 끝은 현장'이라는 공식이 성립된다.

 CEO들 모두가 현장경영을 강조하지만 모든 CEO들이 이를 몸소 실천하는 것은 아니다. 기업에서 의사결정의 가장 꼭대기에 있다 보니 각종 회의와 보고, 결제, 투자유치, 해외 출장 등 사무실에서 처리해야 할 업무만 해도 산더미 같다. 그러므로 시간을 내어 현장을 방문하더라도 마음은 사무실에 있는 경우가 허다하다. 언론에서 대기업 CEO들이 현장경영에 적극 나서면 비중 있는 기사로 다루는 이유도 말처럼 쉬운 일이 아니기 때문이다.

 이런 상황을 고려했을 때 홍성종 남양공업 회장은 국내 모든 CEO를 통틀어 가장 높은 단계의 현장경영을 하고 있다고 해도 과언이 아니다. 그는 출근 후 사무실에서 작업복으로 갈아입은 뒤 바로 공장으로 향한다. 현장에서 끊임없이 생산공정과 제품의 개선점을 찾아내고 효율성을 높이는 방안을 찾아낸다. 새로운 사업 아이디어의 원천도 현장이다. 그는 특별한 일이 없는 한 퇴근할 때까지 현장을 떠나지 않는다.

대부분의 결제는 현장에서 이뤄지기 때문에 임원들은 결제 받아야 할 서류를 들고 그를 찾아 현장을 뛰어다닌다. 그는 의자에 앉지 않는다. 직원들과 함께 서서 일한다. 80대 후반의 CEO는 스스로 건강健康과 건각健脚의 비결을 "평생을 현장에서 선 채로 일했기 때문"이라고 말할 정도다. 항상 현장을 지키는 덕에 20대 현장 직원들도 90세에 가까운 홍 회장과 묻고 답하는 일에 익숙하다.

"저는 공장이 집보다 편합니다. 현장에서 업무에 몰입한 채 하루를 보내는 게 가장 즐겁죠."

처음 그를 만나 이 말을 들었을 때 CEO로서 의례 하는 말이겠거니 했다. 하지만 경기도 안산 반월공단에 위치한 남양공업 본사와 1공장에서 홍 회장을 만난 후로 그의 말에 진심이 담겨 있음을 알 수 있었다.

직접 공장 이곳저곳을 소개해주며 복도의 전등 스위치 위치 하나까지 기억하는 그에게 공장은 집보다도 친숙한 공간이었다. "모든 해답은 현장에 있다"고 말하는 그의 지칠 줄 모르는 현장경영은 오

경기도 안산 반월공단에 위치한 남양공업 본사

늘날 남양공업이 국내외 완성차 제조사들로부터 기술력과 품질을 인정받는 값진 토양이기도 하다.

"나는 공장에서 이렇게 일하다 죽어도 여한이 없어요. 그 정도로 행복합니다." 그가 공장 설비들을 바라보며 한 말이었다. 생계를 위해 10대에 공장에 취직한 뒤 70년 가까이 기름밥을 먹으며 살아온 홍성종 회장. 바닥부터 훑은 경험을 바탕으로 국내 굴지의 자동차부품사를 키운 그에게 가장 어울리는 단어는 여전히 '현장'이다.

가장 으뜸인 상, 개근상

그는 1928년 경기도 연천군 중면 횡산리 중군대 마을에서 태어났다. 5형제 중 넷째였다. 집은 시골이었지만 부지런하게 일하는 부모님 덕에 밥을 굶을 정도는 아니었다. 당시 우리나라는 일제 식민지 치하에서 갖은 수탈에 시달렸다.

그는 "한창 성장할 무렵에 일본이 중일전쟁과 대동아전쟁까지 일으켜 식량을 구하기가 무척 어려웠다"며 "공출이 너무 심해 농사지은 곡식과 채소까지 빼앗기고 대신 만주에서 난 좁쌀을 배급 받아 끼니를 해결해야 했다"고 회상했다.

형편은 어려웠지만 자상한 부모 덕에 집안에는 항상 온기가 돌았다. 형제들 중에서도 나이는 어렸지만 그는 우등생이었다. 소학교를 졸업할 때 전교 3등의 성적을 기록해 경기도지사로부터 표창 받을 정도였다. 집에서 4킬로미터(10리) 떨어진 소학교에 다닌 그는 하루도 빠지지 않고 학교를 다녔다. 5학년부터는 상급과정이 있는 소학교로 옮겨야 했다. 이 학교는 집에서 12킬로미터(30리) 길을 걸어가야 했다. 왕복 24킬로미터(60리)를 매일 오가는 일은 성인에게도 힘든 일이었지만 그는 학교를 하루도 결석하지 않았다. 그는 "보자기에 싼 교과서를 어깨에 둘러메고 비가 오든 눈이 오든 학교로 향했다"며 "학교를 다니면서 한 번도 결석한 적이 없었고 소학교와 중학교 모두 졸업할 때 개근상을 받았다"고 말했다. 그는 "다양한 종류의 상 중에서도 가장 으뜸은 개근상"이라고 강조했다. 인생을 살아가면서 가장 중요한 것이 성실함이며, 개근상은 결석하지 않고 성실하게 학교를 다닌 학생만이 받을 수 있는 상이라는 것이다.

"저는 지금도 직원들을 채용할 때 지원자가 개근상을 탔는지 꼭 살펴보라고 인사담당자들에게 당부합니다. 재주가 좋고 실력이 뛰어난 사람도 필요하죠. 하지만 우리가 가장 필요로 하는 사람은 회사를 사랑하고 꾸준히 노력하면서 성실하게 출근하는 직원입니다. 이런 직원들이 많을수록 회사는 견실하게 성장합니다."

실패는 성공보다 좋은 교사다

소학교 졸업을 앞둔 그는 사범학교 시험을 준비했다. 사범학교는 학비도 따로 들지 않았고 졸업 후에는 선생님이라는 일자리가 보장되기 때문에 가난한 학생들에게는 더할 나위 없이 좋은 선택지였다. 그렇기에 경쟁률도 높았다. 일제강점기에는 일본인이 대부분이었고 조선인 교사에 대한 수요는 적었다. 그가 시험을 치르던 해에는 단 2명만을 뽑았다. 경쟁률은 40대1에 달했다.

그는 서울 중구 을지로입구의 학교에서 시험을 치러야 했다. 차편이 없어서 경기도 연천 집에서 서울까지 80킬로미터(200리) 넘게 걸어가야 했다. 큰 형님의 손을 잡고 새벽에 집을 나선 그가 시험장 근처인 동대문 근처에 도착했을 때에는 이미 밤이 깊었다. 간신히 숙소를 구해 잠시 눈을 붙이고 다음 날 지금의 국립의료원이 있는 서울 중구 을지로6가 시험장으로 향했다. 시험장은 전국에서 몰려온 우등생들로 북적였다. 두근거리는 심장을 부여잡고 자리에 앉은 그는 시작 종소리와 함께 시험지를 받아들었다. 눈앞이 컴컴했다. 오랜 시간 걸어온 탓에 몸 상태도 좋지 않은 상황에서 문제까지 어려우니 풀 수가 없었다. 그는 "철원에서 공부를 잘했지만 도시 학생들과 비교하니 수준 차이가 났다"며 "시험지를 반도 풀지 못한 채 시험 시간이 끝나버렸다"고 말했다.

시험이 끝난 후 그는 형님을 부여잡고 눈물을 쏟아냈다. 칭찬만 받고 자란 그에게 실패는 낯설고 괴로웠다. 큰 형님은 동생을 위로하며 "서울까지 왔으니 남산이라도 보고 가자"고 제안했다. 콧물을 훌쩍이며 형을 따라 오른 남산은 그에게 동네 뒷산보다도 초라해보였다. 동생이 투덜거리자 형님은 그에게 "성종아 여기가 서울에서 가장 유명한 산이야. 나중에 크면 서울 와서 꼭 성공하자"고 웃으며 말했다. 그리고 그는 형님의 말처럼 30년 뒤에 서울에서 남양공업을 창업해, 국내 굴지의 자동차부품사로 성장시켰다.

"시험 낙방의 고배를 마시고 다시 200리 길을 터벅터벅 걸어서 돌아왔습니다. 돌아오는 길에 '앞으로 살면서 수많은 도전에 직면할 것이다. 하지만 최선을 다하는 마음을 잃지 않으면 반드시 성공할 것이다'라고 다짐했습니다. 실패를 두려워하지 않고 묵묵히 최선을 다하는 자세로 살아가겠다는 소신을 갖게 된 귀중한 경험이었습니다."

나만의 회사를 만드는 꿈

사범학교 진학의 꿈을 접은 그는 강원도 철원 사요리에 있는 제이초급중학교를 졸업한 뒤 생계를 위해 직업 전선에 뛰어들었다. 그가 학교를 졸업한 1945년은 우리나라가 일제강점기에서 해방이 된 해이기도 하다. 18세가 되던 해 그는 일자리를 구하러 다녔다. 2년 전인 1943년 어머님이 돌아가시면서 가정형편이 더 어려워졌기 때문이었다. 중학교도 가족들의 도움으로 간신히 졸업할 수 있었다.

그는 고향과 멀지 않으면서 일자리를 구하기 어렵지 않은 철원에서 취직하게 됐다. 그가 일하게 된 곳은 삼우철공소. 당시 철원에서 가장 큰 공장으로 직원이 150명에 달했다. 이 회사는 보일러나 발전기 수리, 자동차 엔진 보링boring(엔진 실린더 구멍을 정확하게 넓히는 작업), 주물 제작 등을 주로 했다. 자동차를 포함해 기계라면 무엇이든 수리하고 필요한 부품은 직접 만들기도 했다. 삼우철공소는 방응준 사장이 설립해 운영했다. 방응준 사장은 이후 국내 최초의 소방차를 제작한 인물이기도 하다.

해방을 맞자 철원의 분위기는 남과 북으로 나뉜 민족 간의 갈등으로 인해 이전보다 험악해졌다. 이에 방응준 사장은 상경上京을 결심했다. 방 사장으로부터 서울로 함께 가자는 제안을 받은 홍성종은 '이왕 이렇게 된 것, 좀 더 큰 세상에서 많은 것을 배우자'는 마음으로 그를 따라 나섰다. 방 사장이 아무 연고도 없는 서울로 쫓기듯 올라와 고생 끝에 설립한 회사 이름은 '서울기계공업'이었다. 미동초등학교 인근인 서울 중구 충정로 2가 160번지에 있던 창고를 임대해 공장으로 바꿨다. 이 사명은 1954년 회사의 주력 제품을 피스톤으로 정하면서 '서울피스톤공업'으로 바뀌었다. 이 회사에서 생산한 피스톤을 받아 판매한 이들 중 한 명이 바로 류홍우 유성기업 회장이다.

기술이 좋은 방응준 사장이 서울기계공업을 일으킨 변곡점은 소방차 개조 작업이었다. 당시에는 제대로 된 소방차가 없어 화재를 진압하는 데 큰 어려움을 겪었다. 이에 자동차 수리 기술이 좋다는 입소문을 들은 서울 중부소방서에서 방 사장에게 소방차 납품을 제안했다. 1947년 방 사장이 미8군에서 불하받은 중고 트럭 12대를 개조해 소방차로 만들었다. 중부소방서는 차량의 품질에 만족했고 방 사장은 이를 계기로 다른 소방서로부터 소방차 제작 주문이 들어오게 되자 회사는 성장해 직원 수가 200명까지 늘었다. 소방차 제작에는 홍성종도 참여했다. 그는 이 회사에서 공장장까지 올랐다. 하루 종일 쇳덩어리들과 씨름하고 나면 온몸에 기름때가 묻었다. 지친 몸을 이끌고 숙소로 돌아가면서 그는 결심했다. "언젠가 이 회사를 뛰어넘는 나만의 회사를 만들리라."

"아직 우물을 깊게 파지 않았다"

1950년대 후반에 접어들자 홍성종 과장은 홀로 생각하는 시간이 늘었다. 삼우철공소로 시작해 서울기계공업에서 근무한 지 10년이 훌쩍 지났다. "나만의 사업을 하겠다"는 꿈을 갖고 있던 그에게 흘러가는 시간은 불안감을 더했다. "이렇게 남의 밑에만 있다가 세월을 다 보내는 건 아닌가." 라며 그는 깊은 고민에 빠지곤 했다.

당시 홍 과장은 서울대학교 공과대학 출신의 회사 연구소 김수영 소장과 가깝게 지냈다. 김수영 소장은 학식이 풍부하고 생각이 깊어 홍 과장에게 많은 조언을 해주곤 했다. 어느 날 홍성종 과장이 김 소장에게 고민을 털어놓았다.

"소장님, 10년 동안 땅을 팠는데도 샘이 보이지 않네요."

"홍 과장은 모래밭에서 놀아봤나?"

"그럼요. 고향이 연천이라 임진강변 모래밭에서 매일 놀았죠."

"모래를 팔 때 보면 옆이 허물어져 땅을 파기가 쉽지 않다는 것도 알겠군."

"네, 알죠."

"그렇다면 오랜 시간 땅을 파도 생각한 것만큼 깊이 들어가지 못한다는 것도 알겠네. 백사장에서 우물을 파려면 자신이 생각한 깊이보다 2배 이상을 파야 한다네. 앞으로 10년을 더 파보게. 홍 과장이 아직 파악하지 못한 것을 찾게 될 거야."

그는 이 말을 듣고 나서야 비로소 마음속 방황을 끝낼 수 있었다. '아직 부족하니 더 파고들자' 는 생각으로 다시 업무에 몰두했다. 홍 회장은 "그때 소장님의 조언이 삶의 방향을 바로잡는데 큰 도움이 됐다"며 "이때부터 정확하게 10년을 더 근무하면서 기술을 익힌 뒤에 사표를 내고 내 회사를 차렸다"고 설명했다.

홀로서기가 시작되다

1969년 그는 독립했다. 서울 용산구 원효로에 남양공업이라는 회사를 차렸다. 홍성종 사장이 남양 홍씨南陽洪氏였기에 본관으로 사명을 지은 것이다. 1945년 처음 손에 기름을 묻힌 뒤 24년 만의 홀로서기였다.

시작은 순탄치 않았다. 회사를 창업했다고 해도 198제곱미터(60평)의 공간에 놓인 선반 몇 대와 드릴 한 대가 전부였다. 직원은 그를 포함해 2명이었다. 그는 방응준 사장과 맺은 인연과 신의를 지키기 위해 서울기계공업의 사업 영역과 겹치지 않은 일을 하기로 마음먹었다. 그가 오랜 기간 해온 일과 다른 영역에서 새로운 사업을 해야 하니 선뜻 손에 잡히는 일이 없었다. 홍 회장은 "실력 하나 만큼은 출중하다고 믿었기에 회사만 설립하면 자연스레 일감이 들어올 줄 알았다"며 "주변에서 사업이 잘되는 공장의 사장을 찾아가 자문을 구하는 등 다양한 노력을 했지만 회사 사정은 나아지지 않았다"고 설명했다.

"기술 좋은 사람이 회사를 차렸다"는 소문을 듣고 일감이 스스로 들어올 줄 알았던 홍 사장은 기대를 접고 서울 을지로로 향했다. 그곳엔 공구 상가와 자동차부품 업체들이 밀집해 있었다. 작은 일거리라도 확보하기 위해 상가를 돌아다니며 방문했다. 다행히 그를 알아보는 상인들이 있었고 그중 한 명이 그에게 한 가지 제안을 했다.

"당시 자전거를 만들던 기아산업이 자동차산업에 진출한 뒤 천천히 걸음마를 하는 시기였습니다. 첫 제품은 일본 마츠다와 기술제휴를 통해 1962년부터 생산한 3륜 픽업트럭 'K-360'이었는데 이 차량의 브레이크 드럼 제작 의뢰를 받았습니다. 이 부품을 기아산업에 공급하게 되면서 사업의 물꼬가 트였죠."

제조 환경은 열악했다. 제대로 된 설계도 하나 없었지만 기아차에 브레이크 드럼을 만들어 납품하기로 했다. 간신히 부품을 구해와 이를 바탕으로 제작했다. 용산에서 주물 틀을 만들었고 여기에 쇳물을 부었다. 틀에서 꺼낸 쇳덩어리는 연마 작업을 통해 브레이크 드럼의 형태를 갖춰갔다. 표면은 사포로 문질러 다듬었다.

홍 사장이 20년 넘게 해온 일이었기에 도구를 다루는 손에는 자신감이 묻어 있었다. 납품을 위한 검사일, 1969년 12월 겨울날에 그는 브레이크 드럼을 깨끗한 유지油紙로 싸서 박스에 넣었다. 박스를 들고 기아차 본사에 있는 소하리(현 경기도 광명시 소하동) 공장으로 향했다. 홍 사장이 갖고 간 박스를 본 기아차 관계자들은 "포장부터 저렇게 멋진데 제품은 얼마나 잘 만들었겠느냐"고 칭찬했다. 하지만 막상 뚜껑을 열어본 결과는 참담했다. 당시 제품의 완성도를 점검하는 검품 절차는 간단했다. 차량에 직접 장착해보는 것이었다. 홍 사장이 만든 브레이크 드럼은 차량에 잘 맞았지만, 움직임에 문제가 있었다. 한쪽으로는 돌아갔는데 반대 방향으로는 돌아가지 않았다. 설계도 없이 만들다보니 오류가 발생한 것이다. 기아산업의 검사관은 "어떻게 이런 제품을 들고 올 수 있느냐"고 화를 냈다. 절체절명의 위기였다. 자칫 기아산업에 부품을 공급하려는 계획이 백지화될 수 있었다.

홍 사장이 한겨울에 식은땀을 흘리며 말했다. "제품을 만드는 데 실수가 있었습니다. 한 번만 기회를 주십시오. 내가 내일까지 반드시 바로잡아서 가져오겠습니다."

뒤통수로 따가운 시선을 느끼며 브레이크 드럼을 들고 회사로 온 홍 사장은 면밀하게 제품의 오류를 분석했다. 그리고 밤샘 작업을 통해 잘못된 부분을 수정한 뒤 다시 소하리 공장으로 향했다. 굳은 표정의 검사관은 다시 차량에 장착했고 이상 없이 작동했다.

"됐소. 이대로 부품을 만들어 오시오. 단, 다시는 검사원들 속을 썩이지 않겠다는 약조를 해야 합니다. 앞으로 신의를 지켜서 부품을 가져오시오."

그는 가슴을 쓸어내리며 답했다. "알겠습니다. 반드시 지키겠습니다."

남양공업을 차린 후 호된 신고식을 치르며 기아산업의 부품계약을 따낸 홍 사장은 품질관리에 만전을 기했다. 실수는 한 번으로 족했고, 두 번의 실수는 계약을 파기당할 수도 있었기에 납품하는 제품을 하나하나 검사했다.

그의 철저한 품질관리는 신뢰로 이어졌고, 남양공업은 브레이크 드럼 외에 다른 부품을 공급할 수 있는 기회를 얻었다. 제동장치인 브레이크와 함께 차량의 방향을 조정하는 조향장치 사업에도 진출한 것이다. 1987년 일본의 세계적인 부품사인 NSK와 스티어링 칼럼에 대한 기술제휴를 통해 국산화에 성공하면서 사업영역 확대도 순조롭게 진행됐다.

현재 경기도 안산 반월공업단지 내에 자리 잡은 남양공업은 1공장에서 제동장치 부품인 브레이크 디스크brake disc와 브레이크 드럼brake drum 및 조향장치인 MDPS 부품을 생산하고 있다. 2공장은 조향장치 부품인 스티어링 칼럼steering column, 인터미디어트 샤프트intermediate shaft(중간 축)를 만든다.

위기를 이겨내는 무기

기아자동차의 성장에 발맞춰 함께 사세를 키워가던 남양공업은 1997년 IMF 외환위기 때 최대 위기를 맞았다. 부도 사태를 맞은 기아차로 인해 남양공업의 일감도 뚝 끊기게 된 것이다. 그동안 거래 대금으로 받은 어음은 휴지조각이 됐고, 자금 흐름이 멈춰선 공장의 설비도 가동을 중지해야 했다. 일감이 떨어진 공장의 직원들은 망연자실 앉아서 기다릴 수밖에 없었다. 그는 "당시 우리 회사의 기아차 매출 의존도가 90퍼센트에 달했다"며 "기아차의 부도는 곧 남양공업의 폐업으로도 이어질 수 있었다"고 당시 상황을 전했다.

그는 회사도 지켜야 했지만 현장에서 열심히 일해 온 직원들도 책임져야 했다. 그는 그동안 적립했던 퇴직 유보금 50억 원의 지급을 보증하는 보험서류를 꺼내들었다. 그리고 직원들에게 "공장이 멈춘 상황이고 내일을 장담할 수 없는 상황"이라며 "원한다면 퇴직금을 갖고 가서 가족들을 먹여 살리라"고 말했다. 그는 이와 함께 "끝까지 함께 가고자 하는 직원들은 조금만 더 기다려 달라"고 호소했다. 이미 그도 자신의 서초동 자택을 담보로 은행에서 돈을 빌려 회사에 투입하는 등 자신의 전 재산을 내놓은 상황이었다.

"1997년 전체 직원 500명 중 절반이 퇴직금을 찾아갔고, 절반은 믿고 기다려줬습니다. 전 그 자금을 바탕으로 다시 공장을 되살릴 수 있는 기회를 마련했습니다. 함께해준 직원들이 정말 고마웠습니다. 지금도 전 이 회사가 직원들 덕분에 오늘날까지 성장해올 수 있었다고 믿습니다."

기아차는 이듬해인 1998년 현대자동차가 인수했다. 현대차는 기아차의 협력업체들 중 남양공업은 경쟁력이 있다고 판단해 부품 거래를 계속 유지했다. 숨통이 트인 남양공업의 공장은 다시 돌아가기 시작했다. IMF 외환위기로 인해 단단해진 직원들의 결속력은 이후에도 2008년 글로벌 금융위기를 극복하는 데 큰 도움을 줬다. 홍 회장은 "생산성과 품질을 향상시키는 것이 위기를 이겨낼 수 있는 가장 큰 무기였다"며 "직원들도 이 점에 공감해 불량률을 줄이는 등 노력을 기울인 덕에 고유가의 파도도 넘어설 수 있었다"고 설명했다.

문제의 답은 현장에 있다

그의 나이는 올해 88세, 아흔을 바라보고 있지만 여전히 현장에서 활발하게 경영활동을 하고 있다. 그의 기술개발에 대한 열정은 젊은 연구원들이 따라잡기 버거울 정도다. 그는 "시간이 모자라다"며 직원들을 재촉한다. 흥미로운 건 그가 별다른 건강관리를 하지 않는다는 것이다. 술, 담배를 하지 않는 것 외에는 특별히 하는 운동이나 식이요법이 없다.

그는 스스로 "내 건강의 비결은 일하기 때문"이라고 말했다. "공장에서 하루 종일 서서 일하면서 돌아다니기 때문에 다리는 튼튼합니다. 튼튼하기 때문에 돌아다니는 게 아니고, 돌아다니다 보니 운동

문제의 답을 찾기 위해 현장 점검하는 홍성종 회장

이 되는 것이죠. 운동량으로 따지면 하루에 만보 이상 걸을 겁니다. 또한 일하는 게 즐겁고 재미있기 때문에 지칠 줄 모르는 것도 건강에 도움을 주는 것 같습니다."

일하는 것이 즐거운 홍 회장이라 해도 스트레스를 주는 업무를 맞닥뜨릴 때가 있다. 업무 외에 다른 일로 스트레스를 받는 경우도 흔하다. 이럴 때 그는 정공법正攻法으로 대응한다. 일에 더욱 몰입함으로써 스트레스를 이겨내는 방법을 택한다. 그는 "골치 아픈 문제가 있으면 거꾸로 그것을 해결하기 위해 끝까지 파고듭니다. 그렇게 일을 해결해야만 속이 편해지기 때문입니다. 며칠 밤낮을 고민한 끝에 해결점을 찾았을 때의 짜릿한 성취감은 이루 말할 수가 없습니다. 자잘한 문제들은 일일이 대응하지 않는 편입니다. 회사에 출근해 손에 기름때 묻혀가면서 새로운 제품에 대한 아이디어를 내면 스트레스가 자연스럽게 풀리죠. 이것이 제가 이 나이까지 건강하게 현역생활을 할 수 있는 이유가 아닐까 합니다."

기술자, 그리고 사업가

그가 가장 존경하는 인물은 두 사람이다. 홍 회장이 꿈을 이룰 수 있도록 도움을 준 방응준 회장과 윤준모 회장이다. 공통점은 두 사람 모두 기술인이자 사업가라는 것이다. 홍성종 회장은 젊은 시절 방응준 회장의 집에서 먹고 자며 공장에서 일을 했다. 그에겐 방 회장이 아버지와 같다. 홍 회장은 "방 회장님은 나 자신이 기술인이 될 수 있도록 하나부터 열까지 가르친 분"이라며 "출장을 다녀오면 항상 먼저 기계에 절을 할 정도로 회사에 온 정성을 다해 일을 했다"고 말했다.

윤준모 회장은 자동차부품 업계의 원로로 한국자동차공업협동조합(현 자동차산업협동조합)의 이사장을 역임한 인물이다. 한국 자동차부품산업의 발전을 위해 헌신했으며 홍 회장을 포함한 여러 후배 경영자들로부터 존경 받고 있다. 홍성종 회장의 집무실에는 윤준모 회장이 직접 쓴 글도 걸려 있다.

홍성종 회장 본인도 10대 때부터 기술자로 살아온 인물이다. 그의 기술에 대한 열정은 현장경영 외에도 다양한 곳에서 발견할 수 있다. 먼저 홍 회장은 지금도 새벽 3시면 눈을 뜨고 기술연구에 몰입한다. "보통 저녁 8~9시쯤이면 잠이 들어요. 새벽 3시면 눈을 뜨죠. 5~6시간을 잤으니 잠은 부족하지 않습니다. 이때부터 제품을 들고 연구를 시작해요. 이 시간에 풀리지 않던 문제들의 답을 찾는 경우가 많습니다. 아주 가끔 너무 궁금한 점이 있으면 새벽에 담당 연구원에게 전화하기도 합니다. 그 친구들에게는 정말 미안한 일이지만, 연구가 다음 단계로 넘어가려면 반드시 확인을 해야 하니 어쩔 수 없죠. 이렇게 연구한 후에 연구소에서 진행하는 부품의 8대 내구사항 실험에 대한 수치를 보고받으면 날이 밝기 시작합니다."

출퇴근하는 시간에도 홍 회장의 연구는 멈추지 않는다. 그가 타는 차량인 현대차 에쿠스 리무진에 회사에서 개발한 제품을 장착해서 직접 시운전을 해본다. 제품에 문제가 있다면 사고로 이어질 수도 있지만 그는 "우리 회사 제품을 내가 못 믿으면 어떻게 하느냐"며 7년 전부터 시행하고 있다. 홍 회장은 "최근에는 고급차 브랜드에서 제동 성능을 높이기 위해 브레이크 디스크에 구멍을 뚫는 것이 기술적인 흐름"이라며 "우리 회사에서 타공 브레이크 디스크를 개발한 뒤 실제 성능을 알아보기 위해 직접 출퇴근 차량에 장착해 운영하고 있다"고 말했다. "타공 브레이크 디스크는 정말 성능이 좋아요. 55킬로미터로 달리던 차가 급정거를 했다고 칩시다. 일반 제품보다 타공 브레이크 디스크를 장착한 차량의 제동거리가 5미터 짧아요. 유럽의 프리미엄 업체들이 타공 제품을 선택하는 데에는 이런 안전상의 이유가 있기 때문이죠."

기술인으로서 그의 공로는 일찍부터 인정받았다. 그는 1964년 서울피스톤공업에서 근무하던 시절에 동탑산업훈장을, 남양공업을 경영하던 1992년에는 품질관리 공로를 인정받아 금탑산업훈장을 받았다.

그는 기술자이기도 하지만 남양공업을 이끄는 사업가이기도 하다. 현장 상황을 누구보다 잘 아는 그는 직원들과의 공감대를 형성하

2013년에 열린 제30회 신혼부부 초청 만찬회

기 위해 회사의 다양한 정보를 직원들과 공유한다. 이에 대해 "결국 모든 일은 직원들이 하기 때문"이라고 홍 회장은 말했다. 매주 월요일에 전 직원이 참석하는 아침 조회를 실시한다. 이 자리에서 회사의 각종 현황을 알려준다. 또한 매년 3월, 전 사원에게 전년도 경영 실적을 세세하게 설명하는 자리를 갖는다. 매출과 영업이익, 거래 실적, 기술개발 현황 등 다양한 정보들을 모든 직원들이 알 수 있다. 그는 "정보 공유가 별 것 아닐 수도 있지만 직원들이 회사에 신뢰감을 가질 수 있는 가장 기본이라고 생각한다"고 설명했다.

직원들이 회사에 대한 자부심과 소속감을 가질 수 있는 행사도 개최한다. 매년 연말에 그 해에 결혼한 직원 부부를 초청해 여는 '신혼부부 만찬회' 행사가 그것이다. 직원은 물론 배우자에게까지 회사에 대한 깊은 신뢰를 심어주는 것이 목적이다.

이 같은 회사 정책과 현장에서 직원들과 직접 살을 부딪치면서 일하는 그의 현장주의로 인해 회사 분위기는 그 어느 부품사보다 좋다. 노사를 따로 구분하기 힘들 정도로 거리감 없이 일하기 때문이다. 남양공업의 노조는 2015년까지 14회 연속으로 임금단체협상을 무교섭으로 합의했다. 2005년에는 노사문화대상 대통령상을 받기도 했다.

예상치 못한 어려움이 노하우가 되다

남양공업은 기아차 부품 공급을 시작으로 현대차까지 범위를 넓혔다. 이후에는 해외 업체들도 남양공업에 대한 정보를 듣고 러브콜을 보내기 시작했다. 부품을 공급하는 업체들의 수가 늘어나고, 해외 업체들과 거래하면서 남양공업의 사업은 글로벌 시장으로 확대됐다.

이 회사의 첫 해외 수출 무대는 미국이었다. 미국시장에서도 정통 스포츠유틸리티차량(SUV)으로 통하는 크라이슬러사의 지프 그랜드 체로키에 스티어링 칼럼을 공급했다. 스티어링 칼럼이란 스티어링 휠과 기어를 연결시켜주는 역할을 한다. 첫 해외 수출 프로젝트를 진행하면서 그는 예상치 못한 어려운 점들을 발견했다. 그는 "무엇보다 언어와 문화 차이에서 발생하는 문제점들이 있었다"며 "사고방식이 우리와 달랐고 모든 문서가 영어로 작성됐기 때문에 의사소통의 한계를 느끼면서 프로젝트를 시행해야 했다"고 말했다.

어려움을 겪은 만큼 노하우도 쌓였다. 현대·기아차와 함께 지프를 대표하는 차종인 그랜드 체로키에도 부품을 공급한다는 소식을 접한 다른 글로벌 완성차 업체들도 남양공업에 관심을 보였다. 남양공업도 해외 거래선을 넓히기 위해 해외 전시회에 적극적으로 참석해 회사 이름을 알렸다. 그는 "현재 우리 회사는 미국GM에 부품을 공급하고 있다"며 "BMW와 폭스바겐도 부품 공급을 위한 막바지 나계에 와 있으며 2016년부터 납품을 시작할 것"이라고 덧붙였다. GM은 미국의 1위 자동차업체이며, 폭스바겐은 유럽의 최대 자동차업체다. BMW는 독일의 프리미엄 브랜드 3형제(BMW, 메르세데스 벤츠, 아우디) 중 가장 많은 판매량을 기록하고 있다. 남양공업은 각 국가와 분야에서 선두자리를 지키고 있는 업체들과 거래하는 셈이다.

글로벌 업체들과의 거래가 확대되면서 해외 거점도 하나둘 늘어나고 있다. 남양공업은 현재 중국에서 공장을 운영하는 것 외에 유럽의 폴란드에도 공장을 짓는 중이다. 그는 "여러 업체들과 거래하면서 부품 공급 포트폴리오를 다양화해야 안정적인 회사 경영이 가능하다"며 해외시장 개척의 필요성을 설명했다.

그의 해외사업 확대는 부품의 우수한 경쟁력에 힘입어 빠르게 성장했다. 2004년 처음으로 크라이슬러에 부품을 수출한 뒤 이듬해인 2005년 '5,000만불 수출탑'을, 2년 뒤인 2007년 '1억불 수출탑'을 각각 수상했다. 수출 실적이 2년 만에 두 배로 급증한 것이다. 그 후로도 수출 실적이 꾸준히 증가해 2014년에는 '2억불 수출탑'을 수상했다.

그는 해외사업 확대와 함께 친환경 시대에 대한 준비도 하고 있다. 부품 경량화와 효율성 극대화를 위해 이미 2006년 전동식 파워스티어링EPS의 부품 웜휠worm wheel, 웜 샤프트worm shaft, 퀼 샤프트quill shatf를 생산하고 있다. 기존의 기계식과 달리 EPS는 전자식 신호를 통해 스티어링 휠이 바퀴를 움직이는 것이 특징이다.

남양공업의 중국 현지법인

가장 안전한 길이 가장 위험한 길이다

남양공업은 제동장치와 조향장치 부품을 생산하고 있다. 이는 미래 자동차 시대에도 반드시 필요한 부품이다. 전기차, 스마트카 시대가 온다고 해도 방향 전환과 제동은 필수 운동 성능에 속하기 때문이다. 이런 점에서 내연기관이나 연료계통의 부품을 생산하고 있는 부품사들보다는 미래에 대한 불확실성이 적다고 볼 수 있다.

하지만 그는 회사의 미래 경영전략을 묻는 질문에 "지금이 가장 큰 위기"라고 강조했다. 회사의 제품을 미국과 독일 등 전 세계로 수출하는 상황에서 완성차 업체들의 품질 요구 수준이 나날이 까다로워졌기 때문이라고 그는 설명했다. 홍 회장은 "이제는 제품에 불량이 생기면 전 세계 곳곳으로 날아가 대응해야 한다"며 "비용 부담은 물론 글로벌 시장에서 신뢰를 잃을 수 있는 위험이 커졌기 때문에 완벽한 품질의 제품을 만들어야 한다"고 말했다. 그가 지금도 현장을 지키며 기술개발과 품질관리에 공을 들이는 이유다. "안주하는 순간부터 기업은 쇠락한다"는 것이 그의 경영철학이다.

"기업을 경영하는 데 있어 안으로는 직원이 첫째요, 밖으로는 고객이 첫째라고 생각합니다. 우리 회사의 사훈이 '책임 성의를 다하자' '정직 정확을 지키자' '꾸준히 발전하자' 입니다. 흔하고 쉬운 말이지만 이 속에 모든 것이 담겨 있다고 봅니다. 무엇이든 책임과 성

현대·기아자동차 그랜드 품질5스타 달성기념 촬영

의를 다하고 정직하고 정확하게 임한다면 성장과 발전의 탄탄한 기반이 될 겁니다."

평생을 쉼 없이 달려온 홍 회장이 가장 아쉬워하는 부분은 학업이다. 가난한 가정형편으로 인해 일찍부터 생업전선에 뛰어들어야 했기 때문이다. 물론 시간이 흐른 뒤에 연세대학교 경영대학원 최고경영자 과정에서 공부하기도 했지만, '어린 시절에 좋아하던 공부를 실컷 했다면 어땠을까' 하고 생각할 때가 있다고 한다.

"오늘날 젊은이들은 대부분 원한다면 공부를 마음껏 할 수 있는 환경이 조성돼 있습니다. 공부하는 데 있어 나이가 많고 적음을 따질 필요는 없지만, 가능한 학생이었을 때 해야 하는 공부를 하고 앞으로 나아갈 방향을 정하는 것이 효율적이죠. 무엇보다 중요한 건 안주하지 않고 늘 긴장감을 갖고 노력하는 겁니다. 그리고 주어진 상황만 탓할 게 아니라, 그것을 극복하기 위해 적극적으로 노력한다면 새로운 길이 보인다는 것을 알았으면 합니다. 성실하게 노력한다고 해서 모든 사람이 성공하는 건 아닙니다. 하지만 분명한 건, 성공한 사람들은 모두 성실하게 노력했다는 것입니다. 도전을 두려워하지 말 길 바랍니다."

COMPANY PROFILE

조향장치 국내 시장점유율 1위,
남양공업

1969년 5월 9일 서울 용산구 원효로2가에 설립했다. 사명인 '남양'은 창업주인 홍성종 회장의 본관에서 따온 것이다. 이는 초심을 잊지 않고 회사를 경영하겠다는 뜻을 담고 있다.

기아자동차의 3륜차 K360에 브레이크 드럼을 공급하면서 자동차부품 사업과 인연을 맺었다. 기아차와의 거래량이 늘어나자 구로공단으로 공장을 이전했다. 이후 1977년에 구로동 남양공업 본사와 대방동의 영남공업, 당산동의 경남공업을 합병해 주식회사로 전환했다. 1979년에 정부의 서울 시내 공장 수도권 이전 정책에 따라 경기도 안산 반월공단으로 이전한 뒤 오늘날까지 이곳에서 사업을 운영하고 있다. 1987년 일본의 NSK와 기술제휴를 통해 기존의 브레이크 부품에서 스티어링 칼럼 등 조향장치로 사업 영역을 넓혔다. 기아차에서 소형차 프라이드를 출시하면서 스티어링 칼럼 수요가 늘어나자 1988년 10월 반월공단 내에 2공장을 신축했다.

독자적인 기술력 확보에도 적극 나섰다. 1992년 4월 기술연구소를 설립했으며 1999년에는 말레이시아 WSA사에 일부 기술을 수출하는 성과를 올리기도 했다. 기술연구소는 2003년 확장공사를 했다. 현재 70여 명의 연구원들이 근무 중이며, 현재 양산되는 차종에 공급하는 부품의 성능 향상과 함께 미래형 자동차 제품 개발 활동도 진행 중이다.

2000년대 들어서 해외시장 진출에 역점을 두고 사업을 확장했다. 2003년 중국 장쑤성에 현지법인을 설립했다. 중국의 컬럼 생산업체인 항륭기차와 기술 공여供與 계약을 체결하는 등 현지 시장 확대를 위한 발판도 마련했다. 중국 장쑤성의 생산 공장에서 스티어링 칼럼과 브레이크 디스크, 브레이크 드럼 등을 생산하고 있다. 유럽시장에도 진출해 현재 폴란드에 생산기지를 건설 중이다. 2014년 매출 4,000억 원을 기록했으며, 2020년 매출 1조 원 달성을 목표로 하고 있다.

할 수 있다고 생각하면 할 수 있고,
할 수 없다고 생각하면 할 수 없다.

−헨리 포드, 포드자동차 CEO−

13

홍순겸 동양피스톤 회장

실패는 성공의
전 단계다

홍순겸

만약 어제 넘어졌다면 오늘은 일어서라.

- 허버트 조지 웰스 -

SMALL GIANTS

한국 제조업의 전진기지 중 한 곳인 경기도 안산 반월공단. 이곳에 위치한 동양피스톤 본사에 2016년 초 산업통상자원부 공무원들과 기술 전문가, 학계 인사들로 구성된 기술 위원회가 방문했다. 국내 첫 스마트공장 선정 과업을 맡은 이들은 공장을 꼼꼼히 살펴봤다. 설비와 라인을 살핀 위원들은 날카로운 질문을 던졌다. 사장과 공장장, 그리고 연구소장은 막힘없이 대답했고 위원들은 고개를 끄덕였다.

점검을 마친 위원들이 홍순겸 회장을 찾았다. 전문가들의 추천을 받아 이 공장을 방문한 위원들의 표정은 밝았다. 그들은 홍 회장에게 물었다. "대표 스마트공장으로 선정되면 공장 견학을 위해 생산라인이 외부에 공개될 수 있습니다. 이 과정에서 동양피스톤이 독자적으로 쌓아온 기술과 노하우가 불특정 다수에게 노출될 수도 있습니다. 괜찮으시겠습니까?"

위원들은 부정적인 반응을 예상했다. 제조업에서 생산 노하우는 기업의 경쟁력과 직결되는 부분이기 때문이다. 하지만 홍 회장의 대답은 정반대였다.

"4차 산업혁명이 도래함은 물론 이를 통해 기술이 급격하게 변화하는 현 시대에 노하우를 다른 기업에 보여주는 것은 그렇게 큰 문제가 되지 않습니다. 아울러 우리 회사 또한 다른 기업을 벤치마킹함으로써 상호 협력하여 국제적 기술 경쟁력을 확보할 수 있기 때문에 오히려 더 좋은 기회가 된다고 생각합니다."

그로부터 일주일 뒤인 2016년 3월 초, 산업통상자원부는 5곳의 후보 중 한 곳을 한국의 첫 대표 스마트공장으로 선정, 발표했다. 바로 동양피스톤이었다. 이 회사는 '동양에서 가장 피스톤을 잘 만드는 회사'가 되겠다는 목표로 홍순겸 회장이 1967년 설립했다. 2017년 설립 50주년을 맞은 동양피스톤은 국내 1위, 세계 4대 엔진 피스톤 제조사다. 청년 홍순겸은 맨주먹으로 시작해 지독한 노력과 집념으로 회사를 강소기업으로 탈바꿈시켰다. '품질은 생명, 직원은 가족'이라는 그의 경영철학은 피스톤을 현대·기아자동차는 물론 독일의 BMW까지 공급하는 글로벌 기업으로 성장시킨 원동력이었다.

전쟁 같은 시간

청년의 꿈이 봉오리를 틔울 18세. 홍순겸은 한국전쟁의 폐허 속에서 가진 게 두 주먹뿐이었다. 그의 고향 경기도 연천은 전쟁으로 폐허가 됐다. 그는 고향을 떠나 피난길을 전전하다가 서울 동대문구 전농동으로 옮겨왔다.

전쟁과 어려운 가정형편으로 인해 초등학교 이후 학업을 마치지 못한 홍순겸에게 공부는 사치였다. 가족을 먹여 살릴 일자리를 찾아야 했다. 이때 그는 친척의 소개로 유지·보수용 자동차 엔진 피스톤을 생산하는 서울기계공업에 입사했다. 그때 당시만 해도 홍순겸은 이 회사가 자신의 인생을 바꾸게 될지 알지 못했다.

당시 우리나라엔 자동차 제조사가 없었다. 때문에 부품 수요도 모두 유지·보수용이었다. 당시 서울에 있던 차종은 미군이 사용하던 쓰리쿼터와 북한군이 놓고 간 소련제 지스[2]S 등이었다. 이 차량들의 엔진 오버홀과 수리를 위해 피스톤이 필요했다. 서울 서대문에 위치한 이 회사는 선반에서 부품을 깎고 다듬어 피스톤을 제작했다. 전쟁 직후 폐허 속에 시작한 사업은 날로 번창해 직원 수가 50여 명에 달했다. 당시 상황을 감안하면 상당히 큰 규모의 회사였다. 고향에서 농사를 지었던 홍순겸에겐 모든 게 낯설었다. 일도 어깨 너머로 듣고 익혀야 했다.

2016년 대표 스마트공장 구축 업무 협약식

대표 스마트공장 구축을 위한 업무 협약

청년 홍순겸은 단순히 출퇴근만 하는 기계공에 머물지 않았다. 그는 일에 빠져들었다. 피스톤의 구조와 작동원리부터 하나씩 공부했다. 헌책방을 뒤져 실업고등학교 '기술' 교재를 구해 읽었고, 일본 서적을 탐독했다. 한국전쟁은 끝났지만 그에겐 살아남기 위한 '생존전쟁'이 시작된 것이었다. 그는 낮에는 기계를 돌리며 선배들에게 귀동냥을 했고, 저녁에는 책상에 앉아 복습을 하며 아침을 맞았다. 책을 많이 살 형편이 아니었기에 같은 책을 읽고 또 읽었다. 책이 금방 너덜거렸다. 홍 회장은 "교재를 통째로 외우다시피 읽었다"며 "이때 10권의 책을 한 번 읽는 것보다 한 권의 책을 10번 읽은 것이 더 효과적이라는 걸 깨달았다"고 강조했다.

고된 작업과 야학, 설계 공부까지 모두 소화하는 건 힘든 일이었다. 그에게도 역시 그랬다. 그럴 때면 그는 다른 책 한 권을 책상에 올렸다. 미국 포드의 설립자인 헨리 포드 자서전이었다. 홍 회장은 "헨리 포드의 창업 스토리와 모델 T의 개발 이야기 등을 읽고 깊은 감명을 받았다"며 "충분한 동기부여가 됐기에 자서전을 읽고 또 읽었다"고 말했다.

대한민국 피스톤 1호

홍순겸은 첫 직장인 서울기계공업에서 13년 동안 일했다. 이 기간 동안 그는 독학으로 설계 기술을 공부했다. 명동 미도파백화점 근처에 늘어서 있던 외국 중고서점도 찾았다. 괜찮은 설계도 책을 발견하면 버스비까지 탈탈 털어서라도 샀다. 걸어서 집에 도착한 후에는 밤을 새가며 설계도를 따라 그렸다.

이런 노력은 비약적인 발전의 근간이었다. 독학으로 기본기를 쌓은 홍순겸은 전문적인 설계 기술을 배우기 시작했다. 서울 영등포에서 문을 연 설계 학원에서였다. 강사들이 홍순겸의 설계도면을 보고 깜짝 놀랄 정도였다. 전문 강사들에게 교육을 받으면서 홍순겸의 지식은 더욱 견고해졌다. 홍 회장도 날로 발전하는 실력에 신이 났다. 밤새도록 학원에서 도면을 공부한 뒤 아침에 회사로 출근하는 날도 빈번했다. 홍 회장은 "타고난 소질도 있었지만 하늘이 도와준 것"이라고 겸손하게 말하면서도 "설계책을 닳도록 읽은 덕분"이라고 강조했다. 그는 "준비된 자에게는 기회가 다가온다"며 "쉬지 않고 공부한 끝에 회사 내에서 설계를 가장 잘하는 직원으로 인정받았다"고 말했다.

회사에 입사한 지 13년 후인 1967년, 청년 홍순겸은 중대한 전환점을 맞는다. 책에서 공부한 이론을 바탕으로 당시 수입 금지되고 있던 오토바이 피스톤을 직접 만들어보기로 하고 창업에 나선 것이다.

당시 홍 사장은 이론과 사실에 부합되지 않으면 실현되지 않는다는 생각을 갖고 수개월 걸쳐 정성을 들여 노력한 끝에 오토바이 피스톤을 만들어냈다. 이렇게 손수 만들어낸 피스톤을 엔진에 넣고 시동을 걸었다. 엔진은 부드러운 배기음을 내며 돌아갔다. 성공이었다.

홍순겸 회장은 지금도 당시 상황을 생생하게 기억하고 있었다. 그는 "아무런 배경지식 없이 입사한 직원이 13년 만에 독자적으로 피스톤을 만든 건 기적같은 일이었다"며 "이 일을 계기로 꿈을 현실로 바꿀 수 있다는 자신감을 갖게 됐다"고 설명했다.

홍 회장은 "꿈을 꾸기도 전에 포기할 수 없었다"며 "실패는 성공의 바로 전 단계라는 신념에 따라 도전했다"고 강조했다.

농촌 출신의 청년이 13년간 제조공장에서 일한 뒤 그 경험과 기술을 밑천삼아 창업을 한다면 성공할 확률이 얼마나 될까. 게다가 그는 정규교육도 제대로 받지 못했다. 이런 점들만 보자면 사업 성공 여부가 불투명해보일 것이다. 하지만 청년 홍순겸은 달랐다. 그에겐 13년 내내 갈고 닦은 기술이 있었다. 그는 독자적인 제품 제조 기술을 터득했고 이를 깎고 다듬는 설비까지 직접 만들었다. 하나부터 열까지 모두 숙련된 기술을 갖고 있는 그가 더 큰 꿈을 꾼 건 어찌 보면 자연스러운 일이었다.

두 명으로 시작한 동양정공사의 사세도 계속 커졌다. 1970년대에는 오토바이부터 네 바퀴 차량의 피스톤까지 사업 영역을 넓혔다. 창업한 지 10년이 지난 1970년대 후반에 동양정공사의 직원 규모는 100여 명이 됐다.

피스톤은 목숨이다

사업 초기 홍순겸 사장은 오토바이 부품 상가를 수시로 드나들었다. 부품 동향을 살펴보기 위해서였다. 새로운 종류의 피스톤이 들어올 때마다 꼼꼼하게 살펴봤다. 그는 일본산 부품의 빈틈없는 품질에 감탄했다. 국산품은 여기에 한참 뒤떨어져 있었다. 부품 상가를 운영하는 사람들도 입을 모아 말했다. "국산품은 불량률이 너무 많습니다. 품질이 균일해야 하는데 그렇지 못하니 믿지를 못하죠. 웃돈을 주고서라도 일본산 부품을 찾는 손님들이 많습니다."

이 말을 들은 홍 사장은 품질에 전념하기로 결심했다. 피스톤은 엔진의 핵심 부품이다. 피스톤에 결함이 있다면 엔진이 제 역할을 할 수가 없다. 주행 중에 갑자기 엔진이 멈춰버릴 수도 있고 이로 인해 큰 인명사고가 날 가능성도 있었다. 그는 직원들에게 항상 강조했다. "피스톤은 목숨이다. 사람 목숨이자 우리 회사의 기술력, 존재의 이유다. 품질 향상을 위해 그 무엇도 양보해선 안 된다." 홍 사장은 모든 부품을 전량 검수하며 품질 단속을 강화했다.

　홍 회장은 "회사의 이름도 '동양에서 가장 피스톤을 잘 만드는 회사가 되자'는 의미로 동양피스톤이라고 지었다"며 "남들보다 정밀하게 만들려는 노력이 자연스레 품질관리로 이어졌다"고 설명했다. 홍 회장은 제품의 품질이 기술자의 양심 문제라고 봤다. 만드는 사람에게 가장 중요한 덕목, 기술자의 필수 덕목이 품질이라고 생각했다. '품질경영'이라는 용어가 있기도 전에 누구보다도 먼저 품질경영에 역점을 둔 것이다. 홍 회장은 말했다. "누가 지적하지 않아도 스스로 잘 만들려 하는 인식이 중요합니다. 다른 업체에 대한 경쟁의식보다 소비자를 의식해서 잘 만들어야 한다는 생각을 가져야 한다는 것이죠."

준비 없는 시작은 없다

홍 회장의 '품질 일등주의' 고집은 업계에도 조금씩 알려졌다. "피스톤은 동양정공 것이 좋다"는 입소문이 돌았기 때문이다. 해외 수입품에 비해 가격도 훨씬 저렴하고 내구성도 좋다는 평가를 받자 주문 물량이 늘어났다. 주문이 쇄도하자 홍 사장은 공장 규모를 늘리고 새로운 설비를 추가로 제작하는 등 밤샘 작업을 이어갔다. 홍 회장은 "이러한 행운도 미리 준비가 되어 있지 않으면 낚아챌 수 없다"고 강조했다. 독자기술로 설비를 제작하는 즉각적 대응이 없거나 지체됐다면 황금 같은 기회를 다른 기업이나 외국계 업체에게 양보해야 했을 거라는 얘기다. 그는 "묵묵히 자신의 일을 하면 기회를 잡을 수 있다"며 "철저한 준비 없이는 성공할 수 없다"고 지적했다.

반가운 손님이 찾아왔다. 디젤 엔진 부문에서 세계 최고 기술력을 갖춘 독일 기업 만MAN에서 엔진을 수입하여 사용하던 대우중공업에서 피스톤을 국산화 개발해보자는 제안을 해왔다. 홍 회장은 "일찍부터 피스톤 국산화를 준비하고 있었기에 기술 개발 제안도 망설임 없이 받을 수 있었다"며 "새로운 도전 없이 오토바이용 피스톤에만 만족했다면 이러한 기회도 오지 않았을 것"이라고 말했다.

몇 년 후 기술 제휴의 성과가 나왔다. 동양피스톤이 국내 최초로 '스커트 그라파이트 코팅' 기술을 독자 개발하는 데 성공한 것이다. 아울러 피스톤에 산화 피막 처리를 해 피스톤의 내구성을 높이는 기술과 '인서트 링' 기술도 국내 최초로 개발했다. 인서트 링 기술은 높은 니켈 함유 주철합금으로 만든 링을 피스톤에 넣어 내구성을 획기적으로 향상시켰다. 이 기술들은 오늘날에도 디젤 엔진용 피스톤에 적용되고 있는 핵심 원천 기술이다. 이는 1981년 8월, 디젤 엔진

개발 성공으로 이어졌다. 이 공로를 인정받은 홍 사장은 1983년 철탑산업훈장을 받았다.

동양피스톤이 새로운 영역을 개척하면서 공장도 더 큰 부지를 찾아 이동했다. 답십리에서 뚝섬으로 옮긴 뒤 창동에 확장 이전을 했고, 여기서 또 다시 경기도 부천으로 옮겨갔다. 대우중공업에 납품을 시작한 피스톤은 다른 완성차 업체에게도 매력적인 부품이었다. 1983년 하반기 기아자동차에서 러브콜이 왔다. '봉고 신화'를 쓰기 시작한 기아차가 이 차량의 엔진에 넣을 피스톤을 개발해달라고 요청해온 것이다. 홍 사장은 이 요청을 받아들였고 개발 작업은 순조롭게 완성됐다. 피스톤 주문량은 배로 늘었다. 부천 공장의 생산라인을 효율화해도 물량을 소화하기엔 역부족이었다. 새로운 부지를 물색한 홍 사장은 경기도 안산 반월공단을 눈여겨봤다. 기아차 광명 소하리 공장과 가까웠고 다른 부품사들도 밀집해 있었다. 홍 사장은 이곳에 1만 3,000㎡ 규모의 부지를 구입해 새 공장을 가동했다. 생산 규모는 160만 개에서 250만 개로 껑충 뛰었다. 동양피스톤의 안산 공장 시대가 화려하게 막을 올렸다.

"전 세계 자동차 심장을 뛰게 하라"

동양피스톤에게 1989년과 2000년은 큰 변화의 해다. 독일의 세계 1위 피스톤 제조사인 '말레Mahle'와 손잡고 선진 피스톤 소재와 설계기술 교류를 시작한 해가 1989년이었다. 한국, 일본 시장 진출을 타진해오던 말레는 동양피스톤의 기술력을 눈여겨본 뒤 이 같은 협력을 제안했다. 2년 넘게 협상한 끝에 말레는 동양피스톤에 500만 달러를 투자, 35%의 지분을 확보했다.

홍순겸 사장은 이 시기에 동양피스톤 부설 연구소를 공식 출범했다. 그전까지는 그가 경영자이자 개발자, 연구소장이었다. 하지만 회사 규모가 커지자 홍 사장은 경영에 전념해야 했다. 새로 등장한 기술은 젊은 연구인력이 담당하는 게 효율적이었다. 5명의 연구인력으로 출발한 연구소는 현재 50명으로 규모가 커졌다. 그는 매년 피스톤 매출액의 5%를 연구개발비로 책정했다. 중견기업으로서는 매우 높은 수치다. 세계 1위 업체와 손잡은 만큼 기술역량을 최대한 끌어올려야 새로운 기회를 잡을 수 있고, 그래야 지속 가능한 성장을 할 수 있다는 홍 사장의 경영철학에 따른 것이다.

연구소 개설 후 홍 사장은 연구원들에게 과제를 줬다. '오일 갤러리 냉각 피스톤 개발'이었다. 오일 갤러리 Oil Gallery는 엔진의 실린더 블록에 설치돼 오일을 각 부품에 전달하는 통로를 말한다. 엔진이 크기는 점점 작아지면서 출력은 강해지는 경향을 간파한 홍 사장이 이런 엔진에 들어가는 오일 갤러리 냉각 피스톤에서 성장 가능성을 본 것이다. 독일, 영국, 일본 등 5개 나라에서만 성공할 정도로 개발이 어렵다는 게 걸림돌이었다. 홍 사장은 "어려우니까 가치가 있는 것"이라며 프로젝트에 시동을 걸었다. 연구원들은 2년이 넘는 기간 동안 여기에 매달렸다. 결과는 성공적이었다. 1992년 국내 최초이자 세계 6번째로 오일 갤러리 냉각 피스톤 개발에 성공했다.

홍 사장은 말레와의 협력 후 유럽 시장을 둘러볼 때마다 현지 기업들의 품질경영도 눈여겨봤다. 특히 독일 제조사들은 불량률이 200ppm 미만이어야 납품을 허락할 정도로 불량품 관리에 철저했다. 200ppm은 제품 100만 개 가운데 불량품이 200개 이하라는 뜻이다. 0.02% 미만의 불량률은 사소한 실수도 발생하지 않아야 가능한 수치다. 홍 사장은 한걸음 더 나아갔다. 앞으로 이 불량률이 100ppm까지 떨어질 것으로 내다봤다. 그는 '글로벌 시장에 진출하기 위해선 100ppm을 달성해야 한다. 그래야 수출할 수 있다.'는 생각을 했다. 한국에 돌아온 그는 1994년 공장 곳곳에 큰 플래카드를 걸었다. '전 품목 100ppm 달성으로 세계 10대 피스톤 기업으로 도약하자.' 불량률 제로 운동의 시작이었다.

홍 사장은 품질조직을 강화했고 가솔린 엔진용 가공 라인에서 먼저 불량률을 낮춰보기로 했다. 기아자동차의 최초 진단 평가 결과는 공정 불량률 400ppm으로 참담한 수준이었다. 홍 사장은 오히려 여기서 의욕을 느꼈다. '나아질 수 있다. 강해질 수 있다'고 그는 생각했다. 불량 발생 원인을 잡아내고 이를 개선하는 데에는 직원과 사장이 따로 없었다. 불량률 현황판을 만들어 실시간 확인이 가능하도록 했다. 그로부터 6개월 뒤 공정 불량률은 300ppm으로 낮아졌다. 고객 불만 건수인 리턴 불량률은 300ppm에서 190ppm으로 내려갔다. 직원들은 신이 났다. '우리도 할 수 있다'는 자신감이 새로운 동력원이 됐다. 1년 뒤에는 리턴 불량률이 9ppm으로 떨어졌다. 이후 1995년 공업진흥청에서 국내 최초로 100ppm 달성 기업에 인증서를 주는 행사가 열렸다. 6개월 연속 100ppm을 달성해야 받을 수 있는 증서였다. 주인공은 동양피스톤이었다.

같은 해 동양피스톤에는 또 한 가지 경사가 났다. 부품 공급이 까다롭기로 유명한 일본 완성차 업체에 피스톤을 납품하게 된 것이다. 일본 상용차 제조사인 이스즈 자동차였다. 신기술 개발, 불량률 100ppm 달성 등과 맞물려 본격적인 해외 수출 물꼬가 트인 것이다.

일본은 납품 성사 단계까지 길고도 어려운 테스트를 통과해야 한다. 그러나 장점도 있다. 한번 거래를 시작하면 오랜 기간 지속된다는 것이었다. 일본 완성차 제조사에 부품을 공급한다는 건 새로운 거래를 틀 수 있는 무기도 된다.

분제는 뜻밖의 장소에서 터졌다. 말레가 농양피스톤의 일본 수출

2016년 멕시코 공장 방문 기념

동양피스톤 멕시코 공장 전경

홍순겸

에 반대하고 나선 것이다. 최초 협력 당시 동양피스톤은 말레와 유럽과 미국 시장에 수출하지 않는 조건으로 계약을 했다. 일본은 여기에 포함되지 않았다. 이로 인한 갈등은 결국 법정 소송까지 갔다. 결국 2000년 동양피스톤이 말레가 보유한 지분을 되사는 것으로 마무리됐다.

지분을 되사는 과정에서 동양피스톤의 비용 부담은 매우 컸다. 그만큼 회사가 가파르게 성장해왔기 때문이다. 두 회사의 관계가 정리되자 동양피스톤에는 새로운 수출길이 열렸다. 유럽과 미국 등 전 세계 어떤 곳에도 '동양피스톤' 이름으로 피스톤을 공급할 수 있었다. 홍 사장도 팔을 걷어붙였다. 그는 이듬해인 2001년 동양피스톤 회장에 취임했다. 그리고 공격적으로 판로 확대에 나섰다.

2001년 일본 미쓰비시에 이어 2005년 미국 크라이슬러, 제네럴모터스GM에도 피스톤을 납품하기 시작했다. 2006년에는 포드와도 공급 계약을 체결하며 북미 빅3 업체에 모두 피스톤을 공급하는 성과를 올렸다. 아시아와 북미 시장에서 새로운 공급망을 구축한 홍 회장은 다시 유럽으로 고개를 돌렸다. 그리고 2010년 독일의 세계 최대 자동차 제조사인 폭스바겐그룹의 프리미엄 브랜드인 아우디와 BMW에 피스톤 개발과 공급을 시작했다.

동양피스톤의 부품을 공급받은 완성차 업체들의 만족도는 높았다. 이들은 점차 동양피스톤에 더 많은 물량을 배정했다. 이에 따라 동양피스톤의 수출도 빠르게 늘었다. 2000년 1,000만 달러였던 수출액은 2002년 2,000만 달러에서 2006년 7,000만 달러로 수직 상승했고, 2012년에는 1억 달러 고지를 돌파했다. 회사 매출액도 2009년 1,000억 원에서 2012년 2,000억 원으로 3년 만에 두 배가 됐다. 홍순겸 회장은 "항상 피스톤 한 개가 불량이면 한 대의 자동차가 멈춰 선다는 것에 긴장감을 갖고 부품을 공급한다"며 "이런 무결점주의가 완성차 업체들의 만족도를 높였고 매년 거래 규모가 커지는 효과를 낳았다"고 분석했다.

이직률 0.4%

글로벌 공급망 확대로 하루 24시간이 부족한 홍순겸 회장이 매달 꼼꼼하게 챙겨보는 수치가 있다. 바로 이직률이다. 이 회사의 이직률은 0.4%다. 통계청에 따르면 2016년 평균 이직률은 4.3%이다. 취업포털 잡코리아가 지난해 국내외 기업 인사담당자 791명을 대상으로 조사한 2015년 평균 직원 이직률은 10.2%였다. 동양피스톤의 이직률은 입사 후 직장을 다른 곳으로 옮기는 직원이 없다고 봐도 될 정도로 낮다.

　이직률이 낮다는 건 장기 근속자가 많다는 것을 의미한다. 많은 기업이 장기 근속자들의 임금을 부담스러워 하지만 홍 회장은 손을 내저었다. 그는 '장기 근속자=최고의 기계를 만드는 사람' 이라는 개념을 갖고 있다.

"회사에서 오래 일한 직원들은 전문성이 높습니다. 경험이 풍부하며 숙련된 기술자죠. 최고의 기계는 이런 장기 근속자의 손에서 만들어 집니다. 이는 곧 회사의 귀중한 자산이며, 우리의 귀중한 경쟁력이라고 봅니다."

홍 회장의 이런 철학은 회사 정책 곳곳에서 발견할 수 있다. 동양피스톤은 대기업 부럽지 않은 복지제도를 갖고 있다. 회사는 2년 이상 재직한 직원들에게 반기 180만 원까지 자녀 학자금을 지원해준다. 직원들을 위한 금융상품도 있다.

직원 가족들에게도 세심하게 신경 쓴다. 홍 회장은 직원 아내의 생일이나 결혼기념일에 은수저 세트를 보냈다. "훌륭한 남편과 배려심 깊은 아내 덕분에 회사가 발전한다"는 내용의 축전과 함께였다. 몇 년 후 직원들이 같은 종류의 은수저 세트를 갖게 되자 최근에는 백화점 상품권을 주고 있다. 홍 회장은 "'직원을 가족같이 회사를 내 집같이' 라는 기업 문화는 쉽게 만들어지지 않는다"며 "진심으로 직원을 대해야 가족 같은 회사가 될 수 있다"고 강조했다.

2000년 초반 회사가 고속 성장을 거듭할 무렵 있었던 이 일화는 업계에서 지금도 회자되고 있다. 당시 노사협의회에서 직원들이 홍 회장에게 요구 조건을 내걸었다. '연봉 12% 인상'이라는 묵직한 카드였다. 홍 회장은 잠시 생각한 뒤 입을 열었다. "그 조건은 아닌 것 같습니다. 회사 실적을 보니 14%는 인상돼야 할 것 같군요."

이렇게 노사협의회는 10여 분 만에 끝났다. 홍 회장이 직원들의 내건 요구보다 더 지급한 건 한두 번이 아니었다. 그는 수익 가운데 30%는 직원들 몫이라는 경영방침을 지켜오고 있다. 덕분에 급여도 중소기업 가운데 상위권에 올라 있다. 그는 "복지가 좋고 회사의 미래가 밝은 것도 좋다"며 "무엇보다 급여가 만족스러워야 직원들이 일할 맛이 난다"고 말했다.

"월급 덜 준다고 해서 더 많은 수익이 남지 않습니다. 발상을 전환해야 합니다. 급여를 더 많이 줘야 우수한 인재가 들어오고 오랫동안 회사에서 일합니다. 저는 이것이 기업의 경쟁력이라 생각합니다."

실제로 동양피스톤은 공채 경쟁률이 최고 300대 1에 달한다. 중소기업 업체들이 겪는 인력난을 이 회사는 비켜가고 있다.

가족처럼 오랜 기간 동거 동락한 직원들은 위기 앞에서 강하게 결집했다. 2008년 글로벌 금융위기 때 국내 기업들에게 심각한 내상을 입힌 키코 사태가 터졌다. 동양피스톤도 피해 업체였다. 부채율은 200%에서 수직 상승했다. 1997년 IMF 외환위기도 무난하게 넘겼던 회사에 찾아온 역대 최대 위기였다. 이때 홍 회장과 직원들은 합심해서 돌파했다. 원가절감, 생산효율화, 고통분담 등 할 수 있는 조치는다 취했다. 그동안 신뢰를 쌓아온 은행들도 동양피스톤을 믿어줬다. 결국 키코의 검은 그림자도 조금씩 걷혔다.

뿌리기업, 대한민국 스마트공장 1호가 되다

동양피스톤의 안산 공장에선 금속 제조업의 처음과 끝을 모두 살펴볼 수 있다. 알루미늄과 실리콘, 구리, 니켈 등 다양한 금속들이 주조 과정을 거쳐 피스톤용 합금 소재로 만들어진다. 이 소재는 이후 열처리, 절삭가공 및 표면처리 등의 과정을 거쳐 피스톤의 형태를 갖추게 된다. 주조·금형·용접·표면처리·소성가공·열처리 등 6대 뿌리산업 중 용접을 제외한 모든 작업이 동양피스톤 공장에서 진행되고 있는 것이다. 복잡한 제조공정을 거친 제품은 피스톤 링, 핀 및 커넥팅로드와 조립된 후 까다로운 성능 시험과 검수 절차에서 합격점을 받아야 한다. 안산 공장이 다른 공장과 차별화되는 점은 생산 과정의 복잡성에 비해 많은 인력이 배치되지 않았다는 점이다. 대부분 자동화로 운영되기 때문이다.

안산 공장은 2016년 초 우리나라의 대표 스마트 공장 1호로 선정됐다. 피스톤을 생산하는 과정이 컴퓨터로 모니터링 및 제어된다. 로봇과 설비에 달린 센서를 통해 각 생산라인의 데이터가 중앙

관제 센터로 전송된다. 이렇게 수집된 정보는 빅데이터 분석을 거쳐 생산 효율과 품질 관리에 활용된다. 실제 공장에서 생산되는 제품의 품질 이상과 공정 이상을 가상의 공장에서 실시간 모니터링하며, 문제 발생 시 대안을 제시할 예정이다. 홍순겸 회장은 "독일 BMW의 글로벌 품질관리 책임자도 공장 운영과 현장 자동화까지 일체화된 스마트 생산 시스템을 보고 세계 최고 수준이라고 평가했다"고 전했다.

스마트 공장은 사물인터넷[IoT], 사이버 물리 시스템[CPS]을 기반으로 모든 부품 제조 단계가 자동화·디지털화 되는 것을 말한다. 모든 과정이 실제 생산 체계와 연동되기 때문에 실시간 생산 관리, 맞춤형 제품 생산이 가능해진다. 스마트 공장은 크게 4단계로 구분된다. 기초와 중간1, 중간2, 고도화 등이다. 스마트 공장 시스템은 이를 한 단계씩 밟아 올라가는 과정으로 완성된다. 동양피스톤은 제품 설계를 디지털로 진행한다. 공정별 실시간 모니터링도 별도로 운영한다. 정보통신[IT], 소프트웨어 기반으로 실시간 자율제어를 하는 중간2 단계에 해당된다.

스마트 공정 도입의 효과는 컸다. 동양피스톤은 스마트 공장을 구축한 지 1년 만에 생산성이 10% 가량 향상됐다. 불량률은 줄었고 공정 자동화율이 80%에서 87%로 상승했다. 본사 매출액은 2016년 2,654억 원으로 전년 대비 3.6% 증가했다. 영업이익률은

2016년 신입사원 간담회

2015년 동양피스톤 가족 초청 행사

121억 원에서 138억 원으로 14% 늘었다. 홍순겸 회장은 "스마트 공장의 최종 고도화 단계에 진입하기 위해선 빅데이터를 활용한 공정 제어가 필수적"이라며 "현재 빅데이터를 수집할 수 있는 환경을 조성했으며 빠른 시일 내에 이를 통한 의사결정까지 이뤄질 수 있도록 하겠다"고 강조했다. 그가 적극적으로 스마트 공장 도입에 나선 건 동양피스톤의 글로벌 경쟁력을 극대화하기 위해서다. 홍 회장은 "부품회사는 단순한 납품업체가 아닌 최우수 협력업체 반열에 반드시 올라가야 한다. 그래야 안정적으로 부품 공급을 할 수 있다"고 강조했다.

"B2B(기업 간 거래) 업체는 안정적인 영업 기반이 매우 중요합니다. 특히 연구개발비와 설비 투자 비중이 큰 제조업은 영업 기반 안정 없이 지속 가능한 발전을 할 수 없습니다. 품질을 목숨처럼 여기고, 불량률 0%를 달성하기 위해선 빅데이터를 활용해 공장을 운영해야 합니다. 그래야 생산성도 높아지고 원가 경쟁력도 향상됩니다. 절대로 현실에 안주해선 안 됩니다."

홍 회장은 부품사에게 크게 세 가지 핵심 과제가 있다고 설명했다. ①최상의 품질 확보 ②끊임없는 기술개발 ③원가경쟁력 향상을 통한 거래처 확보가 그것이다. 또한 그는 "자신의 분야에서 세계 5대 회사 범주에 들어가야 한다"며 "생산 제품의 일부는 세계 최고여야 한다"고 강조했다.

"처음엔 세계 최고 제품을 하나 개발합니다. 그리고 다른 제품들도 하나씩 세계 최고로 만들어가야 합니다. 이러한 과정이 반복되면 전 세계 다양한 업체에서 납품을 해달라는 요청이 들어올 겁니다. 새로운 공급 업체를 찾아가는 것도 중요하지만 더 바람직한 건 그들이 우리 회사를 찾아오게 만드는 것입니다. 그것이 진정한 글로벌 경쟁력이라고 전 생각합니다."

COMPANY PROFILE

핵심가치의 실현을 통해 명성을 이어가는 동양피스톤

현대·기아자동차, 독일 BMW, 아우디와 폭스바겐, 미국의 제너럴모터스와 포드, 크라이슬러, 이탈리아의 피아트, 일본 이스즈자동차와 미쓰비시… 전 세계를 무대로 자동차를 판매하는 글로벌 자동차 제조사들이다. 이들에겐 공통점이 있다. 엔진 실린더 내부에 동양피스톤이 만든 피스톤이 들어가 있다는 것이다.

동양피스톤은 피스톤 부문에서 독보적인 기술력을 축적해 국내 시장의 절반 이상을 담당하고 있으며 글로벌 시장에서도 점유율 4위를 차지하고 있다. 홍순겸 회장이 1967년 설립한 동양피스톤은 2017년 50주년을 맞았다. 수작업으로 피스톤을 하나하나 만들던 회사는 반세기 후 글로벌 강소기업으로 탈바꿈했다.

엔진은 자동차의 심장에 해당한다. 엔진을 구성하는 많은 부품 중 피스톤은 연료가 폭발하면서 발생하는 연소 에너지를 커넥팅 로드에 전달해 크랭크축을 회전시키는 역할을 한다. 자동차가 움직일 수 있는 힘의 원천이다. 피스톤은 고온·고압의 가혹한 환경에서 움직인다. 정밀 가공 기술력과 소재 배합기술을 바탕으로 한 내구성이 피스톤의 성능을 좌우한다.

동양피스톤은 금속 소재의 주조, 가공, 표면처리, 조립과 측정 등 모든 부문에서 독자적인 생산 기술을 갖고 있다. 모든 생산 설비도 직접 설계하고 제작한다. 신소재 개발과 생산 자동화 등 첨단 기술을 앞세워 세계 지도를 넓혀가고 있다. 자동차 엔진은 물론 산업용과 군사, 선박용 엔진 등 300여 종에 달하는 피스톤을 국내외에 공급하고 있다.

동양피스톤의 글로벌 생산 거점도 세계 곳곳에 위치해 있다. 국내에는 경기도 안산 본사와 경주 공장, 해외에는 중국, 멕시코, 미국 공장을 운영하고 있다. 안산 공장에 650명, 다른 공장까지 모두 합치면 총 960명의 직원들이 근무하고 있다. 멕시코 북부 몬테레이시에서 차로 1시간 거리에 있는 공업 도시 살티요에 설립한 멕시코 법인은 2016년 초 가동을 시작했다. 2017년 3월 현재 기아자동차에 공급하는 40만 대 규모의 피스톤을 생산하고 있다. 2018년까지는 라인을 증설하여 4개 생산라인에서 100만 대 규모의 피스톤을 생산할 계획이다. 본사가 있는 경기도 안산과 경주 등 전 세계 모든 공장의 생산라인을 합치면 40개 라인이다. 한 개 라인에서 25만 대 규모의 피스톤을 생산하는 점을 감안하면 동양피스톤은 매년 1,000만 대 규모의 피스톤을 공급하는 것이다. 현대·기아자동차의 연간 판매량이 820만 대 규모다. 동양피스톤의 글로벌 공급망이 얼마나 넓은지 짐작할 수 있다.

동양피스톤은 매년 적어도 피스톤 매출액의 5%를 연구개발비로 집행한다. 자동차 엔진의 개발 방향이 점점 배기량은 줄이고 출력은 높이는 '다운사이징' 추세를 보이면서 이에 대응하기 위한 새로운 소재와 가공 기술이 필요하기 때문이다. 기술 경쟁력과 함께 생산 효율성을 극대화하기 위한 공장 자동화, 스마트화에도 아낌없는 투자를 하고 있다. "새로운 기술이 없는 기업에 미래는 없다"는 홍순겸 회장의 경영 철학에 따른 것이다.

이런 노력의 결과, 동양피스톤 안산 공장은 2016년 3월 산업통상자원부로부터 '대표 스마트공장'으로 선정됐다. 자동화·디지털화를 바탕으로 효율성을 높이고 불량률을 제로(0)에 가깝게 줄이는 생산 혁신에 가장 앞장섰다는 점을 인정받은 것이다. 동양피스톤은 현재 스마트공장의 가장 높은 단계인 빅데이터를 활용한 공장 제어를 위한 작업을 추진 중이다. 이 회사는 2023년까지 글로벌 3위, 매출액 1조 원 달성, 세계 시장 점유율 16%를 목표로 하고 있다.

부록

고문수 한국자동차산업협동조합 전무

한국의 초창기
자동차 부품산업 역사

1945~1962년

1961년 12월 27일 중소기업협동조합법(법률 제884호)과 중소기업사업조정법(법률 제885호)이 제정, 공표됨에 따라 대한자동차공업협회(회장 차태경)는 전국 단위의 자동차공업협동조합 설립을 위해 즉시 작업에 착수했다.

이듬해인 1962년 초 창립총회를 마친 한국자동차공업협동조합은 1962년 4월 7일 상공부장관 인가 제1호로 승인받았다. 첫번째 중소기업협동조합으로 출범했다. 1945년 광복 전후 시기부터 1962년까지 한국 자동차부품공업의 실상과 어느 업체가 현재까지 존속하고 있는지 여러 자료를 참고해 기술했다.

1962년 말 기준으로 조합회원 업체는 44개였다. 이 중 31개는 자동차부품생산업체이고 13개 업체는 자동차 바디와 보링 전문 업체였다.

당시에는 자동차 엔진의 성능이 낮아 몇 만 km만 운행하면 제대로 힘을 발휘하지 못했다. 때문에 엔진 실린더 구멍을 넓히는 작업(보링)을 통해 엔진을 재조립했다. 이 과정에서 피스턴 및 피스턴링의 외경도 커질 수밖에 없었다.

보링공장은 부품을 구매하기도 하지만 자체 보유하고 있는 가공시설을 이용해 핀류, 롯드류 등 간단한 부품을 제작했다. 따라서 바디공장, 보링공장과 부품생산업계는 매우 밀접한 관계였다고 할 수 있다.

1945년 8월 15일 일제 강압 35년 만에 우리 민족은 해방을 맞았다. 같은 해 12월 말 일본군의 차량을 제외한 보유대수는 7,386대였으며 승용차가 1,311대, 버스가 1,156대, 화물차가 3,639대, 기타 1,280대였다.

일제의 고물차량들은 목탄 또는 아세틸렌 차로 개조돼 있었고 부품은 품귀 현상이 일어났다. 일제강압기 시절 자동차사업이나 기계공업, 정비공업 분야에 종사했던 사람들이 나서서 일제 말기에 목탄차나 아세틸렌차로 개조됐던 차들을 다시 유류차로 복원하고 우리 힘으로 철판을 두드리고 쇠붙이를 깎아 자동차 부품을 생산하기 시작했다. 한국(남한)에 상륙한 미군들이 선진화된 장비와 성능 좋은 자동차를 갖고 들어와 새로운 활기를 불어넣었다.

1945년 12월 1일 재경 자동차 공업인의 발기로 조선자동차공업조합과 조선자동차부분품대책위원회가 구성됐다. 부품 판매업자들이 자금을 조달해 생산업체에 선금을 지불해가며 부품생산에 박차를 가했다. 하지만 이런 부품자급 노력은 미군정 하에서 흘러나온 부품과 밀수품의 범람으로 많은 어려움을 겪었다.

1946년 2월 8일 북조선에서는 소련군사령관 치스차코프 관할 하에 북조선 인민위원회 위원장으로 김일성이 들어앉았다. 같은 달 14일 남한에선 미국 하지 중장 자문기관으로 미군정청에 남조선 민주의원이 구성됐고, 의장에 이승만이 취임했다. 4월 1일부터는 차와 마차는 우측통행, 사람은 좌측통행이라는 새로운 제도가 실시됐다.

1946년 말 자동차 보유대수는 모두 9,106대로 이 중 승용차가 1,434대, 화물차가 5,737대, 버스가 766대, 기타 1,169대였다.

1948년 1월 7일 UN한국위원단이 입국, 남한행정이 미 국무성으로 이관됐다. 5월 10일 UN감시 하에 국회의원 총선거가 실시됐고, 5월 30일 제헌국회가 개원했다. 7월 1일 국호가 대한민국으로 결정됐다. 같은 해 12월 말 자동차 등록대수는 1만 4,708대로 승용차가 3,012대, 화물차가 9,236대, 버스가 723대, 기타 1,737대였다.

1949년부터는 미군 부대에서 흘러나온 군용트럭이나 지프, 쓰리쿼터를 모아 조립하는 업자들이 돈을 벌었다. 이때 조선자동차 배급 주식회사가 생겨 자동차부품, 타이어 등을 수입해 운수업의 재건을 돕기도 했다. 1949년 말 자동차 등록대수는 1만 6,431대로 증가했다. 이 중 승용차가 3,880대, 화물차가 9,675대, 버스가 1,002대, 기타 1,874대였다. 광복 후 많은 업체가 자동차 부품 제조업에 나섰다.

1946년 허주열 씨가 대한철강(주)를 창업했다. 그는 1913년 2월생으로 1935년 11월 서울역 근처 봉래동에서 철강재상을 경영했다. 1943년 4월 고향인 황해도 평산군 적암공립국민학교 교원으로 재직하다 해방을 맞았고, 서울로 올라와 사업을 시작했다.

허주열 씨는 '외국산 못지않은 우량품을 한 가지라도 생산하는 것은 그만큼 이 나라를 올바르게 세우는 길'이라는 철학을 갖고 있었다. 그는 1946년 9월 20일 대한철강(주)을 설립. 각종 스프링을 생산(1947년부터 출하 시작)했다. 당시 스프링은 지금과 비교할 수 없을 정도로 품질 수준이 낮았다. 여기엔 몇 가지 이유가 있었다.

우선 도로사정이 열악해 제품들이 비포장도로의 심한 충격에 시달려야 했다. 적재중량을 무시한 과적도 빈번했다. 더 큰 이유는 철판을 잘라 만든 불량품이 공공연히 나돌았기 때문이다. 대한철강은 원재료를 확보하지 못했을 경우에는 조업을 중단하는 등 자격 미달 제품을 만들지 않았다. 기업 양심이 우선이었기 때문이었다.

이후 그의 동생인 허송열 씨, 허수열 씨도 사업에 참여했다. 이 당시 대한철강과 경합을 벌였던 회사는 국산자동차와 대한자동차공업이었고, 일제시대부터 스프링을 생산해오던 경성스프링(오문환)이 있었는데 한국전쟁 이후 폐업했다. 1959년에는 삼목강업 주식회사(송인엽)가 답십리에 공장을 차렸다. 1961년 1월 내원강업주식회사로 상호를 변경했다. 1962년 허주열 사장의 장남인 허재문 씨가 회사에 입사해 무역과장으로 재직하면서 월남과의 교역에 많은 공헌을 했다. 이후 회장직을 수행하면서 회사 진로의 선장 역할을 훌륭히 했으나 안타깝게도 1991년 12월 타계하고 말았다.

대원강업은 1964년 국내자동차 부품업체로서는 최초로 월남에 2만 4,000달러 규모의 스프링을 수출했다. 그 해 우리나라의 총 수출액은 1억 3,000만 달러였다. 대원강업 주식회사는 창업세대의 정신을 이어받아 경영활동을 이어갔다. 허주열 씨는 2002년 10월 24일, 허송열 씨는 2003년 12월 16일 별세했다. 현재는 허송열 씨의 장남인 허재철 씨가 회장을, 허주열 씨의 장손인 허승호 씨(허재문 씨의 장남)가 부회장을 맡아 성장을 계속하고 있다. 계열사로 대원산업㈜, 대원정밀공업㈜, 대원총업㈜, ㈜삼원강재, ㈜콘티테크대원, ㈜대코와 다수의 해외법인이 있다.

정주영 씨는 1915년 11월 25일 강원도 통천군 답전면 아산리에서 태어났다. 1933년 서울로 상경해 '복흥상회'라는 쌀가게 배달원으로 취직한 후 쌀가게 주인의 신임을 받아 1938년 가게를 물려받았다. 이후 1940년 당시 서울에서 가장 큰 자동차 서비스 공장인 아도서비스 자동차 수리공장을 25세에 인수했다.

차가 귀한 시절이다 보니 고장이 나면 모두들 어쩔 줄 모르고 당황하기 일쑤였다. 정주영 씨의 아도서비스는 다른 데서 10일 걸리는 수리를 단 3일 만에 해주면서 고객들의 신뢰를 쌓았고, 일거리가 늘어 빠르게 성장했다. 하지만 태평양 전쟁을 일으켜 파국으로 치닫던 일본이 1943년 초 기업정비령을 공포하자 정주영 씨는 아도서비스를 폐쇄하고 말았다.

광복을 맞이하면서 정주영 씨는 서울 중구 초동에 '현대자동차공업사'라는 자동차 수리공장을 설립했다. 회사 설립 후 미군 병기창의 자동차를 청부 수리하거나 낡은 일본 트럭을 용도에 맞게 변경하는 등 자동차 산업과의 인연을 다져갔다. 1947년 5월 현대자동차공업사 회사 내에 현대토건사(건설업)라는 또 다른 간판을 내걸었고 1950년 1월 두 회사를 합쳐 현대건설주식회사를 설립했다.

1967년 4월 상공부는 자동차 제조공장허가 기준을 공포했다. '선진외국과 기술제휴 한 후 동 제휴선이 보장할 수 있는 조건을 갖춘 업체에 한해 자동차 제조공장을 허가한다'는 것이 골자였다.

현대는 포드와의 제휴 계획이 구체화됨에 따라 1967년 12월 상공부에 자동차 생산 공장 건설 허가신청서를 제출했고, 같은 해 12월 27일 마침내 자동차제조를 허가받았다. 현대자동차㈜가 설립됐고 초대 사장에 정세영 씨가 취임했다.

울산에 공장 부지를 선정하여 준공했으며, 영국 코티나CORTINA를 주력 차종으로 결정했다. 1968년 11월 1일 제1호 코티나 시작차를 생산했다. 1975년 우리나라 최초의 고유모델 승용차인 '포니' 개발에 성공했다. 이후 정몽구 현대자동차그룹 회장이 글로벌 기업으로 성장시켰다. 정주영 씨는 현대그룹을 창업한 대한민국의 대표 기업가였으며 2001년 3월 21일 별세했다.

만물판금萬物板金공업사는 손달원 씨가 1944년 설립했다. 손달원 씨는 1921년 11월생으로 1944년 5월 서울 충정로에서 가스켓 제조 회사를 창업했다. 1954년 4월 부산 초량동으로 공장을 이전했다가 1955년 3월 서울 영등포구 도림동으로 옮겼다. 공장 규모는 대지 1,181㎡(358평), 건물 330㎡(100평)이었으며 직원은 20명이었다. 엄상수 씨는 1949년 3월 대구시 인교동에 대구철공소를 창업했다. 부싱류, 휠 실린더, 마스터실린더 등을 생산했으며 1958년 칠성동으로 공장을 이전했다.

엄상수 씨는 1921년 7월생으로 1936년 4월 대구시 팔곡八谷철공소에 입사해 경험을 쌓았고 1945년 10월 대구철공소를 창업했다. 이 회사는 1967년 1월 대철공업사로, 1990년 ㈜대철로 사명을 변경했다.

엄상수 씨의 차남 엄경록 씨는 1981년부터 서울 사무소장을 맡아 경영수업을 받았으며 1997년 5월 대구 본사로 내려가 관리이사를, 2008년 8월 사장으로 취임해 회사를 계속 성장시키고 있다. 엄상수 씨는 2009년 7월 14일 타계했다.

김건기 씨는 1925년 7월생으로 1950년 10월 평화고무공업사를 창립했다. 1962년 3월 평화산업사로 상호를 변경했고 방진고무, 브레이크호스, 호스류를 생산했다. 1975년 8월 평화산업㈜로 법인 전환했다.

김건기 씨는 한국자동차공업협동조합 및 한국고무공업협동조합 창립회원으로 참여했다. 1987년 2월부터 1993년 2월까지 6년 동안 한국자동차공업협동조합 이사장으로 선임(제18~19대)되어 자동차공업회관의 준공(서초동 현재 소재지), 노사분규로 인해 고충이 심한 조합원의 지원, 자동차부품종합기술연구소(현 자동차부품연구원) 설립 추진 등 많은 성과를 남겼다. 김건기 씨는 2007년 11월 26일 별세했다. 장남인 김종석 씨는 1973년 평사원으로 입사하여 노원동 신공장 건설 현장 책임자로 근무를 시작, 이후 경영수업을 받았으며 1987년 2월 사장으로 취임했다. 계열사로는 평화홀딩스㈜, 평화오일씰공업㈜, 평화기공㈜, 평화씨엠비㈜, ㈜평화이엔지, ㈜피엔디티, 서일㈜, ㈜평화기술연구원, 엘리먼트식스㈜ 외 다수의 해외법인이 있다.

신한新韓베어링 주식회사는 유병선 사장이 설립했다. 유병선 씨는 1903년 4월생으로 1923년 6월 하네다조대調帶주식회사 서울지점 근무를 시작으로 1938년 9월 대구중공업주식회사 전무, 1945년 9월 대구중공업, 환선丸善상공, 대선大善토건 사장에 취임했다. 1946년 4월 회사를 사임하고 조선베어링공업주식회사 관리인으로 임명됐다. 1951년 10월 조선고무벨트주식회사 사장에 취임했다가 1955년 8월 신한베어링공업주식회사 사장으로 자리를 옮겼다. 유병선 씨는

1946년에 인연을 맺은 조선베어링공업주식회사를 1955년에 인수한 것으로 보인다.

신한베어링은 인천시 산곡동에 자리잡았으며 볼베어링, 테이퍼 롤러 베어링, 스라스트 베어링을 생산했다. 대지 3만 9,600㎡(12,000평)에 건물 4,686㎡(1,420평), 종업원수 98명으로 당시로서는 상당히 큰 규모의 공장이었다. 신한베어링은 1960년대 한화그룹(옛 한국화약그룹, 창업주 김종희 회장)에 인수됐다. 1964년 한국베어링공업㈜로 상호를 변경했다.

1982년 한국종합기계㈜, 1994년 한화기계㈜, 1995년 삼미정공㈜을 인수해 한화정공㈜으로 상호를 변경했다. 1998년 한화기계㈜의 베어링부문을 독일 FAG사와 합작해 FAG한화베어링㈜를 설립했다. 2004년 FAG베어링코리아㈜로 상호를 변경했고 2006년 INA코리아, LUK코리아를 흡수 합병해 셰플러코리아㈜로 출범했다.

국제기공사는 정운기 사장이 설립했다. 정운기 씨는 1916년 3월생으로 1930년 4월 천북川北전기 회사의 수리부에 입사한 것을 시작으로 1938년 11월 조선착암鑿岩기계제작소에 근무하다가 1943년 11월 국제기공사를 설립했다. 각종 연마기와 보링기를 갖추고 다양한 엔진을 재생했다.

황규삼 씨는 1924년 5월생으로 1948년 10월 경성상사㈜를 창립했다. 이후 1957년 12월 풍성산업㈜을 세웠고 1968년 1월 풍성전기

㈜로 상호를 변경했다. 2000년 10월 일본 덴소(DENSO), ASMO㈜와 합작계약을 체결해 2001년 1월 덴소풍성㈜로 상호를 변경했다. 2013년 6월 일본 ㈜DENSO의 지분 취득(44%→71%)으로 덴소코리아오토모티브㈜로 이름이 바뀌었다. 황규삼 씨의 장남인 황선태 씨는 1982년 7월부터 풍성전기㈜에 이사로 입사해 1991년 1월 사장, 1999년 1월 회장으로 취임해 회사를 글로벌 기업으로 성장시켰다. 황규삼 씨는 2004년 2월 27일 별세했다.

1948년 이명규 씨가 왕십리에서 동양피스톤을 설립했다. 당시에는 진원眞圓피스톤을 제작해 조립할 때는 줄칼로 타원楕圓으로 변경시키는 과정을 거쳤다. 대구에서 윤성술, 윤태술 형제가 대본大本제작소를 설립해 피스톤핀을 생산했다.

용산에서 신규희 씨가 '신규희 제작소'를 설립해 테일라이트, 라이트소켓, 반사경, 브레이크호스, 클러치, 강판플레이트를 생산했다. 신규희 씨는 일제 때 쇼와昭和보데에 근무하다가 만주 도요타豊田에서 바디 기술자로 일했다. 차동호, 운병의 양인이 삼화가스켓트를 운영하던 것을 윤준모 씨가 인수해 법인체로 변경, 가스켓을 생산하기 시작했다.

이홍광 씨의 금강金剛공작소가 브레이크 허브 이너링을 생산했고 대전에서 김제원, 김창원 형제가 한국이연회사를 설립해 피스톤링을 만들었다. 이후 양인은 1955년 부산에서 신진공업사를 창업했다.

박용구 씨는 1907년 11월생으로 1931년 4월 조선피혁주식회사에 입사했고 이듬해인 1932년 10월 삼화양조주식회사로 회사를 옮겼다. 1939년 5월에는 중앙기계공업유한회사를 창립해 슬리이브, 실린더라이너를 생산했다.

방응준 씨는 1909년 1월생으로 1929년 4월 원산소재 삼옥ㅋㅍ철공소에 입사해 발동기부분품 제작, 조립, 수리 작업을 맡았다. 1940년 5월 그의 고향인 철원군에서 삼우철공소를 설립했다. 당시 철원에서는 가장 큰 공장으로 직원이 150명에 달했다. 이 회사는 보일러나 발전기 수리, 자동차엔진보링, 주물 제작 등을 주로 했다. 1945년 10월 해방 후 서울로 이주해 서울 내연기 공업사를 창설, 자동차 수리 및 소방펌프를 제조했다.

1947년 방응준 사장이 미8군에서 불하받은 중고트럭 12대를 개조해 소방차로 만들었다. 여러 소방서로부터 주문이 밀려와 직원 수가 200명까지 늘었다. 1950년 5월 서울 피스톤공사로 개명해 피스턴 및 부속품을 생산했다. 1952년 5월 국방부 과학기술연구소 지정공장, 육군본부 조달감실 지정공장으로 선정됐다. 1957년 7월 서울기계공업주식회사로 사명을 변경했다. 이 회사는 1949년 11월 상공부 특허국으로부터 소방용 안전진공펌프에 대하여 발명특허를 취득했다. 수요가 나날이 증가하는 피스톤을 생산하기 위해 시설을 구축하고 기술자를 선발하는 등 사업 확대에 나섰다.

하지만 피스톤 생산까지는 적지 않은 투자와 노력을 기울여야 했다. 특히 소방용 고압피스톤 개발은 고도의 기술력을 요구했으며 적당한 피스톤 소재를 구하는 것이 큰 관건이었다. 당시 기술과장으로 피스톤 생산을 책임지게 된 홍성종 씨는 피스톤 재료를 찾기 위해 외국 서적을 들여다보고 경쟁 업체를 찾아가 조사를 하는 등의 노력을 한 끝에 알루미늄에 실리콘, 마그네슘, 니켈 등을 섞은 로-엑스$^{Lo-EX}$ 합금이나 와이^{Y}합금이 피스톤 재료로 적당하다는 사실을 알게 됐다.

이후 홍성종 씨는 밤낮을 가리지 않고 개발에 심혈을 기울였다. 개발의 관건은 재료들을 정확한 비율로 섞는 것인데, 그 비율을 계산하는 것이 쉽지 않았을 뿐 아니라, 정확한 비율을 알아냈다 해도 당시에는 정교한 저울이나 변변한 측정 도구도 없는 상태였기 때문에 각 재료의 중량을 정확하게 맞춰 합금을 생산해내는 것이 어려웠다. 홍성종 씨는 계속해서 실험을 통해 자료를 수집하고 정리하면서 마침내 국내 최초로 '소방용 고압피스톤' 개발에 성공했다.

1953년 10월 제2회 전국 국산품전람회에서 국방부장관의 우량상 수상을 시작으로 1954년 12월 교통부장관표창, 1957년 11월 상공부장관표창, 1957년 11월 대한상공회의소로부터 전국 모범기업체 표창을 수상했다. 1958년 10월에는 대한민국 정부 수립 10주년 기념, 전국 국민인기투표에서 우량품으로 인정받아 대통령표창을 받았다. 홍성종 씨(당시 공장장)도 이러한 공로를 인정받아 1964년 3월에 농납

산업훈장을 수훈했다. 바로 남양공업㈜의 홍성종 회장이다. 그는 1969년 독자 회사를 창립하기 이전까지 20여 년간 방응준 씨의 회사에서 근무했다.

윤준모 씨는 1916년 2월생으로 1933년 3월 일본 포드 자동차 대리점인 구스모토楠本상회에 입사해 공장장까지 역임했다. 1944년 니시모도구미西本組 경성지점 운수부장으로 재직하다 해방을 맞았다.

1945년 11월 자유모터스상회를 운영했고, 1950년 2월 자유자동차공업주식회사를 설립했다. 윤준모 씨는 부품업계의 권익을 위해 1946년 5월 조선자동차 부분품대책위원회 생산부장, 1949년 4월 대한자동차상공주식회사 상무, 1954년 10월 대한자동차공업협회 부이사장, 1955년 7월 대한자동차공업협회 이사장을 역임했다. 1962년 2월에는 한국자동차공업협동조합 창립 시 이사에 취임했다. 1963년 7월 6일 한국자동차공업협동조합 임시총회에서 제3대 이사장으로 취임한 윤준모이사장은 3~4대(63.7.6~65.5.2) 8~13대(69.8.8~79.5.22), 16~17대(83.11.24~87.2.25) 등 총 14년 10개월 동안 재임한 한국 자동차산업계의 최고 원로였다. 윤준모 씨는 유성기업㈜ 류홍우 회장의 장인이기도 하다.

김주홍 씨는 1915년 9월생으로 1935년 4월 일본 나고야시 수보木保 자동차 제작소와 1939년 9월 일본 오사카시 모리モ체제작소에 근무했다. 1945년 8월 조선자동차공업주식회사(내연기관용 스리브, 기어, 볼트,

너트 생산)에 입사해 공장장으로 근무 중 해방을 맞았다.

1946년 9월 부산시 수정동에서 동우정기제작소를 설립해 엔진, 밸브, 유니버설 조인트 등을 생산했다. 1968년 10월 ㈜동우정기로 법인 전환했고 1973년 기아자동차에 인수됐다. 1989년 ㈜기아정기로, 1998년 화의인가 판결을 받은 후 1999년 한국프렌지에 다시 인수됐다. 2000년 ㈜카스코로 상호변경, 2005년 현대기아자동차그룹에 편입된 후 2007년 6월 현대모비스㈜에 흡수합병 됐다. 김주홍 씨는 1974년 장남인 김병현 씨와 동강기업사를 설립(FAN DRIVE, CONTROL BOX 등 생산)해 운영에 참여한 적이 있다. 그는 1991년 7월 19일 별세했다.

이원식 씨는 1915년 5월생으로 1937년 5월 만주국 봉천 동아물산주식회사에 입사, 1945년 4월 주식회사 삼륜호三輪號 대표로 취임했다. 1946년 8월 대구시 삼덕동에서 협립제작소를 창업했고, 1953년 8월 주식회사로 전환했다.

손공사孫工社는 대구시 칠성동 2가에 있었다. 손성택 사장이 1951년 8월 설립했다. 특수고무, 스윗치류를 생산했다. 손성택 사장은 1911년생으로 1929년 일본 내덕內德고무공업㈜에 입사했다. 이후 평양지점에 근무한 경험을 바탕으로 제조업을 시작했다. 대지 981㎡(270평)에 건평 627㎡(190평)으로 37명의 조직이었다.

홍광유 씨는 1925년 4월생으로 1941년 4월 조선내연기공업주식회사에 근무하던 중 해방과 함께 회사를 그만뒀다. 1946년 2월 한일기공사를 창립, 1952년 1월 대한피스톤공사를 설립해 피스턴, 피스턴핀, 피스턴링을 생산했다. 또한 노량진에서 조선광학초자가 라이트 렌즈를, 조선콜크회사가 코르크판을 생산했다. 영등포의 삼화정공에서 피스톤핀, 기어, 조인트, 베어링 등을 제작했다.

당시 자동차부품 판매업은 생산 공장을 육성하는 데 크게 기여했다. 즉, 생산 공장에 대해 자금을 선금으로 지급하면서 부품제작을 의뢰했는데, 이때 판매업자들이 모여 조선자동차 부분품대책위원회를 조직(1945년)하고 초대 회장에 차태경 씨를 선임했다. 1949년 대한자동차공업협회가 발족되어 상공부 장관의 인가를 얻었다. 자동차공업의 국내 유일한 단체로 인정받았다고 볼 수 있다.

차태경 씨는 1902년 1월생으로 1924년 4월 ㈜경성공업사 사원으로 입사, 1933년 8월 자동차 수리공장 및 부분품상을 경영하면서, 1936년에는 금강산소 주식회사를 창업하기도 했다. 이후 1944년 9월 대동주조주식회사를 창업했고 1953년 12월 대한자동차공업주식회사를 창업해 스프링을 만들었다. 차태경 씨는 대한자동차공업협회 회장을 역임하다 1962년 한국자동차공업협동조합 설립 당시 초대 이사장에 취임했다.

1950년 3월 29일 상공, 교통, 국방의 세 부처가 합동으로 국산자동차부품 13개 품목을 국산 장려품으로 결정했다. 군납도 개시했다.

13개 품목은 ①피스톤 ②피스톤링 ③피스톤핀 ④피스톤링의 인너링 ⑤슬리브 ⑥브레이크 라이닝 ⑦가스켓 ⑧스프링 ⑨라이트렌즈 ⑩코르크판 ⑪허브 ⑫펜벨트 ⑬라이트소켓 및 반사경이었다. 비 지정품목으로는 엔진밸브, 유볼트, 허브볼트, 드럼, 브레이크 오일이 해당됐다. 그 품질은 오늘날과 비교할 때 조악했다.

같은 해 한국전쟁이 발발했고 모든 산업이 전멸하다시피 했다. 1953년 7월 27일 휴전협정에 한국·미국 간 합의가 이루어졌다. 3년 1개월 간 피해는 엄청났다.

한국전쟁 전 서울 14개 노선에 48대를 운행하던 경전京電버스는 전멸 상태였고, 운행 가능한 전차는 6대 뿐이었다. 이러한 폐허 속에서도 자동차조립 공업은 자동차 공업인들의 강력한 의지로 비록 원시적이지만 쇠망치로 드럼통을 꽝꽝 두드리며 다져갔다. 폐물과 같은 군용차(트럭, 지프, 쓰리쿼터)의 엔진을 이용해 철판을 두드리고 망가진 부속들을 다시 모아 완제품을 생산했다.

김영희 씨가 1953년 5월 안전자동차공업㈜를 설립하여 엔진밸브를 생산했으며 이후 판매 대리점을 운영하던 손인선 씨가 자본 투자에 참여했다. 손인선 씨는 1928년 1월생으로 1948년 3월부터 전북 정읍 내장초등학교 교사로 일하다, 1966년 2월 대전 금남여객㈜의 임원으로 옮겼다. 1972년 김영희 씨가 타업종 사업으로 전환을 희망하기에 손인선 씨가 이 회사를 인수해 1973년 안전공업㈜로 회사명을 변경했다. 당시에는 엔진보링을 하면 엔진밸브는 반드시 교환해야 하기 때문에 생산공장이 난립하고 있었다. 손인선 씨는 신한밸브, 연안밸브 등 동종업계의 건전한 상거래 확립 및 동종업계 발전을 위해 자본을 참여하는 등 많은 업적을 이루었다. 손인선 씨는 1992년 3월 회장으로 취임했고, 1995년 5월 6일 별세했다. 장남인 손주환 씨는 말단사원으로 입사하여 경영수업을 익혔으며 92년 3월부터 대표이사를 맡아 건실하게 회사를 운영하고 있다. 손주환 사장은 해외시장 개척을 위하여 큰 확약을 했으며 현재는 미국 포드, 피아트 크라이슬러, 머큐리마린, 폴라리스 레인지 등에 수출 성공하는 쾌거를 이룩하여 2014년 7,000만 달러 수출의 탑을 수상했다.

1954년 초부터 전쟁 징발 차량이 해제되기 시작했다. 버스에 대해서는 임시 면허를 부여하고 각 지역 간 연락 노선을 개설하는 한편, 지방교통을 부활하도록 했다.

전쟁에서 불타거나 반신불수가 된 차량들을 모아 조립하는 국산 버스 제작기술이 발달했다. 또한 미군 잉여 차량인 쓰리쿼터가 대량으로 마이크로 버스로 재탄생해 교통난 완화에 한몫했다. 처음에는 6인승이었으나 점차 9인승, 16인승으로 발전했다. 그 당시 수복된 서울에서만도 900대나 운행을 했다. 국산차체 제작으로 비약적인 발전을 기대할 수 있게 됐다. 트럭사업도 차량 구하기와 수리사업이 버스나 택시보다 쉬웠기 때문에 화물자동차 운송 사업이 활발했다.

1954년 1월 하동환자동차제작소(하동환)가 설립되어 버스를 제작했다. 1930년 개성에서 태어난 하동환 씨는 회사를 설립하고 1955년부터 미군이 남기고 간 폐차를 분해하고 드럼통을 두드려 버스를 조립했다.

1962년 12월 하동환자동차공업㈜으로 사명을 변경했다. 1966년에는 버스(HDH R-66)를 브루나이에, 1967년에는 월남에 각각 수출했다. 1977년 2월에는 동아자동차㈜로 상호를 변경했다. 1984년 12월 코란도 지프를 생산하는 ㈜거화를 인수했다. 이후 1986년 11월 쌍용그룹에서 인수하여 1988년 3월 쌍용자동차㈜로 출범했다. 1994년 6월 창원 엔진공장을 준공했고, 1997년 10월 대형승용차 '체어맨'을 출시했다. 1998년 1월 대우그룹에서 경영권을 인수하기도 했지만 대우그룹이 해체됐다. 이후 2004년 10월 SAIC(상하이자동차)와 지분매각 계약을 체결했다. 하지만 2009년 1월 기업회생 절차 개시 신청이 되어 2010년 11월 인도 마힌드라와 M&A투자계약을 체결했다.

하동환 씨는 동아자동차㈜를 매각한 이후 트레일러 부품을 생산하는 동아정기㈜의 회장으로 재직하기도 했고 한원 장학회와 미술관을 운영하는 등 교육, 문화사업에 많은 기여를 했다.

1954년 12월 말 기준 전국의 자동차 등록대수는 1만 5,960대로 전년대비 2,453대가 증가했다. 이 중 승용차가 5,017대, 화물차

7,466대, 버스 2,542대, 기타 935대이다.

또 다른 자동차 제조사로는 1951년 1월 운크라UNKRA 계획 64-4에 의거해 자동차 수리공장 실수요자로 선정된 국제모터스㈜가 있다. 운크라는 1950년 12월 1일 국제연합총회 결의에 따라 한국의 부흥을 돕기 위해 설립된 기구다. 영등포구 당산동에 자리잡은 이 업체는 수리기계 50여 종을 도입했다.

최재현 씨는 1921년 3월 천안에서 출생했다. 한때 동일은행에 근무했다가 귀향해 농장을 경영하면서 농촌을 계도하던 중 해방을 맞았다. 1948년에 제정된 정부조직법에 따라 상공부에서 간부급으로 근무도 했고 한국전쟁 때에는 대구에 내려가 방적업에 종사했다.

이후 자동차공업에 참여해 1955년 국제모터스 주식회사를 창업했다. 버스와 화물차를 조립하여 판매했고, 1962년 한국자동차공업협동조합 설립에 참여했다. 또한 1962년 5월 상공부로부터 정식으로 자동차조립공장 허가를 받을 정도로 실력이 있는 업체였다. 1962년 6월 교통부 부령 제124호에 의거해 민간대행 자동차 검사업체로 지정 받았다. 이후 대한자동차검사협회 발족 회원으로 참여했다. 최재현 사장은 1979년 6월, 58세를 일기로 타계했다.

국제모터스가 55년부터 매년 몇 대를 생산했는지는 자료가 없어 알 수 없지만 1963년도에는 말레이시아에 버스 6대를 우경물산을 통해 수출하기도 했다. 한국자동차산업협동조합의 자료에 의하면 국제모터스가 1965년에 101대, 1966년에 292대, 1967년에 208대(버스 31대, 4분의 3톤 쓰리쿼터 22대, 2와 2분의 1톤 트럭 155대)를 조립했다. 최재현 씨는 슬하에 4남(한용, 명용, 우용, 두용) 2녀(원용, 선용)를 뒀다. 1955년 2월 1일 충남공주 출신의 김제원, 김창원 형제가 부산에서 신진공업사를 발족해 운크라계획 64-4에 의거해 공장을 세웠다.

1955년 8월. 시발자동차(최무성 사장)가 4기통 지프형 승용차를 제작했다. 1956년 5월 기아산업(주)의 김철호 사장이 시흥에 공장을 신축하고 서독으로부터 40만 달러 상당의 기계 시설을 도입해 삼천리호 자전거를 월 3,000대, 강관 월 4,000톤을 생산했다.

김제원 씨는 1913년 12월생으로 1934년 3월 조선자동차운수주식회사에 입사했다. 1943년 1월 공주군에서 고공품(짚이나 풀줄기로 만든 가마니, 새끼, 멍석과 같은 수공품) 생산 공장을 경영했고, 1946년 1월 충남 농구農具제작소 경영, 1948년 2월 일제 시기부터 대전에 소재한 조선이연 항공기재 주식회사의 관리지배인으로 재직했다. 이후 1949년 한국이연공업주식회사를 설립해 사장에 취임했다.

김제원 씨는 1949년 8월 대한자동차공업협회 이사로 취임한 후, 1952년 6월 부이사장을 거쳐 1954년 7월 이사장에 취임했다. 1955년 신진공업(주) 부산공장을 설립해 김제원 씨의 동생인 김창원 씨가 사장으로 취임, 1962년부터 대·중형 자동차를 조립했다.

이후 지프차 재생 엔진에 철판을 두드려 만든 바디, 판유리를 넣은 창유리, 국산타이어 등을 이용해 100% 국산의 소형 세단인 신성호를 1963년 11월부터 제작했다. 이 차량을 총 300대 생산했다.

1966년 1월 신진자동차공업㈜으로 상호 변경하고 일본 토요타자동차와 기술 제휴해 5월부터 코로나 승용차를 생산하기 시작했다. 김제원 씨는 같은 해 2월 한국자동차공업협동조합 이사장에 취임했다. 이후 이 회사는 사명이 수차례 변경됐다. 1972년 6월 GM코리아(GM과 합작), 1976년 11월 새한자동차(산업은행 관리), 1983년 1월 대우자동차, 2002년 10월 GM대우 오토앤테크놀로지, 2011년 3월 한국GM으로 간판을 바꿔 달았다.

한국이연은 김제원 씨가 경영에서 손을 뗀 후 한두 차례의 M&A를 거쳤고, 1977년 충남 방적그룹(한일건설진흥주식회사)에서 인수했다. 1988년 충남방적그룹은 일본이연日本理硏과 합작해 대한이연주식회사를 설립했고 1995년 3월 한국이연㈜를 인수했다.

현재는 이택성 사장이 국내는 물론 해외시장 개척에 주력해 2014년 10월에 GM으로부터 우수한 품질을 가진 협력사 Supplier Quality Excellence Award 타이틀을 3년 연속 수상했다.

최무성 씨는 1906년 2월생으로 1929년 7월 조선일보사 영업국에 취업했고 1940년 9월 조선예흥사(출판업)를 창업했다. 이후 1943년 10월 보인광업주식회사 지배인으로 일하던 중 1945년 8월 해방과 동시에 국제공업사를 창업해 자동차 용품 생산과 재생업을 시작했다.

한국전쟁으로 부산으로 피난가기도 했으나 1953년 7월 환도와 동시에 국제차량제작주식회사를 창업해 사장에 취임했다. 이후 1955년 8월 회사 명의를 변경해 시발자동차주식회사를 설립했다. 이 회사는 지프를 베이스 모델로 만든 지프형의 국산차인 시발을 만드는 데 성공했다. 놀라운 사실은 시발자동차의 엔진이 미국산 지프 엔진을 그대로 모방해 만든 국산엔진이라는 것이었다.

시발자동차의 공장장을 역임하고 1971~79년 12월까지 대통령 경제 제2수석비서관을 지낸 오원철 씨의 회고담이다.*

"시발차에 사용한 엔진의 모델은 미군 지프이지만 완전히 국산화했다. 내가 직접 제조했으니 사실이다. 당시는 주물공업이 발달되지 않았을 때이지만 실린더 헤드까지는 만들 수 있었다. 그런데 실린더 블록은 모양이 복잡해서 불합격 주물鑄物이 많이 생겨났다. 10개 만들면 쓸 만한 게 한두 개 정도였다. 이 문제를 해결하기 위해서 고생하다 선박용 엔진에서 힌트를 얻었다.

---

* 오원철, 한국형 경제건설4, 한국형경제정책연구소, 2002년

그때나 지금이나 자동차 실린더 블록에 슬리브^{Sleeve}를 처음부터 끼워 넣는 법은 없다. 선박엔진에서만 사용된다. 그런데 실린더 블록을 간단하게 만들기 위해서 피스톤이 들어가는 곳, 즉 피스톤 벽을 없애 버리고 주물을 만들기로 했다. 슬리브를 따로 만들어 나중에 끼워 넣는 것이다. 이 슬리브 내에서 피스톤이 상하로 왔다 갔다 하며 엔진이 움직이게 된다. 수명을 길게 하기 위해 처음부터 이 슬리브에 크롬 도금까지 했다. 피스톤은 서울피스톤(대표: 방응준)에서, 피스톤 링은 유성기업에서 구입하여 썼다. 나머지 부품도 국내에서 구입했다. 스프링은 대한철강(대표: 허주열), 허브 휠은 하동환제작소(대표: 하동환) 등에서 구입했다.

엔진제작에서 가장 문제가 된 것은 크랭크샤프트와 기화기(카뷰레터)였다. 처음에는 미군용품을 썼으나 나중에 크랭크샤프트는 특수주물로 만들어 해결했다. 군용 지프차이기 때문에 안전율이 높아 특수주물로 만들어도, 민수용으로는 아무 이상이 없었다. 문제는 기화기였는데 이것은 해결하지 못했고 미션과 차축도 해결하지 못했다. 이런 물건은 중고품을 썼다. 그래서 중고품 조립이라는 악평을 받았던 것이다. 고장도 주로 이런 중고품에서 발생했다. 부품공업이 발달 안 된 우리나라의 안타까운 현실이었다. 이런 부품은 선진국에서도 전문 제작사가 만들어서 납품하는 물건들이다. 여하간 엔진만큼은 국산품이라고 해도 과장된 말은 아니었다. 부산에 있던 신진공업사는 시발회사의 엔진을 사다가 신진자동차를 만들어서 시판을 했다"

1955년 10월, 광복 10주년 기념 산업 박람회에서 시발자동차가 대통령상을 받으면서 날개 돋친 듯 팔려나갔다. 1956년 5월 8일. 국내 여건을 감안해 이미 등록된 차량을 폐차하지 않고는 새 차를 등록하지 못하는 규제(TO제)를 발표했다. 1957년에는 전국적으로 버스와 화물자동차, 택시 등이 매일 사용하는 유류 구입이 어려웠다. 때문에 유가 폭등, 연료소비 절약, 차량의 정비 문제, 노후차 대체 문제 등이 심각하게 대두됐다. 1958년에는 TO제 실시 및 인플레이션이 가세해 차 값이 자꾸 올랐다. 자동차 구입할 때 가격보다 팔 때는 몇 배의 가격을 더 받고 팔 수 있었다.

시발자동차는 상승일로를 걸어 1960년대 초까지는 인기가 대단했다. 뒤이어 '베이비 웨건'이 등장하기도 했다. 1958년 말 현재 자동차 보유대수는 2만 8,933대 이 중 승용차가 1만 766대, 화물차가 1만 3,366대, 버스가 3,945대, 기타 856대였다. 1959년 1월 4일 주한미군 군납물자 국내 조달액이 연간 3,000만 달러라고 미국 육군 구매처에서 발표했다.

방순기 씨는 1916년 9월생으로 1934년 4월 주식회사 매임조(토목건축업)에 입사했고, 1939년 9월 중촌조(토목건축업)로 자리를 옮겼다. 1945년 8월 예산군 예당수리공사상 소상으로 근무했고, 1947년 4월 삼공공작소(기계공업) 부장, 1954년 7월 동아산소주식회사 부장, 1956년 6월 서울 내연기 공업사를 창업하여 엔진 보링을 했다.

유봉선 씨는 1915년 6월생으로 1934년 만주 장단강시 서장가西長街에서 각종 기계·차량 부분품상 경영을 하다가, 1944년 5월 만주 동경성수력발전소 근무 중 해방을 맞아 귀국했다.

1946년 5월 대전시 은행동에서 자동차 부분품상 및 유신裕信 공장을 경영, 1958년 2월 한국특수금속공업주식회사를 설립했다. 유봉선 씨는 한국자동차공업협동조합의 제5대 이사장(1965.5.22~1966.2.25)을 역임했다. 이 회사는 몇 차례의 M&A를 거쳐 한국에프엠으로, 2016년부터는 페더럴모굴세종주식회사(이빅터우형)로 출범했다. 이해준 씨는 1920년 6월생으로 1941년 21세 청년이었을 때 경북 달성군 가창면에 있는 고바야시小林광업에 입사했다. 이 회사에서 맡은 일이 차량관리업무, 특히 차량점검과 보수용품의 구매, 재고관리 부분이었다.

1945년 2월 고바야시 광업을 퇴사한 후 대구시장 북로에 선광사라는 자동차 부품판매상회를 세웠다. 그는 선광사를 경영하면서 경상도와 전라도를 연결하는 여객회사인 경전여객에 입사해 능력을 인정받아 2년 만에 전무 자리에 올랐다.

이해준 사장은 램프생산 경험과 기술을 가진 신규희 씨와 자동차 부품 상사를 운영하던 남두성 씨와 함께 1954년 5월 대구시 칠성동

대지 1,980㎡(600평)에 50여 명의 종업원을 거느린 삼립자동차 공업 주식회사를 설립했다. 생산 품목은 헤드램프, 클러치 디스크, 타이로드 앤드, 쵸크 레버등 10여 종에 달했다.

사업 초기에는 모두 열의를 보였지만 밀수품 범람과 쌓이는 부품 재고 등 경영이 어려워지자 동업자들은 투자한 원금을 회수하겠다는 의사를 밝혔다.

이해준 사장은 동업자금을 돌려주고 홀로서기에 나섰다. 1961년 삼립산업사로 사명을 변경하고 사장에 취임했다. 축적한 기술력을 바탕으로 자전거 램프를 중심으로 자전거 허브와 밴드 브레이크 등을 개발해 생산품목을 다양화했다.

이해준 사장은 향후 자동차 산업과 함께 자동차 부품산업도 발전할 것이라 판단했다. 이에 1960년 초 자동차용 램프 생산을 시작으로 성장가도를 달렸다. 1968년 11월 개인 회사형태를 삼립산업주식회사로 바꿨다.

장남 이충곤 씨는 졸업을 몇 달 앞둔 1967년 12월 회사에 입사해 서울사무소에서 영업을 담당하며 경영에 참여했다.

1971년 이후 대구본사로 내려와 전무, 부사장을 거쳐 1983년 대표이사 사장으로 취임하고 2세대 경영을 시작했다. 1988년 11월 기업공개를 했고 2004년 11월 SL(주)(SL Corporation)로 회사명을 변경했다. 이충곤 회장은 현재까지 해외시장 개척과 해외투자를 적극 추진하는 등 글로벌 네트워크를 확대하고 있다. 이해준 씨는 2003년 10월 27일 타계했다. 계열사로는 ㈜에스엘라이팅, ㈜에스엘서봉, ㈜에스엘라이텍, ㈜에스엘미러텍, ㈜에이치에스엘 일렉트로닉스, ㈜에스에이치비, ㈜케이디에스를 비롯하여 다수의 해외 현지 법인이 있다.

김용곤 씨는 1921년 5월생으로 1939년 4월 전북 공화자동차주식회사에 입사했다. 이후 1941년 12월 남선수력전기주식회사로 자리를 옮겼고, 1946년 8월 전북식량공사전주지사에 들어갔다. 1957년 6월에는 대한공업사를 설립했다. 1961년 10월 대한자동차공업협회 이사, 1962년 2월에는 한국자동차공업협동조합 이사로 선출됐다.

류홍우 씨는 1923년 1월생으로 경북 문경군 신양면에서 태어났다. 1942년 4월 일본 건설회사로서 철도건설공사를 많이 하던 니시모토구미西本組 경성 지점 경리과 사원으로 입사해 전국 출장소의 회계업무를 담당했다.

이후 일본군에 강제징병 됐다가 광복을 맞아 귀국했고 1945년 10월, 자동차 부품상인 공화모터스(정태평)에 입사했다. 이곳에서 경험을 쌓은 그는 1953년 4월 종로3가에 동명상회를 설립하고 자동차부품 판매업을 시작했다.

류홍우 씨는 다른 점포보다 앞서가는 영업을 위해서 차별화 전략을 세웠다. 고객별 상품관리, 고객대장 작성, 출납장부 정리 등으로 주문에 맞춰 정확하게 배달했고 입소문을 타면서 급성장했다. 그는 범칙물자 거래는 아예 하지 않고 정당한 상품거래만 고집했다. 동명상회는 1959년 5월 상공부로부터 수출입업자 등록증(제555호)을 교부받았다. 이 시기에 동명상회는 일본 NGK의 한국대리점이 됐고, 이후 기술제휴와 합작 사업으로 발전시켰다.

류홍우 사장은 "언젠가는 제조업에 뛰어들어 부품국산화의 길을 열어보겠다"는 희망을 갖고 있었다. 마침내 1959년 8월 15일 유성기계공업사를 창립하고 'YPR'라는 상표로 피스턴링을 생산하기 시작했다. 1960년 유성기계공업㈜로, 1963년 유성기업㈜로 사명을 변경했다.

1960년대 초 미8군에 달러화로 납품도 했고 이를 계기로 동남아 지역에 수출을 했다. 1969년 10월 일본 제국피스턴링과 기술제휴 체결로 국내 정상의 위치 선점과 기술 자립의 기틀을 마련했다.

류홍우 회장의 장남인 류시영 씨는 1972년 유성기업에 입사해 해외시장을 개척하는 업무를 익혔다. 기획실장과 상무이사를 거쳐 1988년 사장으로 2012년 8월 15일 회장으로 취임했다. 류시영 씨는 사장 취임 이후 유성기업의 기업공개 및 주식상장, 유성기술연구소 개설, 관련 신규회사 설립, 신규공장 준공 및 이전, 글로벌화 등을 적극 추진했다.

류홍우 회장의 4남 류시훈 씨가 피스턴 및 피스턴핀을 생산하고 있는 동서페더럴모굴㈜의 회장을 맡고 있다. 5남인 류시혁 씨가 스파크플러그, 그로우플러그, O_2센서 등을 생산하는 우진공업㈜의 대표를 맡고 있다.

유성기업의 관련 업체로 동서페더럴모굴㈜, Y&T파워텍㈜, 동성금속㈜, 신화정밀㈜, 우진공업㈜ 등이 있으며 중국의 랑팡, 베이징, 칭다오에 해외법인이 있다.

양성덕 씨는 1918년 10월생으로 1957년 2월, 대구상회 공작부를 창업했다. 송인엽 씨는 1913년 11월생으로 1932년 4월 춘천금융조합 이사, 1945년 8월 대한통운 춘천지점, 1950년 6월 자동차운수업을 하다가 1953년부터 자동차스프링 판매업을 했다. 1959년 삼목스프링제작소를 설립했으며 1970년 4월 삼목강업㈜로 법인 전환했다.

송인엽 회장은 1991년 1월 별세했다. 송인엽 씨의 아들인 송종섭 씨가 회사를 운영해왔고, 2011년 5월 영흥철강㈜에서 인수했다. 이후 2015년 12월 영흥철강㈜와 합병해 영흥철강㈜ 자동차부품 사업부(안산, 보령)로 존속하고 있다.

강이준 씨는 1923년 2월생으로, 1946년 5월 부산 부전동에 자동차부품 판매상인 신라상회를 창업했다. 1960년 4월 신라철공소를 설립해 자동차용 액슬 샤프트, 샤클핀 등을 생산해 국내 판매는 물론 1960년대 중반에는 베트남 등 동남아 지역에 수출했다. 1960년대 말까지 부품판매상과 생산업을 동시에 운영했기 때문에 부품에 품질 및 상거래상의 신뢰를 매우 중시했다. 1961년 1월 신신기계공업사로 사명을 변경했다. 1971년 2월 일본과 합작해 한국센트랄자동차공업㈜로 출범했다. 강이준 씨는 1985년 4월 회장으로 취임했고, 같은 해 6월 18일 별세(63세)했다.

강이준 씨는 자동차조합의 설립 회원일 뿐만 아니라 1963년부터 부산·경남지부장을 맡아 많은 활약을 했다. 1984년 정부로부터 과학기술 공로를 인정받아 산업 포장을 수상했다.

강이준 씨의 장남인 강태룡 씨는 대학시절에도 방학기간이면 회사에 나가 현장실습을 했으며 1972년 5월 말단사원으로 입사해 입사 8년 만에 과장직을 발령 받을 정도로 혹독한 경영 수업을 익혔다. 1985년 사장으로 취임한 후 사세를 확장하면서 1992년 3월 ㈜센트랄로 회사명을 변경했다. 2006년 11월 수출 1억불탑을 수상했으며 2007년 회장으로 취임하여 환경경영 및 글로벌화를 위해 매진하고 있다. 관계회사로는 센트랄모텍, 센트랄DTS, 센트랄LTS, 센트랄CMS, 네오 씨티알, 네옴 및 중국과 멕시코에 해외법인이 있다.

1960년 3월 15일 제4대 정·부통령 선거가 실시됐다. 대통령에 이승만, 부통령에 이기붕이 당선됐는데 4월 19일 서울에서 부정선거 규탄 시위가 대대적으로 일어나자 경찰의 발포로 많은 사상자를 냈다. 4월 26일 오후 6시 이승만 대통령은 재선거, 내각책임제 개헌 등

결의를 표명하고 사임하겠다는 하야 성명을 했다. 1961년 5월 16일 새벽 군사정변이 일어났다. 이듬해인 1962년 정부는 제1차 경제개발 5개년 계획을 발표했는데 총 투자액 3조 2,000억 원, 연 성장률 7.1%를 전망했다.

한창근 씨는 1922년 5월생으로 함경북도 증평에서 출생했다. 종로구 장사동에서 자동차부품상회를 경영하다가 1962년 동양기어공업㈜를 설립했다. 1971년 동양워너㈜로 1976년 동양기계공업㈜로 회사명을 변경했고 1972년 6월 상공부로부터 변속기, 차축 국산화 책임공장으로 지정받았다. 1984년 2월 통일그룹에서 인수했고 1991년 4월 ㈜세일중공업으로, 1995년 4월 통일중공업㈜로 회사명을 변경했다. 2003년 3월 S&T그룹의 모태인 삼영열기공업㈜에 인수된 뒤 2005년 6월 S&T중공업㈜로 출범했다.

도상철 씨는 1953년 8월 상신화학공업사를 설립했다. 이후 정도철 씨가 인수해 1975년 8월 상신브레이크공업㈜을 출범했다. 브레이크 패드 및 라이닝, 브레이크 앗세이를 생산하고 있다. 계열업체로 산도테크㈜, 산도브레이크㈜, 상신이엔지㈜가 있으며 중국, 인도, 미국에 해외법인이 있다.

한은영 씨는 1916년 11월 평안북도 개천군 영변에서 출생했다 1933년 봄 소년 한은영은 홀로 일본으로 건너가 조선인이라는 차별대우를 받으면서도 안 해 본 일 없이 성실하고 부지런하게 생활하면서 주경야독으로 학업을 마쳤다. 1938년 5월 22세의 나이로 한은영 씨는 도쿄근교에서 소켓등 전기용품 제조공장을 운영하는 사장이 됐다.

제2차 세계대전이 일어나자 1945년 3월경 공장을 처분하고 귀국하여 8.15해방을 맞았다. 한은영 씨는 주권을 빼앗긴 우리나라의 '진정한 독립을 위해서는 산업 기반을 마련하는 것이고 무엇이든 창조하고 개발해야 한다'는 강한 의지를 갖고 있었다.

자전거 부품 도매상인 흥국자전거상회에서 근무하는 동안 동업자 간 유대강화, 부품확보와 자재수급 등 해결 방안을 마련해나가면서 한국전쟁 후에도 전력을 다했다. 그 결과 1953년 흥국자전거상회는 전국 최고의 자전거 부품 도매업체로 부상했다.

1944년 12월 기아자동차의 전신인 경성정공京城精工을 김철호 씨가 창립하여 한국전쟁의 와중에도 부산에 공장을 마련하고 1952년 2월 기아산업㈜로 상호를 변경한 뒤 '삼천리호' 자전거를 출시했다.

한은영 씨는 1954년 3월 1일 종로구 연건동에서 '태양자전거기업사' 창립과 동시에 자전거 림을 생산하여 정식으로 출하했다. 1955년부터는 자전거 스포크를 제조했으며 당시 농업과 국토 개발 사업에 필수적 수송 장비인 리어카용 스포크와 바퀴까지 제조했고 이후 단일부품이지만 정밀하고 고도의 기술을 요하는 나사, 스크류, 볼트, 너트를 본격적으로 생산하면서 훗날 자동차 부품 제조를 위한 초석을 다졌다.

한은영 사장은 1961년 12월 ㈔대한자전거상공조합연합회 초대 이사장과, 1963년 4월 한국자전거공업협동조합의 초대 이사장직을 역임했다. 1964년 5월 한국자동차공업협동조합 회원으로 가입했다.

1964년 자동차용 프레스 제품과 나사류 제작을 시작으로 자동차 부품업계에 뛰어든 한은영 사장은 새나라 자동차의 폐업으로 위기를 맞았으나 허브 너트 3종 국산화에 성공하면서 자동차 부품업체로서 능력을 인정 받았다. 1964년 12월 태양금속공업㈜로 법인 전환했고 중소기업 최초로 1976년 4월 기업을 공개하여 상장법인으로 등록했다. 현재 한은영 사장의 차남인 한우삼 회장이 회사를 경영하고 있다.

한우삼 씨는 1971년 평사원으로 입사해서 생산, 품질, 기획에서 일반직원들과 똑같이 현장업무를 익히면서 품질관리기사 자격증까지 획득하는 등 대단한 열정을 보였다. 수석 부사장을 거쳐 1991년 8월 사장, 2003년 3월 회장으로 취임해 현재에 이르고 있다.

대표이사 사장 취임 후 '도약 2000 운동' 및 신규 사업으로 조향장치 부품(이어볼 조인트 어셈블리 등) 생산 및 조립, 효율적인 조직관리 운영, 환경경영 및 상생 노사관계 유지, 신기술 및 자동화 도입 등을 추진하면서 인도 첸나이, 중국 장가항, 연태, 북미 디트로이트 등에 법인설립을 통해 글로벌 기업으로 위상을 높이고 있다. 창업주인 한은영 회장은 2006년 12월 12일 타계했다.

손기창 씨는 1923년 밀양군 산내면 송백리에서 태어났다. 1938년

혈혈단신으로 일본 도쿄로 건너가 시계밴드(스테인리스 제품)를 생산하는 아오키靑木 제작소에 취업해 기술을 배우기 시작했다. 공장과 학교에서 주경야독한 결과 1942년 공장장으로 승진했으며 프레스 금형기술 1급 기사 자격증을 취득했다. 1945년 5월 고국으로 돌아와 철판상을 운영했다.

아연철판으로 된 세숫대야와 고무대야, 꽃밭에 물을 줄 때 쓰는 조리개 등을 만들기 시작했다. 가게 이름은 경창慶昌상회였다. 이후 자전거 스포크를 재료로 미싱 바늘을 수공으로 만들었다. 만들기가 바쁘게 팔려나갔다. 또 밤에 불을 밝혀주는 카바이드 등 제조에 성공해 대구를 비롯한 많은 지역에서 사용했다.

1955년 화공약품 생산 사업이 실패로 돌아가 전 재산을 잃기도 했지만 공장 직원들 모두에게는 월급을 지급했다. 경영자를 믿고 일해 준 종업원에 대한 의무라고 믿었기 때문이다. 이후 담뱃대를 만들고 철판상을 열고 화공약품 사업도 했지만 금형기술에 대한 꿈을 버린 적이 없었다. 이에 1961년 그는 대구 동인동 4가에 330㎡(100평) 규모의 대지를 구입하고 50톤 수동 프레스, 그라인더 등을 설치해 금형을 제작했다.

마침내 1961년 10월 1일, 경창공업사가 설립됐다. 처음으로 만든 자전거용 체인케이스는 판매 호조를 보였고, 1961년 말 직원 수는 50명으로 늘어났다. 주요 생산 품목은 사서서 및 오토바이용 체인게

이스, 자전거용 짐받이, 스탠드, 자물쇠, 벨 등이었다.

1970년 경창은 한국GM과 납품계약을 체결하면서 자동차 부품업체로의 변화를 꾀했다. 첨단 자동차부품 생산을 위한 고도기술을 집약 산업으로 이어갔다.

1972년 경창산업 주식회사로 상호를 변경했다. 손기창 씨는 1973년 한국사이클연맹 회장직을 맡기도 했다. 1975년 현대자동차가 독자 고유모델인 포니를 개발했고 경창은 협력업체로 등록을 마쳤다. 1977년 9월 13일 한국자동차공업협동조합 회원으로 가입했다.

장남인 손일호 씨는 1975년 11월에 기획실장으로 입사해 1991년 10월에 사장으로, 2005년 4월에 회장으로 취임하여 경창의 도약을 이끌고 있다. 계열업체로 KCW, 경창정공㈜, KC-TECH, KE-AUTO, P.P.I CASTER INC, PAN PAC International INC 등 다수의 해외법인이 있다.

김도근 씨는 1945년 9월 동일고무화학공업사를 설립해 면테이프와 고무신을 생산했다. 이후 1950년 동일고무벨트공업사로 상호를 변경했다. 1947년 전동벨트, 1951년 컨베이어벨트, 1964년 6월 국내최초로 평벨트 수출을 개시했다. 1966년 11월 동일고무벨트㈜로 법인전환했고 2012년 ㈜DRB동일로 상호를 변경했다. 주요 생산 품목은 자동차용 고무부품(Power Transmission Belt, Vehicle Sealing, Timing Belt 등), 토목건축자재의 고무부품, 전동벨트, 컨베이어벨트 등 고무벨트 제품을 생산하고 있다.

㈜DRB동일은 국내에 5개, 해외에 10개의 계열회사를 두고 있다. 현수명 씨는 1953년 부산에서 동양고무공업을 설립해 '기차표'라는 브랜드로 고무신을 판매하기 시작했다. 1957년 동양고무산업㈜로 회사명을 변경했으며 1980년 ㈜화승으로 상호를 다시 바꿨다. 외환위기 때인 1998년 화의절차에 들어간 바 있으나 2005년 성공적으로 벗어났다. 화승그룹 계열업체로 1978년 ㈜동양화공을 설립했고, 1979년 7월 상공부로부터 자동차용 브레이크호스 전문공장으로 지정받았다. 1988년 ㈜화승화학을 거쳐 1998년 2월 ㈜화승알앤에이로 상호를 변경했다. 자동차용 웨드스트립, 고압·저압 호스 등 고무제품을 생산하고 있다. 화승그룹 계열업체로 ㈜화승공조, ㈜화승소재 등과 다수의 해외 현지 법인이 있다.

1945년 광복 후 이영아, 이길아, 이철아 삼형제가 서울 충무로3가 대원호텔 옆에 소규모 대지를 매입해 대동정공합명 회사를 창업했다. 주요 생산품은 냉간 성형 코일 스프링과 박판 스프링, 방직기 부품, 열처리 부품 등을 생산·판매했다.

한국전쟁으로 한동안 어려움을 겪은바 있었으나 전쟁 후 공장을 복구해 운영을 시작했다. 바로 이 세 분이 현재 ㈜대동시스템을 경영하고 있는 이중아 회장의 형들이었다. 1956년 1월 제주도에서 상경한 이중아 씨는 형들이 경영하는 대농성공에서 일하면서 주경야독을 시작했다. 특히 금속 분야와 특수강 열처리 분야에 관심이 많아서 일본 서적을 뒤져가며 공부했다. 당시 현장에서 가장 골머리를 앓고 있던 부분은 열처리 불량률이었다. 그는 책에서 공부한 이론을 바탕으로 품질 개선과 생산성을 높혀 나갔다. 1년쯤 지나 대동정공의 작업관리는 물론 영업과 경영 전반에 대한 책임을 맡고 회사 경영을 맡게 됐다.

대동정공은 사업 영역을 넓혀 1963년 기아산업의 2륜 오토바이의 쇼크업소버 스프링과 T-1500모델의 콘트롤 케이블을 생산하여 납품했다. 1966년에는 신진자동차(현, 한국GM)에 납품을 시작했다. 이중아 씨는 1972년까지 대동정공에서 일한 뒤 독립했다. 강서구 등촌동에 소규모 공장을 지어 '대동케이블'을 창업했다. 콘트롤 케이블, 스피드미터 케이블 등을 생산했다. 이중아 씨는 케이블의 구조를 면밀히 분석한 뒤 생산설비를 직접 제작하면서 성장의 기틀을 마련했다. 특히, 항공기(전투기) 공중사격훈련에 사용하는 'TARGET(표적)'을 견인하는 특수케이블(방산 수입 품목인 항공표적견인케이블) 연구개발을 4~5년간 성공적으로 해냈다. 덕분에 1980년부터 공군에 납품이 안정적으로 이루어졌고, 1981년에는 기아자동차에서 생산·판매하여 선풍적인 인기를 끌었던 봉고차에 변속기 조종용 푸시풀케이블을 국산화 개발해 납품하게 됨으로써 1980년 7월 대동케이블산업주식회사의 설립초기에 회사기반 구축과 발전에 큰 도움이 됐다.

1996년 4월 ㈜대동시스템으로 사명을 변경해 오늘에 이르고 있다. 이중아 회장은 회사의 경영이념을 '보람 있는 직장, 발전하는 회사, 양심 있는 회사'로 정하고 협력적인 노사관계를 바탕으로 미래를 향해 열심히 달려가고 있다. 계열 업체로는 대동하이렉스㈜, 대동모벨㈜와 다수의 해외법인이 있다.

문채수 씨는 1957년 명화공업을 창업하여 산업용 펌프를 생산했으며 1964년부터는 농업용 펌프 사업과 산업용 설비 제작으로 사업영역을 확대했다. 문채수 씨는 기계 설비에 있어 보수 부품에 대한 기술이 현저히 떨어지고 조달이 원활하지 않았을 시기에 부품 개발과 국산화를 위해 심혈을 기울였다. 1970년대로 들어서며 경제 개발 계획이 가시적인 성과를 보이면서 자동차 산업이 급부상하자 향후 사업방향에 대해 심각하게 고민하기 시작했고, 1972년부터 자동차 부품 생산 전문공장으로 전환했다.

문채수 회장은 기술입국의 첨병으로서 명화공업㈜가 나아가야 할 가치관에 대한 이정표인 사훈을 제정했다. 문채수 회장의 경영이념과 마음가짐을 담아 고객감동을 위한 친절봉사, 조직원의 화합과 신뢰성을 강조한 인화단결, 기술 입국의 핵심역량인 기술혁신 등 3가지 주요 덕목으로 구성했다. 브레이크 디스크 및 드럼, 오일펌프와 워터펌프, 자동변속기용 오일펌프 및 샤프트, 알루미늄 너클 및 캐리어를 생산하고 있으며 지속적인 성장과 발전을 거듭하고 있다. 울산과 안산, 아산에 공장이 소재하고 있으며 중국, 인도, 멕시코에 해외 공상이 있나.

1962년 2월 24일 전국의 자동차 공업인 43명이 모여 중소기업 협동 조합법에 의한 한국자동차공업협동조합을 설립하고 4월 7일 상공부 장관의 인가 제1호로 승인을 받았다. 제1대 이사장에 차태경 씨가 당선됐다.

1960년 전만 해도 5~10명의 엔지니어들이 천막만 쳐놓고 자동차를 조립하는 공장(보디공장)이 100~150개는 됐다. 1962년 5월 21일, 상공부의 자동차공업보호법이 최고회의를 통과했으며 자동차공업을 경영하는 자는 6개월 내에 상공부 허가를 받도록 했다. 1962년 말경 서울지역에 시발자동차, 하동환자동차, 국제모터스, 부산지역에 신진공업사, 광주지역에 광주자동차제작소, 경기지역에 국산자동차㈜, 대구지역에 합성공업사, 1963년 제주도에 삼양기업사 이상 8개 업체가 자동차 조립공장으로 선정됐다. 이후 1965년 7월, 24개 조립공장이 추가로 정부 허가를 받아 자동차 생산에 기여했다.

(참고 : 한국자동차공업협동조합은 2013년 3월 28일 한국자동차산업협동조합으로 명칭을 변경했다.)

1949년 3월 대한자동차공업협회 설립 후 기념촬영(윤준모, 박용구, 김병헌 등)

허주열 |
대원강업(주)

장갑차 바퀴를 이용한
콘베이어 시스템 /
대원강업(주)

월남으로 처녀수출 /
대원강업(주)

1945~1962

엄상수 /
(주)대철

김건기 /
평화산업(주)

황규삼 /
풍선전기

김제원 /
한국이연·신진자동차

박용구 /
중앙기계

방응준 /
서울기계

홍성종 /
남양공업(주)

윤준모 /
자유자동차

윤준모 이사장,
현대차그룹 정주영 회장과 함께

김주홍 /
동우정기

이원식 /
협립제작소

홍광유 /
대한피스톤

손인선 /
안전공업(주)

차태경 /
대한자동차공업

하동환 /
하동환자동차

최재현 /
국제모터스

국제모터스 회사 전경

1945~1962

국제모터스가 생산한 버스

국제모터스가 말레이시아에 수출한 버스

최무성 /
시발자동차

국내 최초 승용차 / 시발자동차

경무대에서 시발차를 관찰하고 있는 이승만 대통령

베이비 웨건 / 시발자동차

한국의 초창기 자동차 부품산업 역사

국산 엔진 제조 장면 - 시발자동차

1955년 11월 17일 UN군측 비크로 준장이
자동차 공업관을 둘러보고 있는 모습

방순기 /
서울내연기

김용곤 /
대한공업

유봉선 /
한국특수금속

이해준 /
에스엘(주)

삼립자동차(現 에스엘㈜) 초창기 시절
Head Lamp 조립 라인 작업 모습

1945~1962

류훙우 /
유성기업(주)

유성기업(주) 오류동 공장 /
상공부 지정 중소기업합리화 시범공장

1961년 유성기업(주) 오류동 공장

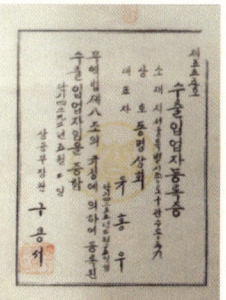
유성기업의 수출허가등록증

양성덕 /
대구상회공작부

강이준 /
(주)센트랄

한은영 /
태양금속공업(주)

손기창 /
경창산업(주)

이영아 /
(주)대동정공

이중아 /
(주)대동시스템

문채수 /
명화공업(주)

1962년 4월 조합 창립총회 후 속리산에서
임원진들(유봉선, 차태경, 박용구, 윤준모, 허주열, 방응준 등)
기념촬영

1945~1962

참고문헌

- 유성기업, 《유성기업 40년사》.
- 류홍우, 《인생사계 : 류홍우 자서전》, 안그라픽스, 2007.
- 남양공업, 《남양공업 40년사》, 2009.
- 박미숙, 〈박미숙 기자의 여성리더탐구⑦ 김현숙 경신공업 회장〉, 이코노미스트, 2006.
- 〈2011 SUCESS STORY : 대한솔루션〉, IBK은행경제연구소, 2011.
- 고수웅 외, 《그때 그 현장 못 다한 이야기》, 대한언론인회, 2013.
- 한국자동차산업협동조합, 〈내가 겪은 6.25 이야기 – 류홍우 유성기업 명예회장〉, 월간자동차부품, 2015. 06.
- 한국자동차산업협동조합, 〈내가 겪은 6.25 이야기 – 이중아 대동시스템 회장〉, 월간자동차부품. 2015. 07.
- 한국자동차산업협동조합 20~40년사.
- 〈코리아에프티주식회사 세계 시장점유율 9%... 글로벌 친환경 車부품 회사로 성장〉, 《한국경제》, 2011. 12. 28.
- 〈정환진의 The CEO : 자동차 부품 국산화로 기술보국의 꿈 이루다〉, MBN, 2012. 12. 18.
- 〈국가대표 스몰캡 100 : 오원석 회장 "최고의 품질로 승부, 직원에 대한 믿음도 확고"〉, 《파이낸셜뉴스》, 2013. 11 11.
- 〈악천후에도 보행자 감지... 똑똑한 센서칩 나왔다〉, 《매일경제》, 2016. 10. 19.
- 〈힘내라 강원경제(4) : 이전기업 탐방–일륭기공〉, 《강원일보》, 2009. 4. 28.
- 〈유치기업, 강원도의 희망 : 일륭기공 주식회사〉, 《강원도민일보》, 2011. 5. 2.
- 〈㈜태진정공 충주공장 준공〉, 《충북일보》, 2015. 4. 21.
- 〈태진정공 현대차 등 4명 자동차의 날 '산업훈장'〉, 《이데일리》, 2013. 5. 10.
- 〈'공인회계사시험서 본교생 14명 합격'〉, 《고대신문》, 1968. 7. 1.
- 〈최오길 인팩 회장 "현대차와 핵심부품 공동개발, 미국, 중국 등 6개 해외공장 운영"〉, 《한국경제》, 2011. 4. 25.
- 〈똑똑해진 차 IT부품 개발 가속 "15조 원 전장부품 시장 잡아라"〉, 《한국경제》, 2011. 6. 6.
- 〈김동기가 만난 CEO '핵심 자동차부품생산의 선두주자'〉, 현대경영, 2012 10.
- 〈2015 SUCCESS STORY : 동양피스톤〉, IBK은행경제연구소, 2016.

사진 출처

- 국중하 우신산업 회장, 우신산업 제공.
- 권회현 대한솔루션 회장, 대한솔루션 제공.
- 김현숙 경신 회장, 경신 제공.
- 류흥우 유성기업 회장, 유성기업 제공.
- 엄병윤 유라코퍼레이션 회장, 유라코퍼레이션 제공.
- 오원석 코리아에프티 회장, 코리아에프티 제공.
- 이동호 동희 회장, 동희 제공.
- 이재구 태진정공 회장, 태진정공 제공.
- 이중아 대동시스템 회장, 대동시스템 제공.
- 최오길 인팩 회장, 인팩 제공.
- 함상식 엠알인프라오토 회장, 엠알인프라오토 제공.
- 홍성종 남양공업 회장, 남양공업 제공.
- 홍순겸 동양피스톤 회장, 동양피스톤 제공.
- 한국자동차산업협동조합.

대한민국 자동차부품사 CEO 13인의 성공 스토리
작은 거인들

초판 1쇄 인쇄 2015년 11월 10일
초판 1쇄 발행 2015년 11월 18일

개정증보판 1쇄 인쇄 2017년 06월 10일
개정증보판 1쇄 발행 2017년 06월 18일

발행인 최남득
지은이 최진석

기획 최진석
편집 배유정
본문 디자인 정현옥
표지 디자인 정민우
펴낸곳 비즈하우스

출판등록 제 300-2014-80호
주소 서울 종로구 평창문화로 172
문의 070-5033-8588
E-mail bizhouse2014@gmail.com

값 28,000원
ISBN 979-11-956610-1-5 03320

copyright ⓒ 2017, 비즈하우스

이 책의 전부 또는 일부 내용을 재사용하려면
사전에 저작권자와 비즈하우스의 동의를 받아야 합니다.